Goldmann SACHBÜCHER

Band 11139

Hans J. Eysenck · Grenzen der Erkenntnis

Bestimmte Themen der modernen Psychologie haben schon vor Jahrhunderten Anlaß zu Spekulationen gegeben und stehen gerade jetzt wieder im Brennpunkt der wissenschaftlichen Diskussion. Es sind dies so umstrittene Phänomene wie Telepathie und Hellsehen, psychologische Praktiken wie Hypnose und Suggestion, aber auch so problematische Erfindungen wie Lügendetektoren und Wahrheitsdrogen. Ferner erörtert Eysenck die verschiedenen Möglichkeiten der Traumdeutung.

Eysenck vermittelt einen Einblick in das wissenschaftliche Bemühen um diese Problemkreise. Er sucht zu klären, ob die verschiedenen Theorien experimentell gesichert und die experimentellen psychologischen Untersuchungen ihrerseits wieder wissenschaftlich exakt und methodisch haltbar sind. Eysencks detaillierte, aber allgemeinverständliche Ausführungen machen es dem Laien möglich zu erkennen, inwieweit die psychologische Wissenschaft bei diesen Erscheinungen zu gesicherten Ergebnissen führt und wo sie spekulativ wird.

Obwohl Eysencks Standpunkt gegenüber gewissen Richtungen in der Psychologie, die sich dieser Grenzfragen angenommen haben, äußerst kritisch ist, beschränkt sich sein Urteil weitgehend auf eine Erörterung der Fakten und Methoden – er überläßt es dem Leser, ein abschließendes Urteil zu fällen.

Hans J. Eysenck ist durch zahlreiche Bücher und Zeitschriftenaufsätze in vielen Ländern bekannt geworden. Er ist Professor für Psychologie an der Universität London und Leiter der Psychologischen Abteilung des Psychiatrischen Instituts, London. Besonders durch seine experimentellen Untersuchungen auf dem Gebiet der Persönlichkeitsforschung hat er sich einen Namen gemacht.

HANS J. EYSENCK

# Grenzen der Erkenntnis

Vom Sinn und Unsinn der Psychologie

Teil I

WILHELM GOLDMANN VERLAG MÜNCHEN

Titel der englischen Originalausgabe:
»Sense and Nonsense in Psychology«
Teil I: »Borderlands of Knowledge«.
Übersetzt von Lieselotte Mickel

7068 · Printed in Germany · I · 1110
Genehmigte Taschenbuchausgabe. Die englische Originalausgabe erschien bei Penguin Books Ltd., Harmondsworth, Middlesex, England.  Umschlagentwurf: Ilsegard Reiner. Satz und Druck: Presse-Druck Augsburg. Verlagsnummer: 11139 · Ag/Hu
ISBN 3-442-11139-0

Die Wissenschaft ist nichts als ausgebildeter und organisierter gesunder Menschenverstand. Sie unterscheidet sich von ihm nur so, wie sich ein Veteran von einem frischgebackenen Rekruten unterscheiden mag; und ihre Methoden unterscheiden sich von denen des gesunden Menschenverstandes nur um soviel, wie sich Hieb und Stoß des Gardisten von der Art, wie der Wilde seine Keule schwingt, unterscheiden.

Das Schachbrett ist die Welt; die Figuren stellen die Phänomene des Universums dar; die Spielregeln sind das, was wir als Naturgesetze bezeichnen. Der Spieler auf der anderen Seite ist unseren Augen verborgen. Wir wissen, daß sein Spiel stets fair, gerecht und geduldig ist. Aber wir wissen auch, daß er – was uns betrifft – nie einen Fehler übersieht und mit Ignoranz nicht die geringste Nachsicht hat.

T. H. Huxley

Der Verfasser dankt den Autoren und Herausgebern der folgenden zwei Werke für die Erlaubnis, aus ihnen zitieren zu dürfen:

CLARK L. HULL: Hypnosis and Suggestibility. New York, Appleton-Century-Crofts, Inc. 1933.

F. E. INBAU / J. E. REID: Lie Detection and Criminal Interrogation. Third Edition. Baltimore, The Williams & Wilkins Co. 1953.

Für viele kritische Einwände gegen die Experimente mit Karten ist der Autor den »Modern Experiments in Telepathy« von Soal und Bateman zu Dank verpflichtet.

*Inhalt*

# *Einleitung*

In gewisser Weise ist dieses Buch eine Fortsetzung von »Uses and Abuses of Psychology« (deutscher Titel: »Wege und Abwege der Psychologie«, Reinbek 1956), doch wurde es geschrieben, um auf eigenen Füßen zu stehen. Im ersten Buch habe ich mich mit den Problemen des sozialen Nutzens der Psychologie und mit dem Beitrag, den sie für die Gesellschaft leisten kann, auseinandergesetzt, ferner auch mit den vielen unbegründeten Ansprüchen, die man in ihrem Namen gestellt hat und die daran schuld sind, daß so viele gescheite Kritiker auf dem Standpunkt stehen, daß von nützlichen Beiträgen der Psychologie kaum die Rede sein kann. Im vorliegenden Buch möchte ich mich mit einem beträchtlich umfangreicheren Gebiet befassen. Zweifellos wird selbst von Gebildeten über viele Themen viel Unsinn geredet, aber es gibt kaum einen Gegenstand, wo Sinn und Unsinn so dicht beieinander liegen wie im Bereich der Psychologie. Ich habe mir einige Gebiete ausgesucht, um die Spreu vom Weizen zu trennen und dem Leser sowohl die Tatsachen wie auch die Spekulationen, den Sinn wie den Unsinn, der sich um diese Themen rankt, vor Augen zu führen.

Auf den meisten der behandelten Gebiete kann man kaum von einem unmittelbaren Nutzen reden, obwohl es nicht unmöglich ist, daß vielleicht die Hypnose oder die Trauminterpretation oder sogar die Telepathie im Laufe der Zeit einen Status erreichen, wo solch ein Anspruch gestellt werden kann. Doch das ist nicht das Thema meiner Untersuchung, sondern unser Interesse soll sich rein auf die vorliegenden Tatsachen richten. Es geht mir um diese Tatsachen und um die Theorien, mit denen man die Tatsachen zu erklären versucht.

Es lohnt sich, einen Augenblick zu überlegen, wieso es so viele falsche Vorstellungen über psychologische Themen gibt. Ich erinnere mich noch lebhaft an einen gar nicht so weit zurückliegenden

Vorfall, wo der Vizekanzler einer unserer Hauptuniversitäten bei einem Festessen feststellte, daß seine Frau neben dem Psychologieprofessor sitzen sollte, woraufhin er flink die Tischkarten vertauschte und erklärte, es schicke sich doch wohl nicht für eine Dame, neben einem Psychologen zu sitzen! Vielleicht haben sich die Zeiten inzwischen ein wenig geändert, und manche Leute haben inzwischen eingesehen, daß die Aura von Sex, Ausschweifung und Promiskuität, die der Psychoanalyse in der Volksmeinung anhaftet, nicht auf den unschuldigen Psychologen zu übertragen ist, der im Tierlabor seine Ratten hält oder die Gesetze des Lernens abzuleiten sucht, indem er Universitätsstudenten darauf konditioniert, auf das Geräusch eines Summers hin unwillkürlich mit den Augen zu blinzeln. Aber noch immer haben die meisten wenig Ahnung davon, was der Psychologe tatsächlich treibt. Oft erlebt man bei Laien – besonders bei solchen weiblichen Geschlechts –, daß sie, wenn sie einem Psychologen vorgestellt werden, darauf mit dem stereotypen Ausruf reagieren: »Du liebe Zeit, Sie kennen doch bestimmt alle meine Gedanken!« Sicher wüßte mancher Psychologe als Privatperson gelegentlich gern, was jemand anderes denkt, er würde aber wohl kaum darin seinen Beruf sehen. Er versucht nichts anderes, als die Gesetze zu entdecken, welche das Verhalten von Menschen und Tieren bestimmen, die Gesetze des Lernens, des Gedächtnisses, der Emotion, und ferner die Regeln, nach denen sich die motorischen und die perzeptorischen Fähigkeiten entwickeln, wie sich die intellektuellen Begabungen entwickeln und wie sie wachsen und welches schließlich die Gesetze der sozialen und zwischenmenschlichen Beziehungen sind. Das ist ein prall gefülltes Programm und im großen und ganzen doch wohl auch ein recht vernünftiges. Schwarze Magie hat nichts darin zu suchen, sondern es geht allein um die Anwendung der üblichen wissenschaftlichen Methoden auf einen verhältnismäßig komplizierten und schwierigen Gegenstand.

In der Praxis stehen die meisten einem solchen Programm mit einer merkwürdig zwiespältigen Haltung gegenüber. Einerseits ist der verbale Beifall und die verbale Zustimmung beträchtlich. Die meisten sind sich darüber klar, daß unsere Kenntnisse von der physikalischen Welt bei weitem größer sind als unser Wissen um den Menschen und daß wir dringend das Gleichgewicht wiederherstellen müssen, wenn wir nicht riskieren wollen, daß von der Menschheit nur noch sehr wenig übrigbleibt, was wir studieren könnten. Diese Auffassung ist inzwischen derart zum Gemeinplatz geworden, daß man sich fast schämt, sie noch einmal zu Papier zu bringen. Aber seltsamerweise wird diese fast allgemeine verbale Zustimmung keineswegs in die Tat umgesetzt. Der Gesamtbetrag der in England für die sozialen Wissenschaften zur Verfügung gestellten Mittel macht nicht einmal ein Tausendstel dessen aus, was man für die technisch-physikalischen Wissenschaften ausgibt, und wenn wir die Summen in Betracht ziehen, die für die Industrie ausgegeben werden, dann wird das Verhältnis noch krasser. Man kann daher mit gutem Grund behaupten, daß die hohen, von unseren sogenannten geistigen Führern proklamierten Ziele hohe Ziele bleiben und daß ihre Umsetzung in die Tat auf den Jüngsten Tag verschoben wird.

Man hat oft den Eindruck, daß man zwar wortreich versichert, wie wünschenswert Theorien wären, die sich auf Tatsachen gründen, daß man sich aber in der Praxis häufig mit leerem Geschwätz zufriedengibt. Psychologische Themen, zu denen gewisse praktische Erkenntnisse bereits vorhanden sind, werden oft beim BBC behandelt; aber fast immer sind es Philosophen, Zoologen, Mathematiker, Journalisten, Theologen oder nicht näher spezifizierte Koryphäen alter Schule, die ganz offenbar nicht einmal darüber Bescheid wissen, daß wir über praktische Erkenntnisse verfügen, und die nach Herzenslust ihre Spekulationen in einer Weise verkünden, wie sie es in ihrem eigenen Fachbereich niemals wagen würden.

Das ist nur ein Beispiel für die offenbar allgemein verbreitete Ansicht, daß jeder kompetent sei, psychologische Probleme zu diskutieren, ob er sich nun die Mühe gemacht hat, dieses Fach zu studieren oder nicht, und daß alle Meinungen auf diesem Gebiet gleichen Wert besäßen, ausgenommen nur die des Berufspsychologen, den man auf keinen Fall zu Wort kommen lassen möchte, weil er einem das Vergnügen dadurch verderben könnte, daß er gewisse Tatsachen ans Licht bringt, die die ganzen Spekulationen und alle sorgsam konstruierten wunderbaren Luftschlösser der Laien völlig über den Haufen werfen könnten.

Diese Tendenz macht sich natürlich besonders deutlich bemerkbar, wenn die vom Psychologen vorgebrachten Tatsachen die Politik berühren. Dann blüht und gedeiht der Unsinn besonders üppig. Dabei wird natürlich stets darauf geachtet, daß die Diskussion von Leuten geführt wird, deren Ansichten nicht durch Sachkenntnis getrübt sind und denen es fast ausschließlich darum geht, Punkte für ihre politische Partei zu sammeln. Ein Beispiel möge erläutern, was sich in dieser Hinsicht tagtäglich ereignet. In »Uses and Abuses of Psychology« (»Wege und Abwege der Psychologie«) habe ich ausführlich die Konstruktion von Intelligenztests beschrieben, wie man sie auswertet und wie man sie zur Eignungsauslese benutzen kann. In den letzten Jahren ist diese Eignungsauslese* ziemlich häufig kritisiert worden, und es dürfte sich lohnen, einen kurzen Blick auf die am häufigsten vorgebrachten Einwände zu werfen. So wendet man beispielsweise ein, viele Kinder seien beim Test so aufgeregt, daß sie versagten. Außerdem wird behauptet, den Kindern würden die Dinge weitgehend vorher eingepaukt, und daher seien die Testergebnisse wertlos. Auch würden die Tests oft in einem zu frühen Alter mit den Kindern vorgenommen. Aus diesem Grund – so meint man – sollte man entweder überhaupt keine Tests vornehmen, oder man sollte eine Einteilung in verschiedene »Zweige« vornehmen und das Kind von einem zum anderen hinüberwechseln lassen. Wie auch immer der Einwand lautet, er endet gewöhnlich damit, daß man sagt, die Intelligenztests seien entweder nutzlos oder sie seien sogar ausgesprochen schädlich.

Vieles an dieser Kritik entspringt dem lobenswerten Wunsch, allen Kindern die gleichen Chancen einzuräumen und nach dem Grundsatz zu handeln, daß alle Menschen gleich geboren sind. Leider nur sprechen die Tatsachen unverkennbar dafür, daß die Menschen nicht gleich geboren sind und daß die Vererbung einen deutlichen Unterschied zwischen Gescheiten und Dummen bewirkt. Tatsache ist, daß der Einfluß der Vererbung auf den endgültigen intel-

* Mit dieser Eignungsauslese ist besonders das »11-plus-examination« gemeint, das ist eine Prüfung für Schüler im Alter von 11 Jahren, die über den Zugang zu den verschiedenen Typen weiterführender Schulen entscheidet. Seit der generellen Einführung der Gesamthochschule ist dieses Auswahlverfahren im Bereich des öffentlich geförderten Schulwesens abgeschafft worden. (Anmerkung des Verlages)

lektuellen Status des Kindes um so stärker in Erscheinung tritt, je mehr wir die Erziehungschancen für alle gleich machen. Dieser Auffassung widersprechen die Kommunisten häufig, die offenbar das merkwürdige Dogma vertreten, daß die Menschen völlig gleich von einer Art Fließband kommen – eine Ansicht, die keinen Augenblick angesichts der Tatsachen bestehen kann.

Was diese unterschiedliche angeborene Begabung betrifft, so ist als nächstes auf einen Sachverhalt hinzuweisen, für den ebenfalls reichliches experimentelles Beweismaterial vorhanden ist, daß nämlich der Unterricht weit wirksamer ist, wenn in einer Schulklasse jeweils Kinder von annähernd gleicher Begabung sind. Es ist oft nachgewiesen worden, daß es viel länger dauert, bis man den gleichen Stoff einer aus hochbegabten, durchschnittlich begabten und unbegabten Kindern zusammengesetzten Gruppe beigebracht hat, und daß der Unterricht unter diesen Umständen viel weniger wirksam ist, als wenn man den gleichen Stoff einer Gruppe beibringt, die nur aus hochbegabten, nur aus durchschnittlich begabten oder nur aus unbegabten Kindern besteht. Es mag auf den ersten Blick überraschen, daß es leichter sein soll, einer Klasse von unbegabten Kindern als einer von Kindern unterschiedlicher Begabung etwas beizubringen. Doch der Grund liegt natürlich darin, daß der Lehrer sich in einer unbegabten Klasse mit seiner Methode auf das Niveau seiner Schüler einstellen kann, während in einer Klasse, die sowohl hochbegabte als auch unbegabte Kinder enthält, die gleiche Lehrmethode einfach nicht auf alle Schüler der Klasse anwendbar ist, so daß ein zeitraubendes doppeltes Erklären notwendig wird. Wollen wir also einen höchst fruchtlosen Unterricht vermeiden, müssen wir die Kinder aufteilen – ganz abgesehen davon, daß gewisse geistig anspruchsvollere Stoffe für Kinder mit einem niedrigen IQ von vornherein ungeeignet sind.

Ist nun aus diesem Grund – wie auch aus vielen anderen Gründen – irgendeine Form der Trennung wünschenswert, so bleibt noch zu fragen, ob elf Jahre ein zu frühes Alter zur Beurteilung der Begabung eines Kindes ist. Nachuntersuchungen haben meist ergeben, daß die Begabungen der Kinder in Gymnasien und Realschulen sich nur sehr wenig überschneiden, selbst dann nicht, wenn sie fünfzehn oder sechzehn Jahre alt sind, so daß die Vorhersagen in den allermeisten Fällen bemerkenswert richtig gewesen zu sein scheinen. Was aber ist von der Kritik am Einpauken und an der Prüfungsangst zu halten? Sie ist gerechtfertigt, aber es handelt sich dabei nicht um eine berechtigte Kritik an den psychologischen Tests und der psychologischen Theorie, sondern um eine an den politischen und gesellschaftlichen Zwängen, die verhindern, daß aus dem jeweils zugänglichen Wissen das Bestmögliche gemacht wird. Wir haben zahlreiche Beweise dafür, daß das Einpauken den IQ um etwa 10 Punkte erhöht, was eine beträchtliche Erhöhung darstellt. Es hat sich aber auch herausgestellt, daß man fast die gleiche Wirkung wie beim Einpauken erzielt, wenn man den Kindern während eines Intelligenztests ein paar Stunden Zeit läßt zum Üben und sie auf diese Weise bis zu einem Punkt bringt, von dem ab kein Einpauken und kein Üben ihre Testwerte mehr erhöht. Das Einpaukproblem ist daher recht einfach zu lösen. Man sollte einfach alle Kinder fünf Stunden lang die Intelligenztests üben lassen, bevor man ihnen den entscheidenden Test abnimmt. Das würde die Wirkung eines unter Umständen zusätzlich erhaltenen Einpaukens ausgleichen und allen den gleichen Start ermöglichen. Außerdem würde es die Nervosität verringern, die dadurch entsteht, daß die Kinder mit etwas völlig Neuem konfrontiert werden.

Es wäre in vieler Hinsicht vorzuziehen, wenn diese fünf Teststunden auf die Zeit vom sechsten bis zum elften Schuljahr des Kindes verteilt würden, so daß man gleichzeitig etwas über sein intellektuelles Wachstum feststellen könnte, was für irgendwelche Voraussagen von beträchtlichem Wert wäre. Auch würde es die Bedeutung bestimmter Einzeltests verringern und hierdurch wiederum die Examensangst reduzieren. Kinder, welche das erwartete Niveau nicht erreicht hätten, könnte man individuell erneut testen, um festzustellen, ob dieses Versagen auf Nervosität oder andere äußere Ursachen zurückzuführen war. Es gibt noch andere Möglichkeiten, wo erfahrene Psychologen den Prüfungsausschüssen helfen könnten, die Schwierigkeiten zu überwinden, die sich bei der Durchführung von Testprogrammen ergeben, um der oben erwähnten Kritik zuvorzukommen. Warum geschieht nichts der Art?

Es hat einen sehr einfachen Grund. Während ein Intelligenztest samt Bewertung pro Kind 9 Pence kostete, hätten fünf Tests fast

4 Shilling gekostet*. Die Entscheidung, daß das zukünftige Glück eines Kindes nur 9 Pence und nicht 3 Shilling 9 Pence wert ist, treffen nicht die Psychologen, sondern die Öffentlichkeit tut es durch ihre gewählten Vertreter in den Ministerien und lokalen Gremien. Man kann nur sagen, daß die Leute für ihre 9 Pence unglaublich viel bekommen. Die recht oberflächliche Inspektion eines Autos kostet mehrere Pfund. Eine einigermaßen umfassende ärztliche Untersuchung kostet mindestens ebensoviel. Bekommt man die Intelligenz eines Kindes für 9 Pence untersucht, dann kann man kaum von extravaganten Kosten sprechen. Doch der Genauigkeitsgrad der Intelligenzmessung ist natürlich von der Menge des dafür ausgegebenen Geldes direkt abhängig. Je genauer die Messung sein soll, um so mehr Geld müssen wir für den Test ausgeben. Während meines letzten Besuchs in Kalifornien hat man mir eine große Anzahl von Laboratorien vorgeführt, die man für mehrere Millionen Dollar einzig zu dem Zweck gebaut hat, ein paar tausendstel Grad näher an den absoluten Temperatur-Nullpunkt heranzukommen. Unsere Gesellschaft ist bereit, so große Summen für eine leichte Verbesserung der Meßgenauigkeit auf physikalischem Gebiet auszugeben, aber sie begnügt sich mit der Ausgabe von 9 Pence pro Kind bei der Messung einer psychologischen Variablen, die sowohl für das Kind als auch für die Gesellschaft von großer Bedeutung ist.

Dieser Vergleich soll nicht entscheiden, ob sich die Gesellschaft damit richtig oder falsch verhält. Ich möchte nur auf die Tatsache hinweisen, daß man die Schuld nicht bei den Psychologen, sondern bei der Gesellschaft suchen sollte, wenn die Genauigkeit der Intelligenzmessung eines Kindes im Alter von 11 Jahren zu wünschen übrigläßt und Verschiedenes daran zu kritisieren ist. Wenn die Gesellschaft sich weigert, Geld für die Forschung auszugeben, oder die Auswertung privater Forschungsergebnisse wegen einer geringfügigen Kostenerhöhung ablehnt, dann ist das ein Entschluß, der richtig

* Das Beispiel von Eysenck bezieht sich auf die englischen Verhältnisse in den fünfziger Jahren. Inzwischen hat sich manches geändert. Wir haben das Beispiel der englischen Originalausgabe unverändert stehenlassen, denn Eysencks Vorwürfe treffen auch heute noch unvermindert zu. Eysencks Kritik am Verhalten der Öffentlichkeit läßt sich auch auf Deutschland übertragen. (Anmerkung des Verlages)

oder falsch sein mag. Aber die Presse häuft alle Schuld auf das Haupt der Psychologen, weil sie zum Preis von 9 Pence keine Wunder vollbringen können, und versäumt es, der Öffentlichkeit die Tatsachen vor Augen zu führen, damit sie ihre Entscheidung noch einmal überdenken kann.

Einer der Gründe, weshalb die Teilnehmer an öffentlichen Diskussionen über psychologische Themen so schlecht informiert sind, liegt vielleicht darin, daß die Psychologie, da sie eine Wissenschaft ist, Methoden und Untersuchungen anwendet, die sehr technischer Natur sind. Vor allem bedient sie sich statistischer Methoden, und viele Menschen haben eine starke Abneigung gegen die Statistik. Diese Reaktion ist ebenso interessant wie merkwürdig, denn sie ist doch wohl recht einseitig. Eine Diskussion über die Chancen beim Pferderennen oder die Kombinationen beim Fußballtoto ist nicht weniger statistisch und trotzdem populär und weit verbreitet. Versucht jedoch ein Psychologe, statistische Methoden auf ernsthafte Themen anzuwenden, dann begegnet er der üblichen vagen Bemerkung, mit der Statistik könne man alles beweisen. In gewissem Sinn trifft das auch zu. Man kann in der Tat mit der Statistik alles »beweisen«, aber nur für jemand, der von den elementarsten statistischen Begriffen keine Ahnung hat. Tatsächlich finden fehlerhafte Argumente, die der Statistiker sofort als solche erkennen würde, in der allgemeinen Presse oft Zustimmung, weil sie so verhüllt formuliert sind, daß man ihren statistischen Wert oder Unwert nicht erkennt.

Lassen Sie mich zwei Beispiele anführen: Bekanntlich ist in Großbritannien etwa die Hälfte der Krankenhausbetten mit Geisteskranken belegt. Ich habe es häufig erlebt, daß Journalisten deshalb so argumentieren, als ob die Hälfte aller Patienten in unserem Land geisteskrank wäre. Oberflächlich gesehen mag das nichts mit Statistik zu tun haben, aber der Irrtum ist ganz offensichtlich statistischer Natur. Die Gleichsetzung der »Hälfte der Betten« mit der »Hälfte der Patienten« würde nur stimmen, wenn wir annähmen, daß geistig und körperlich Kranke gleich lange Zeit bettlägerig sind. Wenn nun aber körperlich Kranke im Durchschnitt nur zwei Tage im Bett liegen und dann entlassen werden, während Geisteskranke im Durchschnitt zwanzig Jahre im Hospital bleiben, dann ist doch offensichtlich, daß die Zahl der körperlich kranken Patienten 3650mal so groß wie die Zahl der Geisteskranken ist. Nun, Tatsache ist, daß die meisten Geisteskranken sehr lange bettlägerig sind, während körperlich Kranke in den allermeisten Fällen nur ein paar Tage die Krankenhausbetten belegen. Wenn man aber die genauen Verhältniszahlen nicht kennt, dann kann man auch nicht aus dem Anteil der Betten auf den Anteil der Patienten schließen. Ein weiteres Beispiel möchte ich der Kontroverse über die Rückfälligkeit entnehmen, d. h. der Frage, weshalb gewisse Verbrecher immer wieder ins Gefängnis wandern. Ich habe das berühmte amerikanische Gefängnis Alcatraz besucht, das auf einer Insel in der Bucht von San Francisco liegt. Hier sitzen die schwersten Verbrecher der Vereinigten Staaten ihre Strafe ab. Das Gefängnis ist eines der am strengsten bewachten auf der ganzen Welt, und es heißt, es sei noch nie jemand gelungen auszubrechen. Ich befand mich bei diesem Besuch in Begleitung einiger Strafrechtler und Soziologen, die – wie ich auf der Fahrt über die Bucht feststellte – heftige Gegner der Statistik waren. Wir wurden von einem der Beamten durch das Gefängnis geführt, der unser Streitgespräch über den Wert der Statistik mit angehört hatte. Er blinzelte mir zu, als wir auf die Rückfälligkeit zu sprechen kamen, und sagte zur Gruppe, im Alcatraz sei die Rückfälligkeit praktisch abgeschafft, denn es stehe unter allen Gefängnissen im Land in bezug auf rückfällig werdende Verbrecher ganz unten auf der Liste. Das machte auf die Zuhörer einen starken Eindruck, und sie diskutierten lange darüber, worauf das wohl zurückzuführen sei. Es kam ihnen nicht in den Sinn, daß die Gefangenen im Alcatraz meistens eine lebenslängliche oder doch sehr lange Haftstrafe abzubüßen haben und daher wenig Gelegenheit haben, jemals wieder ein Verbrechen zu begehen, da sie ja kaum je wieder herauskommen. Das mag als ein recht primitives Argument erscheinen, welches man kaum als statistisch bezeichnen kann, aber gerade derartige Dinge werden oft von unerfahrenen Journalisten oder Lesern übersehen, die die Logik der modernen Wahrscheinlichkeitsrechnung mit ein paar abfälligen Sätzen abtun wollen.

Manchmal kommt einem die Reaktion des Publikums auf die psychologischen Forschungen nicht nur ablehnend, sondern regelrecht böswillig vor. Als Beispiel möchte ich eine Befragung über die

Wirkung des Fernsehens anführen. Das Thema besaß ein beträchtliches soziales Interesse, und Hunderte von Leuten äußerten ihre Meinung und Einstellung dazu, ohne im geringsten über die Tatsachen Bescheid zu wissen. Einige beklagten die Wirkung des Fernsehens auf Kinder und sagten, es veranlasse sie, nicht an die frische Luft zu gehen, es halte sie vom Lesen ab, es nehme ihnen die Initiative und den Unternehmungsgeist, und warteten mit einer Vielfalt von verheerenden Konsequenzen auf. Andere widersprachen und sagten, das Fernsehen erweitere den Gesichtskreis, es mache die Kinder wißbegieriger und halte sie davon ab, andere Dinge zu tun, die vom Standpunkt der Gesellschaft aus noch weniger annehmbar seien. Das ist nun aber ein Fall, wo die Information über die effektiven Tatsachen absolut unumgänglich ist, und tatsächlich verlangte die Presse nach solchen Informationen.

Schließlich wurde einer unserer bestbekannten Sozialpsychologen von einer Forschungsstiftung damit beauftragt, eine Untersuchung des Problems durchzuführen. Zahlreiche Fragebogen, Notizbücher, in denen der Tagesablauf festgehalten werden sollte, und anderes Forschungsmaterial wurden Tausenden von Kindern in die Hand gegeben, die einen gut ausgewählten Querschnitt der Schulkinder bildeten. Aus dieser sehr großen Zahl von Kindern lieferten ein oder zwei ihren Eltern, als sie mit ihnen darüber sprachen, eine stark entstellte Beschreibung dieser Fragebogen, was diese Eltern dazu veranlaßte, sich zu beschweren. Ihre Beschwerden erschienen groß aufgemacht in der englischen Presse. Die Art, wie die Presse die Sache anging, ist in mancher Hinsicht recht aufschlußreich. Die Forscher hatten die Zeitungen ausdrücklich gebeten, keine der gestellten Fragen zu veröffentlichen, weil sonst die Fragebogen mit diesen Fragen nicht mehr verwendet werden könnten. Nur wenige Zeitungen richteten sich danach. Aber nicht nur das! Was die meisten abdruckten, waren nicht die tatsächlich gestellten Fragen, sondern die entstellten Versionen, die sie aus dritter oder vierter Hand von den Eltern der Kinder erhalten hatten, die die ursprünglichen Fragebogen beantwortet hatten. Diese ungenau zitierten und aus dem Zusammenhang gerissenen Fragen zeigten nur noch wenig Ähnlichkeit mit dem tatsächlichen Inhalt der Befragung. Als eine Pressekonferenz abgehalten und die korrekten Fragen den Zeitungen vorgelegt wurden, druckten die meisten auch weiterhin die entstellte Version, sie hielten es weder für nötig, sie zu berichtigen, noch sich zu entschuldigen.

Hiermit habe ich nur einige der Reaktionen gestreift, die mir im Verlauf meiner Tätigkeit begegnet sind. Die offenkundige Feindseligkeit und die leichtfertige Behandlung von Tatsachen, die bei diesen Anlässen in der Presse zu beobachten waren, sind nur allzu typisch für das, was gewöhnlich passiert, wenn psychologische Fragen in unseren Zeitungen diskutiert werden. Daher ist es kaum verwunderlich, daß über psychologische Probleme so viel Unsinn geredet wird.

Man darf jedoch nicht glauben, daß der Unsinn auf diesem Gebiet nur von Nicht-Psychologen stammt. Leider sind die Schuldigen auch unter den Mitgliedern der Psychologengilde und vor allem unter deren weiblichen Mitgliedern zu suchen. Ich brauche das kaum im einzelnen zu belegen, da es kaum jemand gibt, der nicht darüber Bescheid wüßte. Ich möchte meine Behauptung daher nur mit einem einzigen Beispiel illustrieren, welches die Kindererziehung betrifft. Die psychologische Literatur zu diesem Thema gehört schon von jeher zu den amüsantesten und schrulligsten Erzeugnissen der Kulturgeschichte. Zehn Jahre lang wird in sämtlichen Büchern behauptet, man solle die Kinder nur zu bestimmten Tageszeiten füttern: Es ist also geradezu ein Verbrechen, wenn die Mutter ihr Baby um fünf vor eins füttert, während sie den ganzen Segen der Wissenschaft genießt, wenn sie es um Punkt eins tut. Dann schwingt das Pendel bald wieder nach der anderen Seite aus, und man sagt den Leuten, sie hätten ihre Kinder zu füttern, wenn diese danach verlangen, und zwar ohne Rücksicht auf die Tages- oder Nachtzeit. Widerspenstigen Eltern, die der gerade herrschenden Mode den Gehorsam verweigern, droht man, ihre Kinder würden alle möglichen psychischen Störungen entwickeln und zu Neurotikern und Psychopathen werden, falls sie diese angeblichen psychologischen Gebote nicht gewissenhaft befolgten.

Das Interessante an dieser Kontroverse – wie auch an vielen anderen Regeln, die man auf dem Gebiet der Kindererziehung aufgestellt hat – ist, daß man noch nie experimentelle Beweise geliefert hat, die die Behauptungen der Verfasser von Leitfäden bestätigen würden. Gelegentlich bringt man Anekdoten vor, welch gräßliche Dinge mit Kindern passieren, wenn man sie nach der falschen Methode aufzieht; aber ob diese Kinder nicht das gleiche Schicksal gehabt hätten, wenn man sie anders behandelt hätte, wird nicht einmal in Erwägung gezogen.

Genauso absurd sind die allgemein verbreiteten Auffassungen über die spätere Erziehung der Kinder. Befürworter des *Laisser faire* und einer übertriebenen Nachsicht stehen links; die anderen, die den Standpunkt vertreten, Prügel seien eine heilsame Methode, stehen auf der rechten Seite. Beide Richtungen haben keinerlei Hemmungen, den Eltern Ratschläge zu geben, wie sie sich verhalten sollen, und weder die eine noch die andere Richtung ist sich bewußt, daß ihren Vorschriften nur unbewiesene Theorien und müßige Spekulationen zugrunde liegen und daß eine Beratung ohne ein konkretes Tatsachenwissen über die Folgen einer bestimmten Erziehung nur als Anmaßung bezeichnet werden kann.

Ganz allgemein ist der Standpunkt, daß man irgendwelche Vorschriften als allgemeine Leitfäden für menschliches Verhalten benutzen könne, eines der Prachtstücke aus unserem Museum des Unsinns. Eine Erziehung, die für ein Kind geeignet ist, das leicht konditionierte Reflexe bildet, könnte für ein Kind, das dies nur unter Schwierigkeiten tut, völlig ungeeignet sein. Wir werden das noch ausführlich in einem späteren Kapitel behandeln. Regeln, die sich auf ein intelligentes Kind anwenden lassen, eignen sich nicht notwendigerweise auch für ein unbegabtes. Die richtige Erziehung für ein emotional labiles Kind kann ganz ungeeignet sein für ein emotional stabiles, und umgekehrt. Es ist noch viele mühsame Forschungsarbeit nötig, bevor wir mit aller Behutsamkeit daran gehen können, auf diesem Gebiet Ratschläge zu erteilen, die nicht nur Projektionen unserer eigenen Vorurteile und Emotionen sind. Wir können zwar bedauern, daß wir noch nicht so weit sind, daß wir die vielen Fragen und Probleme auf diesem Gebiet beantworten und lösen können, aber wenn wir unsere Unwissenheit eingestehen, so ist das künftigen Erkenntnissen förderlicher, als wenn wir vorgeben, bereits alles zu wissen.

Was für die Kindererziehung gilt, gilt um so mehr für so komplexe soziale Probleme wie Krieg und Frieden, Unruhe der Industriearbeiter und Straffälligkeit. Viele Menschen hegen immer noch den rührenden Glauben, daß Kriege, Streiks und Verbrechen wie durch Zauber verschwinden würden, wenn nur jeder eine Psychoanalyse absolvieren könnte. Leider aber würde das nach allen bisherigen Erfahrungen lediglich bewirken, daß alles genauso bliebe, wie es ist, und weder besser noch schlechter würde. Die Wissenschaft geht nicht mit derartigen Vademekums hausieren, und man sollte Leuten, die behaupten, mit einer einfachen Zauberei alle unsere Probleme lösen zu können, keinen Glauben schenken.

Man fragt sich, weshalb hat unsere Gesellschaft zur wissenschaftlich und experimentell fundierten Untersuchung der psychologischen Phänomene eine so zwiespältige Einstellung, während sie bereitwillig an die unbegründeten Versprechungen aller möglichen psychologischen Universalheilmittel glaubt? Es ist schwer, hier etwas mit Sicherheit zu sagen, aber ein möglicher Grund dafür wäre vielleicht: Politiker und Journalisten sind an das gewöhnt, was HUMPTY DUMPTY als schlagendes Argument bezeichnet, d. h. an eine rein verbale Diskussion, die sich nur auf die geschickte Manipulation von sprachlichen Symbolen verläßt, die meist mit der Wirklichkeit überhaupt nichts zu tun haben. Wenn solche Leute einmal das erhebende Gefühl haben, als »Experte« auf sozialem und psychologischem Gebiet anerkannt worden zu sein, weil sie mit sprachlichen Begriffen umzugehen wissen, dann sind sie natürlich wenig geneigt mit anzusehen, wie eine sachliche Erforschung der Tatsachen die Halbwahrheiten und vagen Verallgemeinerungen, die sie auf Lager haben, entlarvt. Das würde auch erklären, warum sie zwar die experimentellen Bemühungen der Forscher mit großen Worten loben, ihnen aber alle nur möglichen Schwierigkeiten machen, wenn sie versuchen, ihre Forschungen erfolgreich zu Ende zu führen, und warum diese Leute nach Beendigung der Experimente den Ergebnissen keinerlei Beachtung schenken. Viel vertrauter sind ihnen die nicht auf Tatsachen, sondern nur auf Begriffen fußenden Argumente der psychologischen Wahrheitskünder, die ein System zu verkaufen haben und deshalb mit ihnen auf gleichem Boden stehen. Hier braucht man sich nicht mit harten Tatsachen auseinanderzusetzen; man kann akzeptieren oder verwerfen, je nach den eigenen Emotionen und Vorurteilen, anstatt aufgrund von Beweis und Widerlegung.

Soviel nur als kurze Einleitung zum allgemeinen Thema dieses Buches. Die Anordnung der verschiedenen Themen und ihre Klassifizierung hat mir Kopfzerbrechen gemacht, besonders als es darum ging, für den Inhalt der beiden Hauptteile* die passende Überschrift zu finden. Meine Schwierigkeiten waren ähnlicher Art wie die der Königlichen Kommission, deren Aufgabe es war, die Prostitution zu untersuchen, und die als eine ihrer ersten Aufgaben dem Kind einen Namen zu geben hatte. Der erste Vorschlag »A jam of tarts« wurde von einem der Bischöfe als etwas zu vulgär abgelehnt. Der zweite Vorschlag »Ein Roman von Trollope« wurde schon mit größerem Beifall aufgenommen, doch fand man ihn allzu literarisch. Auch der dritte Vorschlag »An anthology of pros« wurde schließlich aus dem gleichen Grund abgelehnt, und man einigte sich schließlich auf den Arbeitstitel »A fanfare of strumpets«.** Leider habe ich nicht mit so viel Witz aufzuwarten wie die Königliche Kommission, doch hoffe ich, daß die beiden Titel, für die ich mich entschieden habe – »Borderlands of Knowledge« (»Grenzen der Erkenntnis«) und »Personality and Social Life« (»Gesellschaft und Individuum«) –, dem Leser einen Hinweis geben, womit sich die beiden Teile befassen.

* In der deutschen Originalausgabe erscheinen diese zwei Teile mit Zustimmung des Autors als zwei Taschenbücher (Goldmanns SACHBÜCHER). Den I. Teil enthält der vorliegende Band. Der II. Teil erscheint unter dem Titel »Gesellschaft und Individuum. Vom Sinn und Unsinn der Psychologie. Teil II«.

** Diese englischen Wortspiele sind im Deutschen nicht wiederzugeben.
»jam« = »Marmelade«, aber auch »Gedränge«. »tart« = »Kuchen« und ein Slangausdruck für »Hure«.
Trollope ist für seine minuziösen und anschaulichen Schilderungen bekannt.
Wortspiel »pros« = »prose« (Prosa) und »prostitute« (Prostituierte) bzw. »Prostitution« (Prostitution).
Wortspiel »strumpet« (Dirne) und »trumpet« (Trompete).

# 1. *Hypnose und Suggestibilität*

Theorie und Praxis der Hypnose – das ist ganz gewiß ein Thema, dem in jedem Buch ein Ehrenplatz gebührt, welches sich mit dem Sinn und Unsinn in der Psychologie befaßt. Nur wenige Themen in der gesamten Menschheitsgeschichte haben zu so vielen Ungereimtheiten, Mißverständnissen und falschen Vorstellungen Anlaß gegeben. Von allem Anfang an waren die Untersuchungen, die sich mit der Hypnose beschäftigten, mit phantastischen Ideen wie dem tierischen Magnetismus, dem Einfluß der Gestirne und ähnlichem Humbug verknüpft. Selbst heute noch herrscht in den populären Vorstellungen von der Hypnose größte Verwirrung, die Presse hat nur wenig zur Klärung der Probleme beigetragen.

Der größte Teil der in den letzten Jahren geleisteten experimentellen Arbeit hat sich damit befaßt, die von den ersten Hypnotiseuren begangenen Irrtümer aufzuklären. Es ist daher angebracht, dem Leser zunächst einen kurzen historischen Überblick zu geben. Dieser beginnt unvermeidlich mit der etwas mysteriösen Persönlichkeit des FRANZ ANTON MESMER, der 1734 in dem damals österreichischen Dörfchen Iznang in der Nähe des Bodensees geboren wurde. MESMER sollte Priester werden und besuchte daher bis zu seinem fünfzehnten Lebensjahr zwei Klosterschulen und dann die damalige Jesuitenuniversität in Dillingen. Dann entsagte er dem geistlichen Stand und studierte Jura, entschied sich aber schließlich für die Medizin. Mit zweiunddreißig Jahren promovierte er mit der Abhandlung »De Planetarum Inflexu« (Über den Einfluß der Planeten). In dieser Dissertation legte er zum ersten Mal seine Ansichten über den tierischen Magnetismus dar, eine Theorie, die er später in seinen berühmten Siebenundzwanzig Sätzen weiter ausgebaut hat. In diesen Sätzen sind die Hauptprinzipien seiner Lehre enthalten. Sie lauten auszugsweise folgendermaßen:

Es besteht ein gegenseitiger Einfluß zwischen den Himmelskörpern, der Erde und den belebten Körpern. Dieser Einfluß wirkt sich mittels eines überall verbreiteten Fluids aus. In der Praxis kann man das Ausströmen einer Materie beobachten, die so fein ist, daß sie alle Körper durchdringt, ohne selbst merklich an Kraft zu verlieren; sie wirkt sich noch auf weite Entfernungen aus, ohne eines Zwischenkörpers zu bedürfen. Genau wie das Licht wird sie durch Spiegel verstärkt und reflektiert. Sie ruft besonders im menschlichen Körper Eigenschaften ähnlich denen des Magneten hervor. Diese magnetischen Eigenschaften können angehäuft, verdichtet und an einen anderen Ort transportiert werden. Diese Tatsachen zeigen, daß man nach den praktischen Regeln, die ich noch aufzustellen gedenke, Nervenkrankheiten unmittelbar und andere Krankheiten mittelbar heilen kann. Hiermit gewinnt der Arzt neue Erkenntnisse über den Gebrauch der Heilmittel, so daß er ihre Wirkung verbessern und heilsame Krisen hervorrufen und so lenken kann, daß er sie vollkommen beherrscht.

Demnach war MESMER der Meinung, daß der tierische Magnetismus so etwas wie ein kaum wahrnehmbares Gas oder eine Flüssigkeit ist und daß seine Verteilung und Wirksamkeit dem menschlichen Willen unterworfen werden kann. Nicht nur sollte dieses »Fluid« von Spiegeln reflektiert werden können, es sollte sogar sichtbar sein. Ausgebildete Somnambulisten waren angeblich in der Lage, wahrzunehmen, wie es den Augen und Händen des Magnetiseurs entströmte, wenn man sich auch offenbar nicht darüber einig war, ob seine Farbe weiß, rot, gelb oder blau war! Uns heute erscheint das natürlich als barer Unsinn, doch ist eines an MESMERS Behauptungen immerhin bemerkenswert, daß er nämlich vorgab, nach diesen Prinzipien Nervenkrankheiten heilen zu können. Es besteht kaum ein Zweifel, daß er in den Augen seiner Zeitgenossen tatsächlich Wunderheilungen vollbracht hat. So besitzen wir beispielsweise folgende, mit einem öffentlichen Eid bekräftigte Aussage eines Majors der Infanterie und Ritters des Königlichen Militärordens vom Heiligen Ludwig namens CHARLES DU HUSSEY:

Nachdem ich vier Jahre lang ohne Erfolg von anderen Ärzten behandelt worden war, konsultierte ich Mesmer. Mein Kopf zitterte ständig, und mein Hals war nach vorn geneigt. Meine Augen standen vor und waren beträchtlich entzündet. Mein Rücken war fast völlig gelähmt, und ich konnte nur mühsam sprechen. Ich lachte, ohne es zu wollen und aus keinem ersichtlichen Grund. Mein Atem ging schwer, und ich litt an heftigen Schmerzen zwischen den Schultern und an einem ständigen Zittern. Ich schwankte beim Gehen.

DU HUSSEY wurde dann von MESMER behandelt und machte eine Reihe heftiger emotionaler Krisen durch: ». . . Eis kam aus meinen Gliedern, gefolgt von großer Hitze und übelriechendem Schweiß«.

Er schließt mit der Feststellung: »Jetzt, nach vier Monaten, bin ich völlig geheilt.«

Mesmers Methoden waren gewiß unorthodox, und sein Interesse an okkulten Dingen machte ihn bei den Wiener Medizinern nicht gerade beliebt. Vorsichtshalber heiratete er eine reiche Witwe, die zwölf Jahre älter war als er, womit er sicherstellte, daß seine Experimente nicht an Geldmangel scheitern würden. Seine zweifellosen Erfolge bei der Heilung von Patienten, die von den Ärzten für unheilbar erklärt worden waren, brachten ihn freilich bei der orthodoxen Ärzteschaft nur noch mehr in Mißkredit. Als er schließlich im Begriff war, ein junges Mädchen vornehmer Herkunft von seiner Blindheit zu heilen, das die berühmtesten Spezialisten seiner Zeit für unheilbar erklärt hatten, gelang es den Fachgenossen durchzusetzen, daß er aus Wien ausgewiesen wurde. Daraufhin ging er nach Paris. Er war damals fünfundvierzig Jahre alt und konnte an seinem neuen Wohnort fast von Anfang an bemerkenswerte Triumphe feiern. Es wurde modern, unter »nervösen Beschwerden« zu leiden und sich von Mesmer behandeln zu lassen, ähnlich wie es heute in den Vereinigten Staaten Mode geworden ist, unter einer Neurose zu leiden und sich analysieren zu lassen. (Der Durchschnittsbewohner von New York, Boston, Los Angeles oder Kansas City aus der oberen Mittelklasse, der nichts von seinem Psychoanalytiker zu berichten wüßte, würde heute für genauso rückständig gehalten wie der entsprechende Pariser, der nicht mit einer Geliebten angeben könnte. Vermutlich ist diese amerikanische Mode nicht weniger kostspielig als die französische, dafür jedoch tugendhafter, wenn auch sicher weniger amüsant. Auch richtet sie im allgemeinen wohl wenig Schaden an, aber sie nützt wahrscheinlich auch kaum etwas.)

Mesmer hatte soviel zu tun, daß er eine Gruppentherapie einführen mußte, die der heutigen recht ähnlich war, zu der sich die moderne Psychiatrie aus dem gleichen Grunde gezwungen sieht. Seine Klinik scheint in der Tat ein recht merkwürdiger Ort gewesen zu sein. Die Behandlung wurde in einer großen Halle durchgeführt, deren Fenster abgedunkelt waren. In der Mitte des Raumes stand das berühmte *Baquet*, ein offener, etwa ein Fuß hoher Zuber, der so groß war, daß dreißig Patienten um ihn herumstehen konnten. Es war mit Wasser gefüllt, in dem Eisenfeilspäne, zermahlenes Glas und verschiedenartige Flaschen in einem symmetrischen Muster angeordnet waren. Dieser Gesundheitszuber war mit Holzbrettern abgedeckt, welche Öffnungen hatten, aus denen miteinander verbundene Eisenstäbe herausragten. Die Patienten berührten mit diesen Stäben ihre verschiedenen schmerzenden Körperteile, damit die heilenden Kräfte des tierischen Magnetismus sich auswirken könnten. Sie waren angewiesen, absolutes Stillschweigen zu bewahren, und während der gesamten Prozedur tönte aus dem Nebenraum eine leise, klagende Musik. Im richtigen psychologischen Augenblick pflegte dann MESMER selber in einer glänzenden Seidenrobe in Erscheinung zu treten. Er schritt unter den Patienten einher, blickte einem jeden fest in die Augen, strich ihnen mit der Hand über den Körper und berührte sie mit einem langen dünnen Eisenstäbchen.

Es besteht kein Zweifel darüber, daß sehr viele seiner Patienten an den Erfolg dieser Behandlung glaubten und behaupteten, von MESMER geheilt worden zu sein, genauso wie die Patienten heutzutage nach einer psychoanalytischen Behandlung gelegentlich behaupten, von dieser Methode profitiert zu haben. Es ist schwer zu sagen, ob MESMER ein bewußter Scharlatan war, der die Suggestibilität seiner Patienten ausbeutete, oder ob er selbst an die wissenschaftliche Richtigkeit seiner Hypothese ernsthaft geglaubt hat. BERNHEIM beklagt sich, die geschäftstüchtige Scharlatanerie MESMERS habe seine eigene Methode in Mißkredit gebracht, während ALBERT MOLL, der der bekannteste und bestinformierte Autor sein dürfte, welcher über die Geschichte der Hypnose geschrieben hat, mit ihm weniger streng ins Gericht geht. Er meint in seinem Werk »Der Hypnotismus« (Berlin 1895):

Ich verzichte auf die traurige Rolle, in den Chor der berufsmäßigen Verläumder Mesmers einzustimmen. Er ist tot und kann sich nicht mehr gegen die vertheidigen, die ihn verunglimpfen, ohne auf die Zeitumstände, unter denen er lebte, Rücksicht zu nehmen. Gegenüber den allgemeinen Behauptungen, dass er voller Geldgier gewesen sei, bemerke ich, dass er sowohl in Wien, als später in Paris und Mörsburg* den Armen stets unentgeltlich seine Hilfe gewährte. Ich glaube, dass er sich in seinen Lehren geirrt hat, halte es aber für richtig, diese und nicht seine Person zu bekämpfen. Untersuchen wir doch – ich halte es für nötig, die Ehre eines Toten zu vertheidigen – welches sein angebliches grosses

* Der Ort wird auch Meersburg geschrieben. (Fußnote im Originalzitat)

Verbrechen gewesen ist. Er glaubte anfangs, durch den Magneten, später, durch eine persönliche ihm innewohnende Kraft, die er auf das *Baquet* übertragen könne, zu heilen. Dies war seine feste Überzeugung, und er hat niemals hieraus ein Geheimnis gemacht. Andere glaubten, dass bei den Patienten nur die Einbildung eine Rolle spiele, oder dass Mesmer mit irgend einem von ihm verheimlichten Mittel wirke. Nun bildete sich allmählich die Legende, dass Mesmer ein Geheimnis besitze, durch das er imstande sei, Wirkungen auf Menschen herbeizuführen, dass er aber dieses Geheimnis nicht preisgeben wolle. In Wirklichkeit handelte es sich aber keineswegs um ein von ihm absichtlich zurückgehaltenes Geheimnis, da er über eine individuelle Kraft zu verfügen meinte, wie er stets betonte. Wenn er schliesslich seine vermeintliche persönliche Kraft dazu benützte, um Geld zu verdienen, so hat er nichts Schlimmeres gethan als die modernen Ärzte und Anstaltsbesitzer, die gleichfalls nicht lediglich aus Nächstenliebe ihrem Beruf nachgehen, sondern die mit vollem Recht ihren eigenen Lebensunterhalt dadurch zu verdienen suchen. Mesmer hat nicht schlechter gehandelt, als die, die irgend ein neues Medikament heute entdecken und dessen Fabrikation gleichfalls als ein Mittel betrachten, sich selbst zu bereichern. Man sei gerecht und verläumde nicht Mesmer, der nichts anderes getan hat, als diese Männer, denen niemand aus ihrem Vorgehen einen Vorwurf macht, selbst wenn das Medikament eine wesentliche Heilkraft nicht ausübt.

Sechs Jahre nach seiner Ankunft in Paris kam es zu einem Streit zwischen MESMER und einigen seiner Schüler, bei dem es um das Recht ging, öffentliche Vorlesungen zu halten und MESMERS angebliches Geheimnis zu enthüllen. Die französische Regierung griff ein und setzte eine Kommission ein, die untersuchen sollte, inwieweit seine Behauptungen auf Tatsachen beruhten. Vor allem ging es dabei um die sogenannten »Mesmerischen Krisen«, denen wir schon im Zusammenhang mit dem Major DU HUSSEY begegnet sind. Es wurde eine Reihe von Kontrollversuchen durchgeführt, die MESMER eigentlich selbst hätte durchführen sollen, bevor er mit seinen Behauptungen an die Öffentlichkeit ging. Ein Auszug aus dem Bericht dieser Kommission lautet:

Der Kommission fiel vor allem auf, daß die Krisen nur dann eintraten, wenn die Versuchspersonen sich bewußt waren, daß sie magnetisiert wurden. Bei den von Jumelin durchgeführten Versuchen wurde beispielsweise folgendes beobachtet: Eine Frau, die offenbar sehr empfänglich für den Magnetismus war, hatte eine Wärmeempfindung, sobald Jumelins Hand sich ihrem Körper näherte. Man verband ihr die Augen und sagte ihr, sie werde jetzt magnetisiert, worauf sie die gleiche Empfindung hatte;

wenn man sie aber magnetisierte, ohne sie davon zu informieren, verspürte sie nichts. Ebenso hatten auch mehrere andere Patienten starke Empfindungen dann, wenn nichts mit ihnen vorgenommen wurde, und sie empfanden nichts, wenn man sie tatsächlich magnetisierte.

Kein Wunder, daß die Kommission zu dem Schluß kam, man hätte »durch entscheidende Experimente demonstriert, daß die Einbildungskraft auch ohne Magnetismus Konvulsionen hervorruft und daß der Magnetismus ohne Einbildungskraft nichts bewirkt«. Bezüglich des Vorhandenseins und der Nützlichkeit des Magnetismus lautete die einstimmige Entscheidung, daß »nichts die Existenz des tierischen magnetischen Fluids beweist; daß dieses Fluid, da es nicht existiert, auch keine wohltätige Wirkung ausüben kann; daß die heftigen Wirkungen, die bei öffentlichen Behandlungen von Patienten beobachtet wurden, auf Berührung, auf die Erregung ihrer Einbildungskraft und auf die mechanische Nachahmung zurückzuführen sind, die uns unwillkürlich zwingt, das zu wiederholen, was unsere Sinne beeindruckt«.

Zur gleichen Zeit verfaßte die Königliche Medizinische Gesellschaft einen ähnlichen Bericht, der darauf hinauslief, daß »im Bezug auf seine heilende Wirkung der tierische Magnetismus nichts ist als die Kunst, sensitive Menschen in Zuckungen verfallen zu lassen«. Diese Berichte machten MESMERS Laufbahn als Magnetiseur ein Ende, und er hat Frankreich kurz danach verlassen.

In MESMERS Geschichte weist vieles interessante Parallelen zu unseren Tagen auf. Darauf möchte ich jedoch erst später eingehen, wenn wir etwas mehr über das Wesen der Hypnose erfahren haben, und möchte lieber zunächst auf eine Tatsache hinweisen, die bis jetzt unbeachtet geblieben ist, obwohl sie mir recht merkwürdig vorkommt. Die Ausdrücke »mesmerisieren« und »hypnotisieren« sind fast zu Synonymen geworden, und viele halten MESMER für den Vater der Hypnose – oder doch wenigstens für ihren Entdecker und ersten bewußten Vertreter. Merkwürdigerweise liegen die Dinge aber in Wirklichkeit so, daß hypnotische Phänomene zwar seit vielen tausend Jahren bekannt waren, daß MESMER aber seine Patienten keineswegs hypnotisiert hat. Einige Patienten scheinen zwar spontan hysterische Zuckungen und ähnliche Gefühlsausbrüche und Abreaktionen gezeigt zu haben, doch findet sich weder in MESMERS Arbeiten noch in denen seiner Nachfolger ein Bericht über echte hypnotische Phänomene. Wir müssen also von der etwas merkwürdigen Feststellung ausgehen, daß der Vater der Hypnose tatsächlich nie jemand hypnotisiert hat, daß er mit dem Phänomen der Hypnose nicht vertraut war und daß dieses auch in sein theoretisches System nicht hineingepaßt hätte. Es bleibt eine mysteriöse Angelegenheit, wie es kam, daß die Volksmeinung ihm beharrlich das Verdienst an einer Entdeckung zuschreibt, die in Wirklichkeit andere gemacht haben.

Der erste, der den schlafähnlichen Trancezustand künstlich herbeigeführt hat, welcher einen wesentlichen Bestandteil der Hypnose bildet, scheint der Marquis de Puységur, ein Schüler Mesmers, gewesen zu sein. Als Puységur einmal versuchte, einen jungen Hirten durch Magnetisieren in die bei Mesmers Behandlungen üblichen konvulsivischen Zuckungen zu versetzen, war dieser in einen ruhigen Schlaf gesunken, einen tranceähnlichen Zustand, aus dem er lange Zeit nicht erwachte und an den er sich nach dem Aufwachen nicht erinnern konnte. Dieser Schlaf oder somnambule Zustand, mit dem eine anschließende Amnesie oder das Vergessen all dessen, was sich während des Trancezustandes ereignet hatte, Hand in Hand ging, erregte weite Aufmerksamkeit, und schon sehr bald berichteten auch andere über eine Vielfalt von hypnotischen Phänomenen, wie die positive Halluzination, das heißt das Wahrnehmen von Dingen, die in Wirklichkeit nicht vorhanden sind, oder die negative Halluzination, das heißt das Blindsein für Dinge, die tatsächlich vorhanden sind; ferner die Anästhesie (Gefühllosigkeit gegen Berühren der Haut) sowie die Analgesie (Schmerzunempfindlichkeit), außerdem schließlich noch die posthypnotische Suggestion oder die Tendenz, in der Hypnose empfangene Aufträge nach Beendigung der Hypnose auszuführen. Wir wollen später noch näher auf diese Phänomene eingehen. Zunächst aber wollen wir uns mit den Methoden beschäftigen, wie man den hypnotischen Zustand herbeiführt.

Es existieren viele Methoden, mit denen man eine Hypnose erzeugen kann; tatsächlich hat fast jeder erfahrene Hypnotiseur seine eigene Methode, die ein wenig von denen der anderen abweicht. Die verbreitetste ist wohl die folgende: Der Hypnotiseur versucht den Betreffenden dadurch zur Mitarbeit zu bewegen, daß er ihm die durch die Hypnose zu erwartenden Vorteile klarmacht, wie zum Beispiel, daß bestimmte nervöse Störungen dadurch behoben werden können, daß der Patient sich im Trancezustand an gewisse Erlebnisse erinnert, die er sonst völlig vergessen hat. Man beruhigt den Patienten, indem man ihm versichert, daß mit der Hypnose keinerlei Gefahren verbunden sind. Darüber hinaus kann man ihm versichern (was durchaus der Wahrheit entspricht), daß es kein Zeichen von Schwäche oder mangelnder Stabilität ist, wenn man hypnotisiert werden kann, sondern daß ganz im Gegenteil ein gewisser Grad von Intelligenz und Konzentrationsfähigkeit von seiten des Patienten unbedingt dazu gehört.

Der nächste Schritt besteht dann darin, daß man den Betreffenden auffordert, sich auf eine Couch zu legen oder sich in einen Sessel zu setzen. Dadurch, daß man die Vorhänge zuzieht und soweit wie möglich störende Geräusche ausschaltet, werden die Außenreize auf ein Minimum reduziert. Manchmal hilft es, wenn man den Betreffenden veranlaßt, seine Aufmerksamkeit auf einen kleinen glänzenden Gegenstand, der knapp über Augenhöhe baumelt, zu konzentrieren, und ihn auf diese Weise zwingt, leicht nach oben zu blicken. Das führt schnell zu einer Ermüdung der Augenmuskeln, wodurch der Betreffende leichter bereit wird, die Behauptung zu akzeptieren, er sei müde und die Augen fielen ihm zu. Jetzt wiederholt der Hypnotiseur mit leiser Stimme immer wieder seine Behauptung, daß seine Versuchsperson schläfrig sei, daß sie müde werde, daß ihr die Augen zufielen, daß sie in tiefen Schlaf versinke, daß sie außer der Stimme des Hypnotiseurs nichts mehr höre, und so weiter. Bei einem leicht beeinflußbaren Menschen kommt es auf diese Weise schon nach wenigen Minuten zu einem leichten Trancezustand, und der Hypnotiseur beginnt dann, diesen Trancezustand zu vertiefen und die Reaktionen zu testen, indem er seiner Versuchsperson Aufgaben stellt, die immer schwieriger auszuführen sind. So fordert er sie beispielsweise auf, die Hände zu falten, die Hände wieder auseinanderzunehmen. Derartige Aufforderungen dienen dazu, den hypnotischen Zustand so lange zu vertiefen, bis bei guten Versuchspersonen alle Phänomene hervorgerufen werden können, die wir jetzt diskutieren wollen.

Das ist kurz gesagt die Routinemethode, wie man einen hypnotischen Zustand herbeiführen kann. Schwer zu sagen ist, welche der erwähnten Elemente die wirklich wirksamen sind. Ich habe bei einer Versuchsperson einen tiefen Trancezustand dadurch erreicht, daß ich mit leiser, beruhigender Stimme immer wieder »Montag – Dienstag – Mittwoch – Donnerstag – Freitag – Samstag« gesagt habe. Während des Krieges mußte ein Freund von mir einen französischen Soldaten hypnotisieren, der unter einem Granatschock stand. Da der Soldat kein Englisch konnte, mußte man ihm den Auftrag auf Französisch erteilen. Leider war aber mein Freund kein großes Sprachtalent, und zu meinem Entsetzen sagte er zu seinem Patienten immer wieder nicht etwa, seine Augen fielen zu, sondern, seine Nasenlöcher gingen zu. Dem Patienten machte das jedoch nichts aus. Er befand sich bald in einer tiefen Trance trotz dieser Suggestion, die ihm doch recht merkwürdig vorgekommen sein muß. Offenbar ist demnach der Inhalt einer solchen Suggestion nicht so wichtig, wie es auf den ersten Blick scheinen möchte.

Andererseits scheint der Inhalt der Suggestion doch von einer gewissen Relevanz zu sein. So führt zum Beispiel einer der bekanntesten amerikanischen Hypnotiseure einen Fall an, wo er große Schwierigkeiten hatte, eine Patientin in Trance zu versetzen. Nachdem er sich mehrere Stunden lang intensiv darum bemüht hatte, fragte die Patientin schüchtern, ob sie vielleicht eine Methode vorschlagen dürfe, wenn sie auch keine Erfahrung mit dem Hypnotisieren habe. Und sie gab ihm den Rat: »An dieser Stelle sprechen Sie zu schnell; Sie sollten das ganz langsam und mit Nachdruck sagen und es immerzu wiederholen. Das aber müssen Sie sehr rasch sagen und dann eine Weile warten und es dann langsam wiederholen – und bitte machen Sie gelegentlich eine Pause, damit ich mich ausruhen kann – und bitte reißen Sie Ihre Zeitwörter nicht auseinander!« Als der Hypnotiseur darauf einging, verfiel sie sehr schnell in tiefe Trance. Das besitzt natürlich nur anekdotische Bedeutung, aber leider hat man bisher die Form und den Inhalt der Suggestionen, mit denen man eine Trance herbeiführen kann, nur wenig experimentell untersucht, und daher kann man im Moment nur Vermutungen darüber anstellen.

Anscheinend sind auch Isolierung, Ruhe und Dunkelheit nicht wesentlich. Auch bei Lärm, im hellen Tageslicht hat man mit Erfolg hypnotisiert, ja sogar auf der Bühne in Gegenwart von Tausenden von Menschen, wie allgemein bekannt ist. Manche Hypnotiseure stehen sogar auf dem Standpunkt, daß solche Bedingungen eine Hypnose leichter herbeiführen als absolute Ruhe und Isolierung. Auch hierüber liegt keine systematische Untersuchung vor, doch ist anzunehmen, daß verschiedene Menschen auf verschiedene Bedingungen ansprechen und daß Extravertierte und Hysteriker vielleicht bei Lärm und Aufregung oder im Rampenlicht leichter zu hypnotisieren sind, introvertierte und ängstliche Personen dagegen die Ruhe eines Ordinationszimmers vorziehen. Aber das ist bisher keineswegs wissenschaftlich nachgewiesen.

Im Gegensatz zu einem verbreiteten Aberglauben gelingt das Aufwecken der Versuchsperson aus der Hypnose ohne Schwierigkeit, sobald der Versuchsleiter den Trancezustand beenden will. Meist sagt er zu dem Betreffenden, er werde aus seinem Schlaf erwachen, sobald er – der Hypnotiseur – bis zehn gezählt habe, und habe dann alles vergessen, was er während der Hypnose erlebte, er werde sich wohl und erfrischt fühlen, auf jeden Fall besser als vorher. Bei dieser Methode ist noch nie von Schwierigkeiten beim Aufwecken des Hypnotisierten berichtet worden, und selbst wenn es dem Hypnotiseur einmal aus irgendeinem Grunde nicht gelingen sollte, die Hypnose abzubrechen, so würde höchstwahrscheinlich nichts passieren, als daß der Betreffende in einen gewöhnlichen Schlaf sinken und nach ein paar Stunden ohne üble Nachwirkungen von selber wieder aufwachen würde.

Welche Phänomene kann man aber nun hervorrufen, nachdem man die betreffende Person in einen ausreichend tiefen hypnotischen Trancezustand versetzt hat? Das erste und offensichtlichste, das wohl auch für alle anderen großenteils verantwortlich sein dürfte, ist eine ungeheure Steigerung der Suggestibilität der betreffenden Person. Sie wird jeden Auftrag des Hypnotiseurs aufgreifen und ihn nach besten Kräften zu erfüllen suchen. Wenn man der Versuchsperson zum Beispiel suggeriert, sie sei ein Hund, so wird sie auf allen vieren im Zimmer herumlaufen und bellen und jaulen. Wenn man ihr einredet, sie sei Hitler, so wird sie mit den Armen herumfuchteln und eine leidenschaftliche Rede halten, wobei sie versuchen wird, die heisere Stimme des »Führers« nachzuahmen. Die ungeheure Steigerung der Suggestibilität wird oft auf der Bühne ausgenutzt, um die Leute zu närrischen und lächerlichen Handlungen zu verleiten. Derartige Praktiken sollte man nicht befürworten, da sie der Idee der Menschenwürde zuwiderlaufen und man sich der Hypnose nicht zu solchen Zwecken bedienen sollte. Immerhin müssen sie erwähnt werden, da vermutlich derartige Phänomene der Allgemeinheit von Jahrmärkten oder aus der Presse am besten bekannt sind.

Zu behaupten, daß alle Aufträge, zumindest in der tiefsten Trance, akzeptiert würden, wäre jedoch nicht richtig. Das gilt besonders für den Fall, daß ein Auftrag erteilt wird, der nicht mit den ethischen und moralischen Vorstellungen des Betreffenden zu vereinbaren ist. Dies veranschaulicht eine bekannte Anekdote. CHARCOT, der große französische Neurologe, dessen Vorlesungen FREUD zeitweise besucht hat, hielt eine Vorlesung über Hypnose und demonstrierte an einem achtzehnjährigen Mädchen zu beobachtende Phänomene. Als dieses sich in einer tiefen Hypnose befand, wurde CHARCOT abgerufen und überließ die weitere Demonstration einem seiner Assistenten. Der junge Mann, dem die für Medizinstudenten, auch französische, höchst wünschenswerte Einsicht in den Ernst ihrer Aufgabe abging, sagte zu dem jungen Mädchen, es solle sich ausziehen. Daraufhin erwachte sie sofort aus ihrer Trance, gab ihm eine Ohrfeige und stürzte – zu seinem nicht geringen Unbehagen – aus dem Saal.

Gelegentlich kommt es allerdings auch vor, daß ein Auftrag nicht ausgeführt wird, ohne daß man die Weigerung auf irgendwelche moralische Skrupel zurückführen könnte. Bei einem meiner ersten Experimente untersuchte ich, wieweit Hypnotisierte die Fähigkeit besitzen, den Ablauf der Zeit zu beurteilen. Eine Versuchsperson im besonderen schien mir sehr genau abschätzen zu können, wieviel Sekunden zwischen zwei vom Experimentator gegebenen Signalen lagen, und um ihm zu helfen, seine Leistungen noch zu verbessern, sagte ich zu dem Betreffenden, er sei eine Uhr. Aus irgendwelchen unerfindlichen Gründen nahm er diesen Vorschlag keineswegs freundlich auf und betonte wiederholt ziemlich aufgeregt, er sei keine Uhr und könne auch nicht einsehen, wie er eine Uhr sein könne. Um ihm den Vorschlag eingängiger zu machen, sagte ich, natürlich sei er eine Uhr – ob er sich denn nicht ticken höre? Das schien ihn für eine Weile zu beruhigen, aber er lauschte ständig aufmerksam, und schließlich versicherte er in großer Aufregung, er könne sich nicht ticken hören. Er wurde so böse, daß es notwendig wurde, die Idee fallenzulassen und ihm zu versichern, daß er natürlich keine Uhr sei. Da er zuvor keinerlei Einwände dagegen erhoben hatte, die verschiedensten anderen Dinge zu sein, gegen die man an sich mehr Einwände hätte erheben können als gegen Uhren, war diese plötzliche Weigerung ziemlich mysteriös, und ich kann sie mir bis heute nicht ganz erklären. Im allgemeinen ist es durchaus nicht ungewöhnlich, daß der Hypnotisierte sich gegen gewisse Vorschläge verwahrt, die dem Hypnotiseur durchaus harmlos vorkommen. Vermutlich besitzen diese Dinge für den Betreffenden irgendeine versteckte Bedeutung, die man nur mit einer sorgfältigen Analyse an die Oberfläche holen könnte.

Ein weiteres, oft beobachtetes Phänomen ist die positive Halluzination. Dabei sieht, hört und fühlt der Betreffende Dinge, die objektiv gesehen gar nicht vorhanden sind. Wenn man ihm zum Beispiel sagt, ihm gegenüber sitze seine Braut auf dem Stuhl, wird er zu ihr hingehen, sie küssen und sich ganz allgemein so benehmen, als ob sie tatsächlich anwesend wäre. Wenn man ihm sagt, ein Löwe sei durchs Fenster hereingekommen, wird er mit allen Anzeichen der Angst und des Schreckens aus dem Zimmer stürzen.

Das Gegenteil der positiven Halluzinationen sind negative Halluzinationen, die ebenfalls leicht herbeizuführen sind. Dabei kann der Betreffende Gegenstände und Personen, die im Zimmer sind, nicht sehen, fühlen oder hören. Wenn man ihm sagt, er und der Hypnotiseur seien allein im Raum, wird er anderen Anwesenden keine Aufmerksamkeit schenken und sich so benehmen, als ob sie nicht da wären. Wenn man ihm suggeriert, er könne eine Berührung seiner Haut nicht spüren oder er könne ein bestimmtes Geräusch nicht hören, wird er sich genauso verhalten, als ob dies tatsächlich der Fall wäre. Bei leicht beeinflußbaren Personen sind positive und negative Halluzinationen dieser Art relativ leicht herbeizuführen, doch wird häufig daran kritisiert, daß sie dann vielleicht nur auf den Wunsch zurückzuführen sind, dem Experimentator einen Gefallen zu tun, und daß es sich bei all diesen Manifestationen in Wirklichkeit nur um Verstellung handelt. In anderen Fällen wird die Vermutung geäußert, daß die Hypnotisierten vom Hypnotiseur bezahlt würden und dafür alles täten, was er von ihnen verlangte. Diese Kritik mag einleuchtend klingen für jeden, der selbst noch nicht den Unterschied gesehen hat im Verhalten von Menschen, die nur vorgeben, hypnotisiert zu sein, und anderen, die sich wirklich im Trancezustand befinden. Auch Phänomene wie das folgende sind so nicht zu erklären: Ein Hypnotiseur hatte auf einer Bühne einen etwas stutzerhaft gekleideten jungen Mann angewiesen, seine Hosen auszuziehen und auf einem Besenstiel auf der Bühne herumzureiten. Das Publikum krümmte sich bei diesem Anblick vor Lachen, aber als der Hypnotisierte aus der Trance erwachte und sein beschämendes Aussehen bemerkte, nahm er den Besen und verdrosch den Hypnotiseur jämmerlich. Es fällt schwer zu glauben, daß auch dies noch zur Vorstellung gehörte.

Noch überzeugender dürfte die Tatsache sein, daß man durch Hypnose gewisse Halluzinationen hervorrufen kann, welche Handlungen möglich machen, die im normalen Zustand nicht nachzuahmen sind. Man nehme ein Glas mit Seifenwasser und sage einem Hypnotisierten, es sei prickelnder Champagner. Er wird es mit allen Anzeichen des Genusses austrinken. Im normalen Zustande dürfte es ihm recht schwerfallen, das gleiche zu tun. Wer das bezweifelt, möge es nur einmal selbst versuchen. Ähnlich besteht natürlich die Möglichkeit, daß ein Mensch im normalen Zustand so tut, als ob er vor einem nicht vorhandenen Löwen Angst hätte, der gerade durchs Fenster hereingekommen sein soll – aber es dürfte ihm sehr schwerfallen, alle jene autonomen und physiologischen Merkmale der Angst zu produzieren, die nicht mit dem Willen kontrolliert werden, die aber trotzdem bei einem Hypnotisierten zu beobachten sind. Im allgemeinen ist einzuräumen, daß bei Schaustellungen gelegentlich etwas Schwindel mit im Spiele sein mag; doch würden derartige Manöver im psychologischen Laboratorium zweifellos bald entdeckt.

Das Einzigartige an den hypnotischen Phänomenen wird noch deutlicher, wenn wir uns jetzt einem anderen Bereich zuwenden, der bereits gründlich erforscht ist. Ich erwähnte im Zusammenhang mit den negativen Halluzinationen, daß es möglich ist, Anästhesien hervorzurufen, das heißt, daß der Betreffende eine Berührung seiner Haut nicht mehr spürt. Ähnlich besteht die Möglichkeit, eine völlige Unempfindlichkeit gegen Schmerz zu erzeugen, die man gewöhnlich als hypnotische Analgesie bezeichnet. Man hat viele Jahre lang dieses Phänomen angezweifelt und sich darüber lustig gemacht, wahrscheinlich weil die meisten einschlägigen Phänomene, die bis jetzt beschrieben wurden, genausogut auf Simulation und Verstellung zurückgeführt werden könnten. Wir wissen jedoch zuviel über die Art, wie Menschen auf Schmerz reagieren, um anzweifeln zu können, daß – wenn die von Hypnotisierten beschriebenen Phänomene tatsächlich stimmen – wir es hier mit etwas völlig Ungewöhnlichem zu tun haben.

Wir wollen mit einer einfachen Demonstration beginnen. Der Hypnotiseur sagt der Versuchsperson, die sich in tiefer Hypnose befindet, er werde ihr eine Nadel durch die Hand stoßen und sie werde dabei keinerlei Schmerz empfinden; außerdem werde es nicht bluten. Dann stößt er dem Betreffenden tatsächlich eine Nadel durch die Hand, und der sieht nicht einmal hin und spricht weiter, als sei nichts geschehen. Es blutet nicht oder doch nur sehr wenig. Und auch in diesem Falle möchte ich dem Leser, der meint, es könne sich um Betrug handeln, vorschlagen, es einmal bei sich selber mit diesem Experiment zu versuchen.

Eine große Operation ist natürlich etwas anderes, als wenn man eine Nadel durch die Hand stößt. Trotzdem besteht kein Zweifel, daß in Tausenden von Fällen große Amputationen unter Hypnose schmerzlos durchgeführt worden sind und daß dabei auch die übliche Schockwirkung und andere traumatische physiologische Erscheinungen nicht aufgetreten sind. Bei der Einführung der Hypnose auf diesem Gebiet um die Mitte des vorigen Jahrhunderts haben sich ELLIOTSON, ein junger Arzt an einem der großen Londoner Krankenhäuser, sowie ESDAILE, der in Indien als Arzt tätig war, besondere Verdienste erworben. ELLIOTSONS Experimente mit der Hypnose wurden damals von seinen Kollegen nicht gut aufgenommen, denen die leidenschaftliche Art mißfiel, wie er sich für seine neue Methode einsetzte, welche sie als ausgefallen und unorthodox ablehnten. ESDAILE vervollkommnete diese Technik, und seine Behauptungen wurden schließlich von einer Spezialkommission überprüft, die zunächst skeptisch war, dann aber zugeben mußte, daß es ihm in der Tat gelungen war, größere Operationen durchzuführen, ohne daß der Patient Schmerzen oder einen Schock erkennen ließ. Dieser Bericht verursachte heftige Kontroversen; da aber um die gleiche Zeit gerade die Anästhetika entdeckt wurden, kehrte die medizinische Welt dankbar zu ihrer Lethargie und Uninteressiertheit gegenüber der Hypnose und ähnlichen kuriosen Dingen zurück und begnügte sich mit Anästhetika chemischer Art, wie Äther und Chloroform, die sie eher begreifen konnte. Heutzutage wird in der medizinischen Behandlung die Hypnose zur Unterdrückung des Schmerzes nur noch sehr wenig angewandt, obwohl sie in vieler Hinsicht selbst den besten Anästhetika, die uns zur Verfügung stehen, überlegen ist. Gelegentlich wird von guten Erfolgen bei Geburten und neuerdings auch bei der Zahnbehandlung berichtet. Die Hypnodontie, wie diese neue Methode genannt wird, ist bereits in einer großen Zahl von Berichten über das unblutige und schmerzlose Ziehen von Zähnen beschrieben worden, und vor einigen Jahren wurden in einer öffentlichen Vorführung in den Vereinigten Staaten vor einer großen Gruppe von Zahnärzten zwei obere und ein unterer Backenzahn – alle rechtsseitig – gezogen, ohne daß der Patient irgendwelche Medikamente einnahm oder mit chemischen Mitteln betäubt wurde. Der Kiefer wurde freigelegt, und die drei Zähne wurden gezogen, ohne daß der Patient, der sich in tiefer Trance befand, den geringsten Schmerz bekundete und ohne daß es blutete. Auch nach der Hypnose kam es zu keiner Blutung, und der Patient konnte sich an keinen Schmerz erinnern.

Ein weiteres Phänomen, das spontan auftritt und seit den ersten Anfängen der Hypnose beobachtet wird, ist der *Rapport*. Darunter ist die besondere Beziehung zu verstehen, die zwischen dem Hypnotiseur und seiner Versuchsperson entsteht, so daß letztere nur von jenem und von niemand sonst mehr Befehle entgegennimmt, Vorschläge akzeptiert und so weiter. Die FREUDsche Vorstellung von der »Übertragung«, das heißt von der Existenz einer besonderen Beziehung zwischen Patient und Therapeut, ist in vieler Hinsicht nichts anderes als eine verwässerte Version des Rapports. Es ist ziemlich wahrscheinlich, daß bei genauer Untersuchung die beiden Phänomene auf ähnliche Weise zu erklären sind. Wenn die Psychoanalytiker auch immer gegen diese Auffassung protestiert haben, so besteht doch kaum ein Zweifel daran, daß die Suggestion – wenn auch nicht unbedingt die hypnotische – bei ihrer Behandlung eine sehr wichtige Rolle spielt.

Wenn der Rapport erst einmal hergestellt ist, kann er auf Befehl des Hypnotiseurs auch auf andere übertragen werden. Er kann zu dem Hypnotisierten sagen: »Das ist Herr Schmidt. Ich möchte, daß Sie alles, was er Ihnen aufträgt, genauso ausführen, als ob ich es Ihnen aufgetragen hätte.« Ein solcher Befehl stellt einen Rapport zwischen der Versuchsperson und Herrn Schmidt her, und man kann auf diese Weise einen Rapport an eine ganze Reihe von Personen weitergeben. Ohne solch eine Willensübertragung wäre der Hypnotisierte keineswegs zugänglich für etwas, was Herr Schmidt oder sonst jemand zu ihm sagen würde; sein Rapport bezieht sich ausschließlich auf die Person, die die ursprüngliche Hypnose vorgenommen hat.

Die posthypnotische Amnesie oder das völlige Vergessen von allem, was sich unter Hypnose ereignet hat, ist eine sehr häufige Begleiterscheinung der hypnotischen Trance. Man ist ihr zum ersten Mal bei dem jungen Hirten mit Namen Victor begegnet, den der Marquis de Puységur hypnotisierte und den wir bereits erwähnten. Als dieser aus seiner Hypnose erwachte, konnte er sich an nichts erinnern, was er während der Hypnose erlebt hatte. Derartige Amnesien treten in tiefen Trancezuständen ganz allgemein auf und brauchen der Versuchsperson nicht erst suggeriert zu werden. Offenbar handelt es sich dabei um eine spontane Auswirkung der tiefen hypnotischen Trance. Falls der Trancezustand weniger tief ist, kann es sich als notwendig erweisen, daß der Hypnotiseur der Versuchsperson suggeriert, sie solle alles vergessen, was sie erlebt hat. Derartige Befehle werden meist ohne Schwierigkeit befolgt, und nur bei einer sehr leichten Hypnose können sie wirkungslos bleiben. Es besteht demnach eine Kontinuität zwischen dem letzten Augenblick, bevor der Betreffende in den hypnotischen Zustand versinkt, und dem ersten Augenblick seines Wiedererwachens bei vollständiger Amnesie für alles, was sich zwischendurch ereignete. Dies illustriert ein Experiment mit einem ziemlich arroganten jungen Mann, der, als er das Laboratorium betrat, jedem in Hörweite laut verkündete, er glaube nicht an Hypnose, er wisse genau, daß ihn niemand hypnotisieren könne, und er werde sogleich beweisen, daß die

Hypnotiseure nichts weiter seien als inkompetente Narren. Er redete so immer weiter, während ihm suggeriert wurde, er werde in einen tiefen Schlaf sinken, sobald der Hypnotiseur mit dem Reflexhämmerchen, das er in der Hand hielt, auf den Tisch klopfte. Der junge Mann sagte gerade: » . . . und außerdem glaube ich nicht, daß jemand mit einem so starken Willen . . .«, als der Hypnotiseur auf den Tisch klopfte. Daraufhin schlossen sich augenblicklich die Augen des jungen Mannes, er hörte auf zu reden und sank in eine ziemlich tiefe Trance. Etwas über zwei Stunden lang wurde eine Reihe von Experimenten mit ihm durchgeführt, bei denen er sich als recht gute Versuchsperson erwies. Danach wurde ihm suggeriert, er werde aufwachen, ohne sich an irgend etwas zu erinnern. In dem Augenblick, als der Experimentator wieder mit dem Hämmerchen auf den Tisch klopfte, setzte er den angefangenen Satz fort und sagte: » . . . wie ich hypnotisiert werden kann.« Als man ihm sagte, was geschehen war, wollte er es nicht wahrhaben. Erst als er erregt auf seine Uhr blickte, glaubte er dann schließlich, daß er tatsächlich hypnotisiert worden war.

Hypnotisieren wir eine Versuchsperson, nachdem wir sie aufgeweckt haben, von neuem, so steht der zweite hypnotische Zustand durch die Erinnerung mit dem ersten in Kontakt, während der Betreffende sich an nichts erinnert, was zwischen beiden Hypnosen geschah. Diese Amnesien können jedoch durch Suggestion behoben werden. Suggeriert man einer Versuchsperson am Ende eines hypnotischen Trancezustandes, daß sie sich an alles erinnern werde, was sie in Trance erlebt habe, so ergeben sich in der Regel kaum Schwierigkeiten, ihr das, was normalerweise nicht in ihr Bewußtsein gelangen und was sie vergessen würde, bewußtzumachen und in Erinnerung zu rufen.

Eine besonders interessante Auswirkung der posthypnotischen Amnesie ist bei einem anderen hypnotischen Phänomen zu beobachten, welches sofort bei seiner Entdeckung großes Aufsehen erregte. Es ist das Phänomen der posthypnotischen Suggestion. Wenn man jemand in der Hypnose suggeriert, er solle etwas Bestimmtes zu einem bestimmten Zeitpunkt oder auf ein bestimmtes Signal hin tun, so wird er dies auch dann ausführen, wenn er sich zu jenem Zeitpunkt keineswegs mehr im hypnotischen Trancezustand befindet, sondern wieder völlig wach ist. Ein typischer Fall ist folgender: Die Versuchsperson wird hypnotisiert und bekommt gesagt, sie werde nach zehn Minuten wieder aufwachen. Sie bekommt außerdem gesagt, der Hypnotiseur werde sich kurz darauf dreimal die Nase putzen. Auf dieses Signal hin werde sie aufstehen, in die Diele gehen, den dritten Regenschirm von links von der Garderobe nehmen, ins Zimmer zurückkehren und den Schirm aufspannen. Kurz danach wird der Betreffende geweckt; er unterhält sich angeregt, hat alles, was er in der Hypnose erlebte, vergessen, und als man ihn fragt, ob er irgendeinen Auftrag erhalten habe, wundert er sich und kann sich an nichts Derartiges erinnern.

Wenn sich dann der Experimentator dreimal die Nase putzt, wird die Versuchsperson unruhig; schließlich steht sie auf, verläßt das Zimmer, holt den bezeichneten Schirm, bringt ihn herein und spannt ihn auf. Fragt man nach dem Grund hierfür, so kann sie natürlich den wahren Grund nicht angeben, da dieser ihr ja nicht bewußt ist. So wird sie sich einen möglichst guten Grund ausdenken, etwa: »Ach, Sie kennen doch sicher den alten Aberglauben über das Aufspannen von Regenschirmen innerhalb eines Hauses. Wir haben doch gerade über den Aberglauben gesprochen, und ich wollte Ihnen nur beweisen, daß ich nicht abergläubisch bin.« Solche Rationalisierungen klingen oft bemerkenswert echt, und besonders intelligente Leute finden meist ziemlich plausible Gründe, weshalb sie die unmöglichsten Dinge getan haben, die ihnen in der Hypnose suggeriert wurden. Ja, sie glauben sogar selbst an ihre Ausreden. Die Neigung des Menschen, rationale Gründe für seine Handlungen zu erfinden und im Inneren dann selbst daran zu glauben, ist leider zu weit verbreitet und zu gut bekannt, als daß sie der Aufmerksamkeit der Philosophen und Psychologen entgangen wäre, sobald diese begannen, sich für menschliche Verhaltensweisen zu interessieren. Wichtig an unserer Demonstration ist die Methode, die es ermöglicht, die Situation so zu kontrollieren, daß die wirkliche Ursache für das Verhalten der Versuchsperson wohl dem Experimentator, nicht aber dem Betreffenden selbst bekannt ist. Merkwürdigerweise hat man diese vielversprechende Methode, den Rationalisierungsprozeß zu untersuchen, noch kaum zu experimentellen Zwecken herangezogen, und man hat es bei einer amüsanten Demonstration und einem Gesellschaftsspiel bewenden lassen.

Darüber, daß die posthypnotische Suggestion sehr stark ist und entsprechende Handlungen bewirken kann, besteht kein Zweifel. Ein Beispiel möge dies erläutern: Die Versuchsperson war in diesem Fall ein bekannter Psychologe, der sich sehr für das Phänomen der Hypnose interessierte und selbst bereits Versuche auf diesem Gebiet gemacht hatte. Er war eine sehr starke und stabile Persönlichkeit ohne Anzeichen neurotischer Schwächen. Er hatte den Wunsch, die hypnotischen Phänomene an sich selber zu erproben, und ließ sich hypnotisieren, wobei er in einen recht tiefen Trancezustand verfiel. In der Trance wurde ihm suggeriert, er werde auf ein bestimmtes Signal hin vom Stuhl aufstehen, durchs Zimmer gehen und sich auf einen anderen Stuhl setzen. Er wurde aus der Hypnose geweckt, und nach etwa einer halben Stunde wurde das verabredete Signal gegeben. Er wurde etwas unruhig, fing an, sich im Zimmer nach einem anderen Stuhl umzusehen, und sagte schließlich: »Ich verspüre das starke Bedürfnis, quer durchs Zimmer zu gehen und mich dort auf jenen Stuhl zu setzen. Ich bin sicher, daß Sie mir eine posthypnotische Suggestion gegeben haben. Aber der Teufel soll mich holen, wenn ich's tue!«

Er beteiligte sich weiter an der Unterhaltung, wurde jedoch immer zerstreuter und einsilbiger, bis er schließlich aufsprang und zu dem bestimmten Stuhl hinüberging, sich auf ihn setzte und ausrief: »Ich habe es nicht mehr länger ausgehalten!« Offenbar geht dabei folgendes vor sich: Die posthypnotische Suggestion bewirkt, daß sich im Geist des Betreffenden eine vom Willen relativ unabhängige Tendenz zu einer bestimmten Handlung einkapselt und dann gebieterisch nach Ausführung verlangt, bevor sie den übrigen Denk- und Erlebnisinhalten integriert werden kann. Es ist im kleinen ein ganz ähnlicher Komplex, wie er so oft bei neurotischen und sonstwie emotional ungefestigten Patienten zu beobachten ist. Dem Betreffenden ist die Ursache dieser Tendenz unbekannt, und selbst wenn er sie vermutet, wie das bei dem eben erwähnten Psychologen der Fall war, scheint ein solches Wissen den gebieterischen Einfluß dieses kleinen »Komplexes« nicht ausschalten zu können. Macht man sich klar, wie in unserem besonderen Fall eine einzige Suggestion über die Willenskraft eines gut integrierten, willensstarken, fachkundigen Mannes triumphierte, der noch dazu vermutete, was vorgegangen war, so merkt man, daß Hypnose und hypnotische Suggestion kein Spielzeug sind, sondern daß sie eine fast erschrekkende Macht und Bedeutung besitzen.

Aus diesem Grunde ist es kaum verwunderlich, daß man Versuche unternommen hat, die posthypnotische Suggestion als Heilmittel einzusetzen. Dieser Gedanke lag besonders nahe, als bekannt wurde, daß die posthypnotische Suggestion über sehr lange Zeiträume hinweg aufrechterhalten werden kann. Verantwortungsbewußte Forscher haben behauptet, eine posthypnotische Suggestion sei noch fünf Jahre nach der Erteilung des Auftrages ausgeführt worden, und eine ganze Reihe vertrauenswürdiger Experimentatoren hat sich für Zeitspannen von einigen Monaten bis zu einem Jahr verbürgt. Trotzdem waren keine besonderen Heilerfolge mit der posthypnotischen Suggestion zu verzeichnen. Nehmen wir einmal an, jemand habe den Vorsatz gefaßt, mit seinem übermäßigen Alkohol- oder Tabakkonsum Schluß zu machen. Man kann dem Betreffenden dann suggerieren, daß es ihm auf Alkohol übel wird und daß Tabak nach Aloe schmeckt. Dies wirkt ganz bestimmt im hypnotischen Trancezustand, und auch wenn man diese Empfindung in Form einer posthypnotischen Suggestion vermittelt, wirkt sie noch einen oder zwei Tage lang nach, doch nimmt die Suggestionskraft offenbar immer mehr ab, bis etwa eine Woche später nichts mehr davon übrig ist und der Betreffende wieder in seine alte Sucht verfällt. Natürlich kann man ihn alle paar Tage von neuem hypnotisieren und ihm neue hypnotische Suggestionen geben, doch werden Einwände gegen dieses Verfahren laut, da viele fürchten, daß die Hypnose selbst zur Sucht werden könnte, und zwar zu einer, die schlimmer und kostspieliger ist als übermäßiger Alkohol- und Tabakgenuß. Daher bedient man sich heute nur noch selten der posthypnotischen Suggestion, obwohl ich immer den Eindruck hatte, daß positivere Erfolge sehr wohl möglich wären, wenn man nur die entsprechenden Experimente zielbewußter und überlegter durchführen würde, als dies bisher geschehen ist.

Ein anderes, oft in der Hypnose beobachtetes Phänomen ist eine gesteigerte Leistungsfähigkeit. In diesem Zusammenhang wurden viele absurde Behauptungen geäußert, und zwar besonders in einigen frühen Veröffentlichungen, deren Verfasser so beeindruckt davon waren, was Menschen in der Hypnose leisteten, daß sie sich gar nicht erst die Mühe machten herauszufinden, wieviel die Betreffenden auch im normalen Zustand hätten leisten können! Dennoch scheint ein Körnchen Wahrheit in der Ansicht zu stecken, daß unter Hypnose gewisse Tätigkeiten schneller und exakter ausgeführt werden können als ihm wachen Zustand. Man hat durch hypnotische Suggestion bewirkte Leistungssteigerungen um 30 bis 60 Prozent bei der Ausführung einfacher Aufgaben festgestellt, zum Beispiel wenn es darum ging, Punkte so schnell wie möglich in kleine Quadrate einzuzeichnen, Zahlen zu multiplizieren, bestimmte Buchstaben auf einer Liste auszustreichen, Zahlen zu addieren, jeweils drei zuzuzählen, so schnell wie möglich zu klopfen, Spielkarten zu sortieren, Ringe auf eine Stange zu setzen und so weiter. Eine beträchtlich geringere Leistungssteigerung ist mit der posthypnotischen Suggestion zu erreichen, nämlich zwischen 20 und 40 Prozent.

Überprüft man sämtliche Berichte über korrekt geplante und durchgeführte Experimente, so zeigt sich, daß die Leistungssteigerung nicht konstant, sondern daß sie offenbar eine Funktion des Schwierigkeitsgrades der Aufgabe ist. Als allgemeine Regel läßt sich sagen, daß *die Leistungssteigerung um so größer ist, je leichter die Aufgabe ist,* und daß sie umgekehrt *um so geringer ist, je komplizierter die Aufgabe ist.* Bei sehr komplizierten Aufgaben – wie zum Beispiel bei Intelligenztests – kann es vorkommen, daß überhaupt keine Leistungssteigerung, sondern sogar ein geringer Leistungsabfall eintritt.

Es ist schwer zu sagen, was die Ursache derartiger Leistungssteigerungen sein könnte. Eine Hypothese, die durch Experimente eine gewisse Bestätigung findet, lautet, daß sie mit der geringeren Ermüdung zusammenhängen, die eine bekannte Begleiterscheinung der hypnotischen Suggestion ist. Es handelt sich dabei um eines der auffälligsten Merkmale der Hypnose, das alle beobachtet haben, die auf diesem Gebiet arbeiten. Die Beschreibung eines Experiments soll den Unterschied zwischen dem normalen und dem hypnotischen Zustand veranschaulichen. Man fordert die Versuchsperson auf, im Rhythmus eines Metronoms an einem Dynamometer zu ziehen. (Ein Dynamometer ist ein Kraftmeßgerät.) Die Versuchsperson zieht mit aller Kraft an einem Griff; der Griff ist mit einer Stahlfeder verbunden, und die auf die Feder ausgeübte Kraft

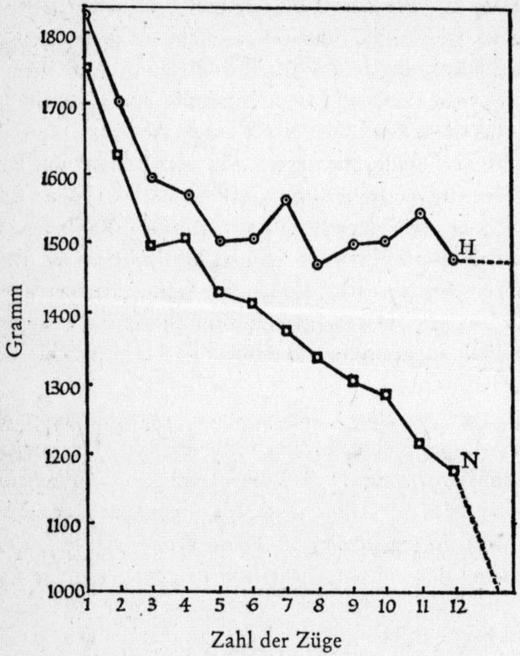


Abb. 1: Gewicht in Gramm, gezogen von Personen im normalen (N) und im hypnotisierten (H) Zustand.

wird auf einer Skala angezeigt. Immer wieder an einem Dynamometer zu ziehen ist sehr ermüdend, und die erreichten Werte sinken rasch ab. In Abbildung 1 ist die Zahl der bei einem solchen Experiment von der Versuchsperson im normalen (N) und im hypnotisierten (H) Zustand ausgeführten Kraftanstrengungen wiedergegeben.

In der Hypnose wurde dem Betreffenden suggeriert, er sei der stärkste Mann der Welt und werde überhaupt nicht ermüden.

Es stellte sich heraus, daß diese Suggestion zunächst keinerlei Wirkung hatte, denn die beiden Kurven laufen zunächst dicht nebeneinander her. Vom fünften Versuch an jedoch machte sich die Wirkung der Suggestion »keine Ermüdung« bemerkbar. Während die Kurve, welche die Stärke der Zugkraft im normalen Zustand beschreibt, absinkt, bis die Versuchsperson nach dem zwölften Zug überhaupt nicht mehr imstande war weiterzumachen, bleibt die Kurve, die sich auf die Leistung unter Hypnose bezieht, nach dem fünften Zug auf gleichem Niveau, und die Versuchsperson hat auch nach dem zwölften Zug noch lange weitergemacht. Dieses Ergebnis ist typisch für viele ähnliche, und da bei zahlreichen Aufgaben, bei denen Personen in der Hypnose besser abschneiden als im normalen Zustand, Muskelkontraktionen der einen oder anderen Art mit im Spiele sind, ist die Möglichkeit nicht auszuschließen, daß die Leistungsverbesserung großenteils darauf zurückzuführen ist, daß im hypnotischen Zustand keine Ermüdung eintritt.

Eine andere Hypothese, die in Erwägung zu ziehen ist, geht dahin, daß eine Leistungsverbesserung in Wirklichkeit auf Veränderungen im emotionalen Zustand der Versuchsperson zurückzuführen ist. Viele Menschen zeigen, wenn man einen psychologischen Test mit ihnen vornimmt, eine gewisse Angst. Sie reagieren emotional auf die Testsituation als solche. Wir werden in einem späteren Kapitel noch näher darauf eingehen, daß Emotionen einen Einfluß auf die Muskelreaktionen haben und daß es aus diesem Grunde denkbar wäre, daß die emotionale Beruhigung und die Behebung der Angst durch Suggestion, die einen Teil der Hypnose ausmachen, die Leistung verbessern, da auf diese Weise die Beeinträchtigung durch Emotionen vermindert wird. In vielen Fällen dürfte dies eine Begleiterscheinung sein, doch reicht es als Erklärung nicht aus. Aus ein oder zwei Berichten geht hervor, daß die Behebung der Angst und anderer störender Emotionen durch Hypnose unter bestimmten Umständen sogar die Leistungen bei Intelligenztests verbessern konnte. Es ist allerdings zu betonen, daß dies nur für Fälle einer extremen emotionalen Labilität zutreffen dürfte und daß normale Menschen durch hypnotische Suggestion kaum einen besseren IQ erzielen dürften.

Eine dritte Hypothese bezieht sich auf die Frage der Motivation. Im normalen Zustand dürften Versuchspersonen keine starke Motivation zeigen, einfache Aufgaben auszuführen, die ihnen vom Versuchsleiter gestellt werden. Die Hypnose kann den Grad der Motivation ändern und damit bessere Leistungen bewirken. Alle diese Theorien mögen teilweise richtig sein; die Tatsache, daß sich einfache motorische Funktionen unter Hypnose verbessern, ist unbestritten, doch ist man sich über die Ursachen nicht klar.

Ein weiteres Phänomen im Zusammenhang mit der Hypnose, das mehr Aufmerksamkeit gefunden hat als die allermeisten anderen Erscheinungen – vermutlich weil man sich therapeutische Erfolge davon versprach –, ist die Verbesserung der Gedächtnisleistungen. Es wird behauptet, daß ein Mensch unter Hypnose sich an Dinge erinnert, die ihm im normalen Zustand niemals einfallen würden. Es wird sogar behauptet, daß man in der Hypnose zu einem früheren Lebensalter »regredieren« kann und in diesem Zustand dann Ereignisse und die damit verbundenen Emotionen noch einmal durchlebt. Gegen diese Behauptung wurden viele kritische Einwände erhoben, besonders weil einige Vertreter der hypnotischen Regression in ihren Behauptungen recht weit gegangen sind. So hat man nicht nur gesagt, man könne Menschen in der Hypnose bis zum Augenblick ihrer Geburt regredieren lassen, man will sogar Erinnerungen an die intrauterine Existenz festgestellt haben. Absurde Behauptungen dieser Art haben kritische Wissenschaftler nicht gerade für dieses Thema gewonnen, doch sind immerhin einige Tatsachen zu berichten, die von erheblichem Interesse und von beträchtlicher Bedeutung sind.

Zunächst wollen wir einfach einmal zu beschreiben versuchen, was jemand erlebt, wenn er in der Hypnose zu einem früheren Lebensalter regrediert. Die Versuchsperson spricht dann so, wie es jemand in diesem Alter zu tun pflegt. Die Stimme wird kindlich, oder der Betreffende behält seinen normalen Tonfall bei, benutzt aber einfache Worte und Sätze. Auch das Allgemeinverhalten gleicht sich jenem Alter an. Wenn einer beispielsweise zum Alter von fünf Jahren regrediert ist, pflegt er mit Spielsachen zu spielen und zu protestieren und zu weinen, wenn man sie ihm wegnimmt. Seine Zeichnungen sind kindlich und entsprechen etwa dem Niveau jenes Alters. Auch die Handschrift ändert sich und ähnelt häufig der echten Kinderhandschrift des Betreffenden. In einem Fall wurde festgestellt, daß ein zwanzigjähriges Mädchen, welches man in der Hypnose dazu brachte, zu verschiedenen Lebensaltern zu regredieren, im Alter von sechs Jahren die Kreide in die andere Hand nahm; sie hatte zunächst mit der linken Hand geschrieben, und man hatte sie im Alter von sechs Jahren gezwungen, rechts zu schreiben.

In einem anderen Fall setzte man eine dreißigjährige männliche Versuchsperson auf einen Stuhl, der beim Lösen eines Schnappriegels in eine horizontale Stellung nach hinten fiel. (Es ist dies eine bei den Psychologen beliebte Quälerei, die man dazu benutzt, emotionale Reaktionen hervorzurufen.) Als der Mann etwa zum Niveau eines Einjährigen regrediert war, löste man plötzlich den Riegel, und der Stuhl fiel hintenüber. Ein Erwachsener oder ein älteres Kind hätte daraufhin unwillkürlich Arme und Beine ausgestreckt, um das Gleichgewicht zu halten. Der Regredierte dagegen schrie angstvoll auf, ohne Arme und Beine zu bewegen, und fiel mit dem Stuhl hintenüber. Eine andere unerwartete und für den Hypnotiseur wie für die Versuchsperson ziemlich peinliche Reaktion war, daß der Mann dabei urinierte und sich die Hosen naß machte. Es ist unwahrscheinlich, daß das bloße Schauspielerei war.

Andere Forscher haben das Verhalten von Versuchspersonen im regredierten Zustand bei Intelligenztests und bei Leistungstests verschiedener Art untersucht. Dabei wurde gewöhnlich festgestellt, daß die regredierten Versuchspersonen bei diesen Tests Leistungen erreichten, die etwa dem betreffenden Alter entsprachen. Leicht könnten natürlich derartige Reaktionen nur auf Verstellung beruhen, doch hat man nachgewiesen, daß, fotografierte man beispielsweise die Augenbewegungen solcher Versuchspersonen, ein beträchtlicher Verlust der okularen Koordination und Stabilität festzustellen war, wenn man sie auf ein relativ frühes Kindheitsalter hatte regredieren lassen. Solche physiologischen Phänomene sind typisch für Kleinkinder, und es dürfte schwierig, wenn nicht unmöglich sein, sie willentlich hervorzurufen.

Über eine ähnliche Wirkung wird bei einer Versuchsperson berichtet, die von früher Kindheit an schlecht gesehen hatte und die, seit sie zwölf Jahre alt war, eine Brille trug. Ihre Regression auf das Alter von sieben Jahren führte zu einer vom Optometriker nachgemessenen deutlichen Verbesserung beim Nah- und Weitsehen. Noch eindrucksvoller ist der Fall einer anderen Versuchsperson, der man eine kolloide Zyste vom Boden des dritten Ventrikels entfernt hatte. Vor dieser Operation war der Betreffende in der linken Hälfte des rechten Auges blind gewesen, hinterher sah er normal. Als man ihn in der Hypnose aber veranlaßte, in eine Zeit kurz vor der Operation zu regredieren, kam es wieder zu dem Sehfehler.

Ein völlig anderer Beweis für die Regression liegt auf rein neurophysiologischem Gebiet und betrifft den Babinski-Reflex. Wenn man einem normalen Erwachsenen über die Fußsohle streicht, geht die große Zehe nach unten. Bei Kleinkindern etwa bis zum Alter von sieben Monaten dagegen geht in diesem Fall die große Zehe nach oben. Wenn es sich bei der Regression um ein reales Phänomen handelt, steht zu erwarten, daß es bei zum Alter von fünf oder sechs Monaten regredierten Erwachsenen zum Babinski-Reflex kommt. Tatsächlich war das auch bei Versuchspersonen der Fall, von denen nicht anzunehmen war, daß sie über dieses ziemlich ausgefallene Detail der neurophysiologischen Entwicklung Bescheid wußten.

Ich bin hier bisher noch nicht auf die vielen Untersuchungen eingegangen, bei denen man Patienten aufforderte, sich an bestimmte Ereignisse zu erinnern, die sich in einem relativ frühen Lebensalter ereignet hatten, und wo man hinterher nachprüfte, ob sie tatsächlich geschehen waren. Diese Untersuchungen sind leider allzu leicht Fälschungen und allen möglichen anderen unkontrollierbaren Einflüssen ausgesetzt, als daß sie großen Wert hätten. Es besteht immer die Möglichkeit, daß die Ereignisse, die die hypnotisierte Versuchsperson während der Regression noch einmal durchlebt, ihr aus späteren Berichten anderer Menschen bekannt waren; auch könnte die Erinnerung der Zeugen durch den Bericht der regredierenden Versuchsperson selbst beeinflußt worden sein; außerdem könnte der Experimentator in seinem Bericht gewisse Details, die seine Theorie bestätigten, hervorgehoben und andere, die nicht hineinpaßten, weggelassen haben. Kürzlich ist jedoch an die Stelle dieser unbefriedigenden Beweisführung eine wissenschaftlich brauchbare und sehr einleuchtende Methode getreten. Die Idee ist so einfach und so ohne komplizierte technische Vorrichtungen durchzuführen, daß der Leser seine Erfindungsgabe testen könnte, wenn er überlegt, wie er selbst dieses spezielle Problem lösen würde. Der Patient berichtet während einer hypnotischen Regression von bestimmten Ereignissen und Erinnerungen an Dinge, die viele Jahre zurückliegen. Wie kann man die Richtigkeit solcher Erinnerungen nachprüfen, ohne sich auf die subjektiven Erinnerungen anderer Leute verlassen zu müssen? Die Antwort auf diese Frage ist höchst einfach, und jeder Leser, der selbst darauf kommt, zeigt damit mehr wissenschaftliche Kombinationsgabe als Hunderte von akademischen und medizinisch gebildeten Hypnotiseuren, die immer wieder die gleichen nicht tragfähigen und daher nutzlosen Untersuchungen durchgeführt haben.

Die Lösung besteht im wesentlichen darin, daß man eine objektive Tatsache ausfindig macht, die der Versuchsperson zu der Zeit, zu der sie regrediert ist, wohl bekannt war, die sie aber im Laufe ihres Lebens bestimmt vergessen hat. Tatsachen solcher Art sind zum Beispiel der Wochentag, auf den der vierte, achte oder zehnte Geburtstag fiel, oder der Wochentag, auf den in einem bestimmten Jahr das Weihnachtsfest fiel, und so weiter. Man fragt die Versuchsperson also, auf welchen Wochentag ihr sechster Geburtstag fiel. Praktisch niemand erinnert sich an diesen Umstand, wenn das Ereignis beispielsweise zwanzig oder mehr Jahre zurückliegt! Dann wird der Betreffende hypnotisiert und langsam bis zu diesem Tag regrediert. Nun sind aber Geburtstage für Kinder dieses Alters von allergrößter Wichtigkeit, und sie wissen *zu jener Zeit* ganz genau, an welchem Wochentag sie Geburtstag haben. Sobald also die Versuchsperson zu jenem Tag regrediert ist, fragt man sie ganz einfach, welcher Wochentag heute sei. Auf diese Frage haben mir 93 Prozent der Versuchspersonen, die auf das Alter von zehn Jahren regrediert waren, die richtige Antwort gegeben; von den auf sieben Jahre regredierten waren es 82 Prozent, und von den auf vier Jahre regredierten waren es 69 Prozent.

Derartige Experimente lassen kaum einen Zweifel an dem Wahrheitsgehalt der Hypothese, daß tatsächlich eine Regression in bezug auf das Alter stattfindet und daß die Möglichkeit besteht, sich an

Dinge zu erinnern, von denen die meisten annehmen würden, daß sie sie völlig vergessen hätten. Man kann sich dieser Tatsache zu psychotherapeutischen Zwecken bedienen, wie das folgende Beispiel zeigt. Die Patientin, eine Frau Schmidt, ist eine Frau von zweiundvierzig Jahren, intelligent und gebildet. Sie leidet seit vielen Jahren an Asthma. Ihr Beruf als psychiatrische Sozialarbeiterin erfordert es, daß sie verschiedene Kliniken besucht, bei solchen Besuchen wird sie jedesmal von einer heftigen Angst befallen. Beim Anblick behaarter Männerarme treten ähnliche Angstreaktionen auf. Auch Messer versetzen sie in heftige Angst, und gelegentlich leidet sie unter Alpträumen.

Eines Tages regredierte sie in einem autosuggestiven Trancezustand in ihre Kindheit und durchlebte ungewöhnlich deutlich ein Ereignis, welches sie völlig vergessen hatte. Es war ihr, als läge sie auf einem grell beleuchteten Tisch. Ein Mann stand neben ihr und hielt ein kleines Messer in der Hand. Ein unbestimmter, bedrohlicher Gegenstand kam von oben auf ihren Kopf herab und legte sich auf ihr Gesicht. Sie erschrak furchtbar und versuchte aufzustehen, aber zwei behaarte Arme hielten sie fest und zwangen sie grob, sich wieder hinzulegen. Sie wehrte sich erneut, wurde aber von jemand heftig geschüttelt und wiederholt geschlagen. Endlich kam das Ding auf ihr Gesicht herunter und nahm ihr den Atem.

Nachforschungen ergaben, daß man im Alter von sechzehn Monaten eine Mastoidektomie bei ihr vorgenommen hatte und daß sie hinterher sehr krank gewesen war, weil es durch einen schweren Schock verursachte Komplikationen gegeben hatte. Zwei Krankenschwestern hatten ihrer Mutter berichtet, daß der Anästhesist das Kind brutal mißhandelt habe und daß sie aus Protest gekündigt hätten. Das Kind hatte anschließend eine geraume Zeit unter Alpträumen und nervösen Störungen gelitten. Nach der Operation waren auch die ersten Asthmaanfälle aufgetreten.

Der Erfolg dieser »Mesmerischen Krise« oder »Freudschen Abreaktion« war, daß Frau Schmidt seither völlig frei von Asthmaanfällen war. Sie verlor ihre Angst vor behaarten Armen ebenso wie ihre Phobie gegen Messer und Krankenhäuser.

Im Zusammenhang mit den bei der Hypnose beobachteten Phänomenen wären noch zwei weitere Punkte zu erwähnen, wenn sie auch nur indirekt damit zusammenhängen. Das eine ist die Frage, ob es möglich ist, Menschen unter Hypnose zu Verbrechen anzustiften; die zweite Frage lautet, wer überhaupt hypnotisiert werden kann. Diese beiden Fragen dürften häufiger gestellt werden als alle anderen, die sich auf das Hypnotisieren beziehen. Bezüglich der ersten Frage ist zu sagen, daß bis vor kurzem die sachlicheren Autoren zu der Ansicht neigten, daß man einen Menschen in der Hypnose nicht zu einem Verbrechen anstiften kann. Man zitierte den Fall von CHARCOTS jungem Assistenten, der das hypnotisierte junge Mädchen nicht dazu bringen konnte, seine Kleider auszuziehen, und schloß ganz allgemein daraus, daß man niemand durch Suggestion in der Hypnose dazu bringen könne, Dinge zu tun, die seiner moralischen und ethischen Einstellung stark zuwiderlaufen, und daß man ihn lediglich dadurch wecken würde. Tatsächlich finden sich in der einschlägigen Literatur viele derartige Beobachtungen, und man kann mit einiger Sicherheit behaupten, daß *die Versuchsperson die ausdrückliche Aufforderung, etwas Unethisches oder Unmoralisches zu tun, in vielen Fällen nicht ausführen wird.*

In letzter Zeit hat man jedoch eine Anzahl Experimente angestellt, um zu zeigen, daß erstens diese Feststellung keine Allgemeingültigkeit besitzt und daß zweitens der Gesamtrahmen, in dem diese Versuche durchgeführt wurden, viel zu eng war. Ein Beispiel möge zeigen, um welche Art von Versuchen es sich handelt. Der Experimentator demonstrierte der Versuchsperson die Stärke von Salpetersäure, indem er einen Pfennig hineinwarf. Dieser löste sich natürlich völlig auf, und die Versuchsperson hatte begriffen, welche zerstörende Kraft die Salpetersäure besitzt. Dann verdeckte der Experimentator die Schale mit Salpetersäure vor der Versuchsperson dadurch, daß er sich davorstellte, und ein Assistent vertauschte sie unbemerkt mit einer gleich aussehenden Schale mit Wasser, das man mit Methylenblau gefärbt und, damit sich Bläschen entwickelten, mit ein paar Tropfen Bariumperoxid versetzt hatte. Die hypnotisierte Versuchsperson wurde dann aufgefordert, die Schale mit der Salpetersäure (die in Wirklichkeit harmloses gefärbtes Wasser enthielt) über den Assistenten zu schütten, der sich im selben Zimmer befand. Unter diesen Umständen war es möglich, verschiedene Versuchspersonen im hypnotisierten Zustand dazu zu veranlassen, tatsächlich das, was sie für höchst gefährliche Salpetersäure hielten, einem Mitmenschen ins Gesicht zu schütten.

Man könnte einwenden, sie hätten vielleicht das Austauschmanöver beobachtet. Aber tatsächlich passierte dem, der das Experiment durchführte, das, was er als »einen höchst bedauerlichen technischen Fehler« bezeichnete, daß er nämlich vergaß, die Salpetersäure gegen das harmlose gefärbte Wasser zu vertauschen, so daß der Assistent in einem Falle tatsächlich die Säure ins Gesicht bekam. (Da sofort ärztliche Hilfe geleistet wurde, trug er glücklicherweise keine Ätznarben im Gesicht davon.) Diese realistische Demonstration war nicht beabsichtigt, aber sie zeigt, daß selbst der Experimentator und sein Assistent in diesem Falle die echte Salpetersäure nicht von der angeblichen unterscheiden konnten.

Bei einem anderen Experiment wurde einem Soldaten, der in der Ausbildung stand, ein posthypnotischer Auftrag erteilt. Der Soldat führte diesen Auftrag aus und blieb dem Dienst fern – eine antisoziale Handlung, für die er zweifellos schwer bestraft worden wäre, wenn die Umstände nicht bekannt gewesen wären. Hieraus ersieht man, daß gewisse antisoziale Handlungen durch Hypnose hervorzurufen sind, wenn sie dem Leser auch nicht gerade schwerwiegend erscheinen mögen. Die Schwierigkeit liegt natürlich darin, daß bei einem schwerwiegenden Fehlverhalten der Hypnotiseur und vielleicht auch der Hypnotisierte völlig zu Recht vor Gericht gestellt würden.

Viel wesentlicher als diese Demonstrationen, die zeigen, daß eine direkte Suggestion antisoziales Verhalten bewirken kann, ist eine ganz andere Art von Forschungsarbeit, sie fußt auf einer wichtigen theoretischen Überlegung. Es wird behauptet, daß der Hypnotiseur, wenn er seiner Versuchsperson direkt etwas suggeriert, die in der Hypnose enthaltenen Möglichkeiten nicht voll ausschöpft und bestmöglich nutzt. Als Beispiel kann man den bereits mehrfach erwähnten Fall des jungen Mädchens anführen, das sich weigerte, seine Kleider auszuziehen. Wahrscheinlich war sie dabei einem beträchtlichen inneren Konflikt ausgesetzt. Einerseits hatte man ihr suggeriert, sie müsse sich ausziehen. Andererseits waren junge Männer anwesend. So kam es zu einem Konflikt zwischen der Suggestion und den moralischen Grundsätzen, die man ihr im Verlaufe eines langen Erziehungsprozesses eingeimpft hatte.

Wäre es dem Hypnotiseur mit seinem Versuch wirklich Ernst gewesen, so hätte er die Sache anders angefangen. Er hätte versucht, durch Suggestion den inneren Konflikt des jungen Mädchens abzubauen. Zu diesem Zweck hätte er zunächst negative Halluzinationen bei ihr bewirkt, indem er ihr zum Beispiel suggeriert hätte, daß sie sich allein im Zimmer befände oder daß nur sie und eine Freundin zugegen wären, deren Rolle der Experimentator selbst gespielt hätte. Dann wäre er dazu übergegangen, mit positiven Halluzinationen zu arbeiten, und hätte ihr suggeriert, daß sie sich beide in ihrem Schlafzimmer befänden; er hätte einige Zeit darauf verwandt, ihr diese Suggestion mit allen Einzelheiten einzuprägen, indem er ihr anschaulich ausmalte, welche Möbel vorhanden wären und wo sie ständen.

Die nächste Situation wäre dann vielleicht gewesen, daß es schon spät sei – daß es dunkel werde – daß sie am nächsten Morgen früh aufstehen und deshalb jetzt zu Bett gehen müßten. Hätte sie diese Suggestionen akzeptiert, so hätte er ihr gleich darauf auch schon suggerieren können, daß sie jetzt ihre Kleider ablegen und sich ins Bett legen müßte. Es besteht kaum ein Zweifel, daß man unter diesen Bedingungen ohne Schwierigkeiten zu dem gewünschten Resultat gekommen wäre. (Meines Wissens ist dieses Experiment nicht durchgeführt worden, aber im folgenden werden noch Beweise angeführt, die in dieser Beziehung kaum Zweifel bestehen lassen.)

Im Grunde ist die hier beschriebene Methode, die tatsächlich antisoziales Verhalten bewirken kann, nicht sehr verschieden von der, die viele Menschen im täglichen Leben anwenden. Nehmen wir zum Beispiel Sir Pumperdinck Flannel Flannel, den schnurrbärtigen Halunken aus einem viktorianischen Melodrama. Was tut er, um ein unschuldiges Mädchen zu verführen? Ganz offensichtlich geht er nicht einfach hin und sagt: »Auf, ins Bett mit dir, mein Schatz!« Sondern statt dessen sucht er auf die bekannte Weise bei dem Mädchen den Eindruck einer Beziehung zu erwecken, die in Wirklichkeit gar nicht existiert. Er schwört ihr ewige Liebe; er gibt vor, er wolle sie heiraten; er schwört das Blaue vom Himmel herunter, um seine Absicht zu verbergen und seine Begierden in einem anderen Licht erscheinen zu lassen. Diese Methode ist – wie aus den Statistiken über uneheliche Kinder hervorgeht – recht erfolgreich, und zwar auch ohne Hypnose. Kommt die Hypnose hinzu, so dürfte diese Methode noch erheblich wirksamer sein.

Aber kommen wir von der Spekulation zum Experiment. Es liegt uns ein Experiment mit einem etwa zwanzigjährigen Soldaten vor, dem ein sehr gutes Führungszeugnis ausgestellt wurde. Dieser wurde in Anwesenheit mehrerer Vorgesetzter in einen hypnotischen Trancezustand versetzt. Ein hoher Offizier setzte sich in etwa zehn Fuß Entfernung ihm gegenüber, und dem hypnotisierten Soldaten wurde suggeriert: »In einer Minute werden Sie langsam die Augen aufmachen – vor sich werden Sie einen dreckigen Japaner sehen – es ist ein Soldat mit einem Bajonett – er wird Sie umbringen, wenn Sie ihn nicht selbst vorher umbringen – Sie werden ihn mit bloßen Händen erwürgen!«

Die Versuchsperson machte die Augen auf und kroch langsam auf den Offizier zu. Unvermittelt stürzte er sich auf ihn, riß ihn zu Boden, warf ihn gegen die Wand und fing an, ihn mit beiden Händen zu würgen. Es waren drei Mann nötig, ihn wegzureißen und ihn zu veranlassen, sein Opfer freizugeben. Er beruhigte sich erst, als der Experimentator ihn wieder in einen tiefen ruhigen Schlaf versetzt hatte. Der Angegriffene sagte, der Angriff sei alles andere als nur gespielt gewesen, der Mann hätte ihn umbringen oder schwer verletzen können, wenn die anderen ihm nicht zu Hilfe gekommen wären. Hält man sich vor Augen, daß der Angriff auf einen Offizier in der Armee ein sehr schweres Vergehen darstellt, so sieht man ein, daß ein geschickter Hypnotiseur durch eine suggestive falsche Darstellung einer Situation die Versuchsperson leicht zu einem gravierenden antisozialen Verhalten veranlassen könnte. Machen wir uns weiterhin klar, daß man jemand auch gegen seinen Willen hypnotisieren kann, so erkennen wir, daß es eine gefährliche Bedenkenlosigkeit wäre, wenn man leichthin annehmen wollte, daß unter Hypnose kein Schaden angerichtet werden kann, weil die ethischen und moralischen Grundsätze des Hypnotisierten verborgene Sicherheitsschranken darstellen. Es ist noch viel Forschungsarbeit notwendig, bevor wir genau die Grenzen der Beeinflußbarkeit in der Hypnose kennen, doch sollte man die Gefahren, die in einer antisozialen Anwendung der Hypnose liegen, bestimmt nicht auf die leichte Schulter nehmen.

Wie groß diese Gefahr ist, dürfte davon abhängen, wie viele Menschen überhaupt in einen tiefen Trancezustand versetzt werden können. Leider kennen wir den Prozentsatz nicht, und das Problem ist grundsätzlich nicht zu lösen. Es liegt in der Natur der Dinge, daß wir nicht sagen können, wieviel Prozent der Bevölkerung groß, intelligent oder dick sind, da es sich dabei um gleitende Übergänge handelt und es keinen Punkt gibt, von dem wir sagen können, wer darüber hinausreicht, ist groß oder intelligent oder dick, und wer darunter bleibt, ist das Gegenteil davon. Ähnlich weist auch die hypnotische Suszeptibilität (die Empfänglichkeit für Hypnose) gleitende Übergänge auf, weil die Menschen in verschiedenem Ausmaß beeinflußbar sind und es keinen bestimmten Punkt gibt, wo man sagen kann, ab hier ist jemand als hypnotisierbar zu bezeichnen. Dieser kontinuierliche Charakter der hypnotischen Suggestibilität (Beeinflußbarkeit) läßt sich deutlich an einigen »hypnotischen Skalen« ablesen, die man zur Messung der Tiefe von Trancezuständen angelegt hat. Diese Skalen benützen eine Anzahl Suggestionen von zunehmender Schwierigkeit, wobei in jedem Fall die erfolgreiche Ausführung oder das Versagen der hypnotisierten Person bei der jeweils angewandten Suggestion verzeichnet wird. Bei der Bewertung der einzelnen Phänomene wird ihre Seltenheit mitberücksichtigt, das ist die Schwierigkeit, sie in einer großen Gruppe von hypnotisierten Personen hervorzurufen. Tabelle 1 zeigt, wie eine solche Skala aufgebaut ist. Links sind die erteilten Suggestionen verzeichnet; die Punktzahl gibt an, wie oft die betreffende Suggestion mit Erfolg angewandt wurde. So haben viele der Versuchspersonen die Suggestion akzeptiert, daß ihre Augen müde seien, daß sie völlig entspannt und unfähig seien, etwas zu tun. Eine Handschuh-Anästhesie, das heißt völlige Empfindungslosigkeit bei der Berührung einer mit einem Handschuh bedeckten Hautpartie, war schon deutlich schwerer herbeizuführen. Die Illusion einer läutenden Glocke oder einer Beinbewegung war noch seltener zu suggerieren. Am seltensten aber war die Illusion, daß eine elektrische Birne aufleuchtete, oder daß die Versuchsperson, einer posthypnotischen Suggestion Folge leistend, eine Schachtel schüttelte und öffnete, oder daß eine spontane Amnesie des ganzen Prozesses eintrat. Je nach der festgestellten Suggestibilität erhielt jeder der Teilnehmer eine bestimmte Zahl von Punkten, und diese Werte bildeten nachgewiesenermaßen ein von hoch nach niedrig stetig fortschreitendes Kontinuum.

## EYSENCK-FURNEAUX-SKALA

| *Suggerierte Aufgabe* | *Punkte* |
|---|---|
| Ermüdung der Augen | 76 |
| Völlige Entspannung | 76 |
| Fühlt sich unfähig, etwas zu tun | 65 |
| Arm fällt unwiderstehlich herab | 63 |
| Schwerwerden der Augenlider | 61 |
| Unmöglich, den Arm zu heben | 59 |
| Fühlt sich meilenweit weg | 54 |
| Fühlt angenehme Wärme | 53 |
| Handschuh-Anästhesie | 46 |
| Zufallen der Augen | 45 |
| Steif- und Starrwerden beider Arme | 36 |
| Unmöglich, den Arm zu heben (Augen offen) | 24 |
| Illusion von Glockengeläut | 22 |
| Völlige Katalepsie | 21 |
| Kann einen Summer nicht hören | 19 |
| Illusion einer Beinbewegung | 18 |
| Verstärktes Schwanken des Körpers (posthypnotisch) | 18 |
| Suggestibilität bezüglich Linienlänge (posthypnotisch) | 16 |
| Amnesie (spontan) | 15 |
| Schütteln und Öffnen einer Schachtel (posthypnotisch) | 13 |
| Illusion, daß eine elektrische Birne angeht | 12 |

Einige Autoren haben es vorgezogen, statt einer kontinuierlichen Skala Kategorien zu benutzen; bei einem von ihnen finden wir folgende fünf Kategorien:

(1) *Unbeeinflußbar:* völliges Fehlen einer Reaktion auf die Suggestion.
(2) *Hypnoidal:* Entspannung, Flattern der Augenlider, Schließen der Augen; völlige körperliche Entspannung.

(3) *Leichte Trance:* Katalepsie der Augen; Gliederkatalepsie; starre Katalepsien; Handschuh-Anästhesie.

(4) *Mittlere Trance:* Teilamnesie; posthypnotische Anästhesie; Persönlichkeitsveränderung; einfache posthypnotische Suggestionen.

(5) *Tiefe Trance:* Fähigkeit, die Augen ohne Beeinträchtigung der Trance zu öffnen; bizarre posthypnotische Suggestionen; posthypnotische Halluzinationen; positive und negative auditive Halluzinationen; systematisierte posthypnotische Amnesien.

Anhand der Veröffentlichungen vieler verschiedener Forscher ist es möglich anzugeben, wieviel Prozent der Versuchspersonen jeweils unter diese Kategorien fallen. Etwa 15 Prozent erwiesen sich als unbeeinflußbar; etwa 40 Prozent sind in eine hypnoidale oder leichte Trance zu versetzen; etwa 25 Prozent zeigen Phänomene, die für eine mittlere Trance charakteristisch sind, und etwa 20 Prozent solche, die eine tiefe Trance erkennen lassen.

Diese Werte sind zwar repräsentativ, doch leider ist ihre Bedeutung nicht allzu klar. Das hat mehrere Gründe. Erstens kann man das Verhalten in der Hypnose ganz ähnlich wie andere Verhaltensweisen lernen und üben. Jemand kann zunächst als eine ziemlich durchschnittliche Versuchsperson anfangen, aber nach einiger Praxis immer tiefere hypnotische Stadien erreichen. Wollte man ihn nach den Reaktionen klassifizieren, die er ganz zu Anfang zeigt, so würde man ihn vielleicht als unbeeinflußbar oder nur hypnoidal bezeichnen; doch nach mehreren Stunden Praxis könnte man ihn unter diejenigen einordnen, die zu einer tiefen Trance fähig sind.

Zweitens ergibt sich eine Schwierigkeit daraus, daß die verschiedenen Hypnotiseure recht unterschiedliche Methoden anwenden und zudem unterschiedlich begabt und geübt sind. So können einige weit besser als andere einen tiefen hypnotischen Trancezustand herbeiführen, und die von ihnen erreichten Prozentzahlen wären daher völlig andere als die, die ein mittelmäßiger Hypnotiseur erreicht. Auch kann man von einem Hypnotiseur nicht schlechthin sagen, er sei »gut« oder »schlecht«. Ein bestimmter Hypnotiseur kann bei Herrn Schmidt Erfolg haben und bei Herrn Braun scheitern, während ein anderer vielleicht bei Herrn Braun Erfolg hat und bei Herrn Schmidt scheitert. Es gibt komplexe Zusammenhänge in diesen personalen Beziehungen, die das Bild stark komplizieren.

Drittens besteht eine weitere Schwierigkeit darin, welche spezielle Technik von einem bestimmten Hypnotiseur bei einem bestimmten Fall angewendet wird und wieviel Zeit er darauf verwenden will. Einer der bekanntesten Hypnotiseure von heute berichtet, eine seiner geeignetsten Versuchspersonen habe weniger als dreißig Sekunden gebraucht, um die erste tiefe Trance zu erreichen, während es bei einer anderen, ebenso geeigneten Versuchsperson fast dreihundert Stunden systematischer Arbeit in Anspruch nahm, bevor es ihm möglich war, sie in Trance zu versetzen. Es gibt nur wenige Experimentatoren, die auf ihre weniger erfolgreichen Versuchspersonen so viel Zeit verwenden; würden sie es tun, so wäre es durchaus möglich, daß man die meisten in eine höhere Kategorie einstufen könnte. Aus einem Bericht geht hervor, welche Rolle dabei der Zufall spielt, was die angegebenen Zahlen fast wertlos macht. Ein sehr energischer Hypnotiseur versuchte mehrere Stunden lang ohne den geringsten Erfolg, eine bestimmte Versuchsperson zu hypnotisieren; als diese nach einer dreistündigen Sitzung immer noch keinerlei hypnotische Reaktionen zeigte, riß ihm die Geduld, und er schrie sie an: »Zum ... noch einmal, schlafen Sie endlich ein, Sie ...!«, woraufhin der Betreffende sofort in tiefe Trance fiel und von da ab eine vorbildliche Versuchsperson abgab.

Zu diesen vielen Schwierigkeiten kommt hinzu, daß die unterschiedlichen Reaktionen der Versuchspersonen bei der Hypnose auch durch die Art ihrer Motivation mitbestimmt werden. Es stellt sich heraus, daß die Frage nach dem Prozentsatz der Hypnotisierbaren in der Bevölkerung nicht ohne weiteres zu beantworten ist. Es gibt so viele unterschiedliche Bedingungen und so wenige experimentelle Untersuchungen, die ihren Einfluß erhellen, daß nicht einmal Vermutungen gerechtfertigt erscheinen. Man kann jedoch sagen, daß ein befähigter Hypnotiseur, der bereit ist, wenigstens vier Stunden auf jede Versuchsperson zu verwenden, und zwar unter Bedingungen, die die Mitarbeit des Betreffenden begünstigen und ihn nicht ablehnend machen, bei etwa 85 Prozent der Bevölkerung hypnotische Phänomene hervorrufen kann. Es ist durchaus denkbar, daß der Prozentsatz noch höher, vielleicht sogar 100 Prozent, ist. Daher ist die Hypnose keineswegs ein seltenes, isoliertes

Phänomen, sondern eines, das für die allermeisten Menschen und vielleicht sogar für einen jeden von uns relevant ist.

Nachdem wir nun die wesentlichen Phänomene des hypnotischen Zustandes behandelt haben, können wir uns einige der Theorien ansehen, mit denen die verschiedenen Forscher diese Phänomene zu erklären suchen. MESMERS Theorie vom »tierischen Magnetismus« wurde von einigen seiner Nachfolger, die sich für die hypnotischen Phänomene interessierten, übernommen. Es ist wohl kaum notwendig, sich mit dieser veralteten Doktrin auseinanderzusetzen; dagegen lohnt es sich, sich mit einigen alternativen Theorien zu beschäftigen. Das Hauptverdienst, MESMERS absurde Ansichten verdrängt zu haben, gebührt dem englischen Arzt JAMES BRAID und einer Gruppe französischer Forscher. BRAIDS Interesse an den hypnotischen Phänomenen erwachte bei einer öffentlichen Vorführung, und nach anfänglicher Skepsis überzeugte er sich später von der Realität der vorgeführten Phänomene. Er führte dann selbst eine Reihe von Experimenten durch, die ihn bald dazu veranlaßten, die Auffassung zu verwerfen, daß die hypnotischen Phänomene auf ein Fluid zurückzuführen seien, das vom Körper des Hypnotiseurs auf den der Versuchsperson überströmt.

BRAID hat auch den Begriff »Hypnotismus« geprägt und die anfangs beschriebene und heute noch weitgehend angewandte Methode des Hypnotisierens eingeführt. Außerdem hat schon er die Trance zu schmerzlosen chirurgischen Eingriffen benutzt. Auch war er einer der ersten, die erkannten, daß in der Hypnose die Suggestion die Hauptrolle spielt, was die Königliche Kommission, deren Bericht über MESMERS Arbeiten wir zitierten, schon angedeutet hatte.

Während all das BRAID als Verdienst anzurechnen ist, ist doch andererseits auch nicht zu übersehen, daß seine experimentelle Arbeit großenteils höchst mangelhaft war und Ansichten Vorschub leistete, die kaum weniger absurd waren als die MESMERS. BRAID glaubte fest an die Phrenologie, jene merkwürdige Ansicht, nach der die verschiedenen Begabungen der Menschen in gewissen Teilen des Gehirns lokalisiert sind und der Grad der Entwicklung einer bestimmten Begabung durch die physiologische Entwicklung der entsprechenden Gehirnregion gekennzeichnet ist, wobei sich diese

Entwicklung jeweils wieder an den Schädelumrissen ablesen läßt. Daher tasten die Phrenologen die einzelnen Höcker des Schädels ab, um danach das Temperament und die Begabungen eines Menschen einzuschätzen. Braid steuerte zu diesem Glauben die Behauptung bei, man brauche in der Hypnose nur die verschiedenen Stellen am Kopf zu berühren, um damit ein nach den Lehren der Phrenologie für diese Stelle charakteristisches Verhalten der Versuchsperson auszulösen. Er schreibt, wenn man beispielsweise am Kopf des Betreffenden den Höcker oder das »Organ« berühre, das für die »Ehrfurcht« zuständig sei, sei ein veränderter Gesichtsausdruck und eine Bewegung von Armen und Händen zu beobachten: Der Patient habe die Hände erhoben und sei vom Stuhl aufgestanden, um wie zum Gebet niederzuknien. Fairerweise sollte man aber hinzufügen, daß Braid allmählich das Niveau seiner Versuche verbesserte und schließlich auch nicht mehr an die Phrenologie glaubte. Daß ein so tüchtiger und ehrlicher Mensch wie Braid derartige elementare Fehler machte, zeigt jedoch, wie schwierig das Experimentieren auf diesem Gebiet ist und wie wenig weit entwickelt die psychologischen Experimente im allgemeinen noch sind. Auf diesen Punkt werden wir später noch eingehen.

In Frankreich verlief die Entwicklung ähnlich, und zwar war sie hier hauptsächlich einem bescheidenen Arzt in Nancy zu verdanken, der arme Bauern, die zu ihm ins Haus kamen, hypnotisierte. Dieser Arzt mit dem Namen Liébault ist mit Recht berühmt geworden, nicht nur wegen seiner Leistungen auf dem Gebiet der Hypnose, sondern auch wegen seiner selbstlosen Hilfsbereitschaft. Er weigerte sich, für seine hypnotischen Behandlungen ein Honorar zu nehmen. Die Beschreibung, die Bramwell, der bekannte britische Historiker der Hypnose, von Liébaults Klinik gibt, zeigt, ein wie liebevoller Mensch dieser Mann war:

> Seine Sprechstunde, die immer überfüllt war, hielt er in zwei Räumen in der Ecke seines Gartens ab ... Die Patienten, denen er sagte, sie sollten einschlafen, fielen offenbar sofort in einen ruhigen Schlummer, sie erhielten dann ihre Dosis heilender Suggestionen, und wenn er ihnen sagte, sie sollten aufwachen, gingen sie entweder ruhig fort oder setzten sich zu einem kleinen Schwatz mit ihren Freunden zusammen, und der ganze Prozeß dauerte nur selten länger als zehn Minuten ... Keine Medikamente wurden verabreicht, und Liébault bemühte sich besonders, seinen Patienten klar-

zumachen, daß er über keinerlei geheimnisvolle Kräfte verfüge, und daß alles, was er tat, höchst einfach und wissenschaftlich zu erklären sei . . . Ein kleines Mädchen von etwa fünf Jahren, das ärmlich gekleidet war, aber offenbar in seinem besten Staat steckte und einen Lorbeerkranz aus Papier auf dem Kopf und ein kleines Buch in der Hand trug, kam in sein Heiligtum hereingetrollt und unterbrach den Doktor ohne jede Scheu mitten in seiner Arbeit, indem es ihn am Kittel zog und sagte: »Du hast mir einen Sou versprochen, wenn ich einen Preis bekomme.« Diesen bekam sie mit ein paar freundlichen Worten. Auf diese Weise hatte er sie auf eine angenehme, wenn auch nicht gerade wissenschaftliche Weise zum Lernen angespornt. Zwei kleine Mädchen von etwa sechs oder sieben Jahren, die zweifellos von Freunden geschickt waren, kamen herein und setzten sich auf ein Sofa hinter dem Doktor. Er hielt einen Augenblick mit seiner Arbeit inne, ging auf die beiden zu und sagte zur einen: »Schlaf, mein Mäuschen«, wiederholte dasselbe zu dem anderen kleinen Mädchen, und im Augenblick waren beide eingeschlafen. Er gab ihnen schnell ihre Dosis an Suggestionen und vergaß sie offensichtlich. Nach etwa zwanzig Minuten wachte die eine auf, und da sie heimgehen wollte, versuchte sie ihre Begleiterin durch Schütteln und Zerren aufzuwecken – und ihr belustigter Gesichtsausdruck, als ihr das nicht gelingen wollte, war sehr komisch. Nach weiteren fünf Minuten wachte die zweite auch auf, und Hand in Hand trotteten sie vergnügt davon.

Nach vielen Jahren harter Arbeit hat Liébault seine Auffassungen in einem Buch veröffentlicht. Seine Hauptlehren sind denen von Braid ähnlich. Aber wie es bei einem so bescheidenen Menschen nicht anders zu erwarten war, verkaufte er nur ein einziges Exemplar seines Buches, und erst zwanzig Jahre später wurde Bernheim, ein Professor an der Medizinischen Fakultät in Nancy, auf ihn aufmerksam, und die medizinische Welt begann sich für Liébaults beachtliche Erfolge bei der Behandlung verschiedenartiger Störungen mit Hilfe der Hypnose und für seine Theorien zu interessieren, die diese Erfolge der Suggestion zuschrieben.

Nachdem nun ernsthafte Wissenschaftler den Teufel des »tierischen Magnetismus« so gründlich ausgetrieben hatten und nachdem so viele experimentelle Ergebnisse über die tatsächlich wirksamen Einflüsse vorlagen, hätte man annehmen sollen, daß nun eine Periode geduldiger, ruhiger Forschungsarbeit folgen würde, die nicht mehr durch Auseinandersetzungen über die veralteten Lehren von Mesmer gestört würde. Leider war das aber nicht der Fall, und verantwortlich für das Wiederaufleben der Lehre vom tierischen

Magnetismus war kein anderer als der bekannte französische Anatom und Neurologe CHARCOT. Es ist eine der Tragödien der Wissenschaft, daß CHARCOT, der ein äußerst befähigter Experimentator auf dem Gebiet der Physiologie war, der Nachwelt in erster Linie durch seine ungeheuerlichen Fehler bekannt geworden ist, die ihm bei seinen Forschungen auf dem Gebiet der Hypnose unterlaufen sind. Wie das geschehen konnte, ist höchst interessant und instruktiv, da daran deutlich wird, daß die Kompetenz bei physiologischen Experimenten keineswegs auch eine Kompetenz auf psychologischem Gebiet verbürgt, ja daß sie sogar den Betreffenden für Fehlerquellen blind machen kann, die nur im psychologischen Bereich vorkommen.

CHARCOT hatte große Angst, seine Versuchspersonen könnten ihn täuschen, und war entschlossen, seine Experimente so genau und ultrawissenschaftlich durchzuführen wie seine physiologische Arbeit. Daher suchte er im Verhalten seiner Versuchspersonen eifrig nach Anzeichen einer hypnotischen Trance, die nicht simuliert sein konnten und völlig objektiver Natur waren. Aus seinen Versuchsergebnissen zog er den Schluß, daß es in der Hypnose drei deutlich voneinander unterschiedene Stadien gebe: die Lethargie, die Katalepsie und den Somnambulismus. Das lethargische Stadium, das dadurch herbeigeführt wurde, daß die Versuchsperson die Augen schloß, war dadurch gekennzeichnet, daß sie nicht mehr in der Lage war zu hören oder zu sprechen; auch kam es zu spezifischen Kontraktionen, sobald bestimmte Nerven gedrückt wurden. Das kataleptische Stadium wurde dadurch hervorgerufen, daß die Versuchsperson, während sie sich im lethargischen Stadium befand, die Augen öffnete. Jetzt verharrten die Gliedmaßen in jeder Stellung, in die der Experimentator sie brachte, und die Versuchsperson war auch weiterhin nicht in der Lage zu hören oder zu sprechen. Das somnambule Stadium konnte dann dadurch herbeigeführt werden, daß man dem Betreffenden den oberen Teil des Kopfes rieb. Dieser somnambule Zustand entsprach offenbar etwa dem, was wir als gewöhnliche hypnotische Trance bezeichnen.

Ein anderes Phänomen, auf das CHARCOT großen Wert legte, war das der Übertragung. Manchmal fand er, daß die Kontraktionen, Katalepsien und so weiter nur auf einer Körperseite auftraten.

Wenn man dann einen großen Magneten in die Nähe der betreffenden Gliedmaßen brachte, konnte man die Symptome sofort auch auf die andere Körperseite übertragen.

Bernheim und Liébault berichteten, daß sie diese angeblichen Stadien der Hypnose bei ihrer eigenen Arbeit nur dann beobachten konnten, *wenn man den Versuchspersonen zuvor gesagt hatte, sie würden sie vermutlich durchmachen.* Mit anderen Worten, Charcot hatte seine angeblich »objektiven« hypnotischen Anzeichen in Wirklichkeit seinen Versuchspersonen in der einen oder anderen Form suggeriert, und sie brauchten keineswegs unbedingt mit der Hypnose in Verbindung zu stehen. Da Charcot demnach die psychologischen Wirkungen der Suggestion außer acht gelassen hatte, besaßen seine Demonstrationen nur scheinbar die Qualität eines wissenschaftlichen Experiments. Es folgte eine heftige Kontroverse, doch zweifellos befand sich Charcot mit seinen Ansichten völlig im Irrtum.

Auch in bezug auf eine andere Theorie hat er sich geirrt, wenn er nämlich behauptete, nur abnormale und neurotische Versuchspersonen und insbesondere Hysteriker könnten hypnotisiert werden, und die Hysterie stehe in ursächlichem Zusammenhang mit der Hypnose. Bernheim hielt dagegen, daß sowohl Liébault als auch er viele Hunderte und Tausende völlig normaler Personen mit Erfolg hynotisiert hätten und daß folglich keinerlei spezielle Beziehung zwischen Hypnose und geistiger Anomalie bestehe. Auch in diesem Fall hatte die sogenannte »Schule von Nancy« recht, und Charcot hatte unrecht; alle modernen Forscher auf diesem Gebiet sind sich darüber einig, daß die hypnotische Trance mindestens ebenso gut bei geistig normalen wie bei abnormalen Personen hervorgerufen werden kann.

Wenden wir uns nun den modernen Theorien über die Hypnose zu, so kann man nicht sagen, wir hätten den Bereich des Absurden ganz hinter uns gelassen. Wenigstens einige der neueren Hypnosetheorien sind genausowenig plausibel wie Mesmers ursprüngliche Auffassung oder Charcots Ansichten. Schon wenn wir nur einige der bekannten Theorien kurz skizzieren, wird der Leser erkennen, wie wenig Übereinstimmung bei den verschiedenen Autoritäten zu finden ist.

Eine der älteren und ehrwürdigeren Theorien lautet, die Hypnose sei eine modifizierte Form des Schlafes. Schon das Wort »Hypnose« (griech. »hypnose« = schlafähnlicher Zustand) zeigt ja, daß der schlafähnliche Charakter des hypnotischen Trancezustandes es von Anfang an nahelegte, beide Zustände gleichzusetzen, und PAWLOW hat als erster die Behauptung aufgestellt, daß Schlaf und Hypnose sich ähnlich seien, da in beiden Fällen eine Ausdehnung gewisser Blockierungen im Gehirn zu beobachten sei. Diese Theorie ist mit ziemlicher Sicherheit falsch. Die physiologische Reaktion des Organismus ist unter Hypnose ganz anders als im Schlafzustand; so fallen bestimmte Reflexe im Schlaf, aber nicht in der Hypnose aus. Die Elektroenzephalogramme (Aufzeichnungen von Gehirnwellen) zeigen in beiden Zuständen unterschiedliche Charakteristika. All das spricht sehr stark gegen eine Gleichsetzung der beiden Zustände.

Eine einleuchtende Hypothese betrachtet die Hypnose als eine konditionierte Reaktion. Eine derartige Auffassung könnte mit der Zeit zu einer echten Theorie ausgearbeitet werden; im Augenblick jedoch ist sie außerstande, zahlreiche mit der Hypnose in Verbindung stehende Phänomene zu erklären. Wie, so fragt man sich, könnte eine Konditionierung spontane posthypnotische Amnesien erklären? Die Konditionierung läßt sich zwar bei einer fundierten Hypnosetheorie nicht völlig ausklammern und spielt vermutlich eine Rolle, doch genügt sie nicht allein als Erklärung.

Etwa das gleiche gilt für die Dissoziation als Erklärung für hypnotische Phänomene. Bekanntlich können Teile des Kortex und des Zentralnervensystems vom übrigen Gehirn dissoziiert werden, und viele hypnotische Phänomene scheinen damit zusammenzuhängen. Allerdings dürfte es schwerfallen, die Hypnose mit der Dissoziation zu erklären, da wir tatsächlich nur sehr wenig über diese wissen, so daß wir lediglich eine Unbekannte mit einer anderen erklären würden.

Einen ähnlichen Einwand könnte man auch gegen eine Ansicht vorbringen, die in der Hypnose eine gesteigerte Form der Suggestibilität sieht. Zwar ist zweifellos in der Hypnose eine beträchtlich erhöhte Suggestibilität zu beobachten, aber es wäre müßig, in den Gesetzen der Suggestibilität nach einer Erklärung für die Hypnose zu suchen, da wir auch über die Suggestibilität selbst nur sehr wenig wissen. Auch in diesem Fall würden wir nur versuchen, eine Unbekannte mit der anderen zu erklären.

Zu den esoterischen Theorien gehört die FREUDsche, nach der die Suszeptibilität für Hypnose vom Ausmaß der zwischen der Versuchsperson und dem Hypnotiseur bestehenden »Übertragung« abhängt. Unter »Übertragung« ist dabei eine spezielle Beziehung zu verstehen, bei der Haltungen wiederaufleben, die ursprünglich in der Eltern-Kind-Beziehung vorhanden waren. Hinzu kommen verschiedene erotische Komponenten, welche in der Hypnose vorhanden sein sollen. Sie werden als eine Manifestation des Ödipuskomplexes, masochistischer Tendenzen und so weiter angesehen.

Die seltsamste aller Theorien ist die, welche behauptet, »daß das Phänomen der Hypnose darauf zurückzuführen ist, daß die Versuchsperson gewillt ist, sich wie ein Hypnotisierter zu verhalten, und zwar so, wie der Hypnotiseur diesen definiert und wie die Versuchsperson ihn versteht«. Diese Theorie dürfte die fragwürdigste unter allen sein, weil sie die beiden entscheidenden Fragen unbeantwortet läßt, weshalb die Versuchsperson gewillt sein sollte, sich so zu verhalten, und wie sie dies fertigbringt. Man kann zwar leicht die Behauptung aufstellen, jemand sei gewillt, sich wie ein Hypnotisierter zu verhalten, aber es fragt sich, inwieweit ihm das hilft, bei einer Operation eine Analgesie zu erzeugen.

Am vielversprechendsten ist vielleicht eine Theorie über das ideomotorische Verhalten. Wir besitzen umfangreiches experimentelles Beweismaterial dafür, daß die Vorstellung von gewissen Bewegungen in enger Beziehung mit der Ausführung dieser Bewegungen steht. Verbindet man Elektroden und Verstärker mit den Armmuskeln und sagt der Versuchsperson, sie solle sich ganz ruhig auf eine Couch legen, sich aber vorstellen, daß sie den Arm hebe, so wird vom Meßgerät angezeigt, daß ein Schwall nervöser Impulse durch die Nerven und in die Muskeln geht, der ausgenutzt worden wäre, wenn die Bewegung tatsächlich ausgeführt worden wäre. Demnach sind Weiterleitungen durch die Nerven und geistige Bilder oder Ideen eng miteinander verbunden, und es hat in der Tat den Anschein, daß das eine nicht ohne das andere vorkommt. Die wechselseitige Abhängigkeit geistiger und physiologischer Phänomene dürfte außer Zweifel stehen, wenn wir auch hier nicht näher auf die Frage eingehen wollen, was was verursacht. Unter diesen Umständen kann man annehmen, daß das Verhalten eines Menschen zum Beispiel in der Hypnose mit verbalen Mitteln beeinflußt werden kann. Aber das ist bestenfalls nur eine partielle Theorie, die unbedingt noch beträchtlich erweitert werden muß. Wenn sie mit einer Hemmungstheorie der Art, wie wir sie in einem folgenden Kapitel noch diskutieren wollen, kombiniert werden könnte, stünden wir damit vielleicht am Beginn einer richtigen Theorie über die Hypnose. Im Augenblick kann von der Existenz einer solchen Theorie noch nicht die Rede sein, und wir können nichts weiter tun, als die recht gut gesicherten experimentellen Tatsachen zur Kenntnis zu nehmen und zu hoffen, daß ein verstärktes Interesse an diesen wichtigen Entdeckungen schließlich auch zu größeren Erkenntnissen führen wird.

Interessant ist es, sich zu überlegen, weshalb die wissenschaftliche Untersuchung von hypnotischen Phänomenen nur so langsam fortschreitet. Auf die zweifellos entscheidende Ursache weist CLARK L. HULL in seinem Buch »Hypnosis and Suggestibility« (Hypnose und Suggestibilität) hin, das 1933 erschienen ist und von dem man sagen kann, daß es das Ende der vorwissenschaftlichen und den Beginn einer wirklich wissenschaftlichen Forschung auf diesem Gebiet bedeutet. HULL schreibt:

Alle Wissenschaften sind in gleicher Weise aus Magie und Aberglauben hervorgegangen, doch hat es bei keiner so lange gedauert wie bei der Hypnose, bis sie die üblen Assoziationen ihres Ursprungs abschütteln konnte. Bei keiner hat es so lange gedauert, bis sie einen wirklich auf experimentelle Erfahrung begründeten, echt wissenschaftlichen Charakter angenommen hat ... Die langsame Entwicklung der Wissenschaft vom Hypnotismus verwundert um so mehr, wenn man bedenkt, daß die Hypnose praktisch von Anfang an ein ausgesprochenes Experimentalphänomen war. Und nicht nur das, zu einer Zeit, wo man auf anderen Wissensgebieten die größten Fortschritte aller Zeiten machte, hat man hier ununterbrochen umfassende Experimente durchgeführt. Auch in diesem Fall – wie in vielen anderen – verschwindet das Paradoxe daran, wenn man die Begleitumstände genauer kennenlernt ... Während der gesamten Geschichte der Hypnose war nämlich ihr Hauptmotiv ein klinisches, das Motiv, Menschen zu heilen. Man hätte sich kaum eine schlechtere Methode zur Aufstellung wissenschaftlicher Grundsätze bei schwer erfaßbaren Erscheinungen ausdenken können ...

Die Aufgabe des Arztes ist es, so schnell wie möglich eine Heilung herbeizuführen, wobei er mehr oder weniger gleichzeitig alle ihm zur Verfügung stehenden Mittel einsetzt. In derartigen Situationen lassen sich kaum allgemeine Gesetze erkennen, bei denen es darauf ankommt, einen Einzelfaktor zu isolieren.

Der springende Punkt, auf den HULL immer wieder hingewiesen hat, ist, daß es bei den meisten frühen Arbeiten über die Hypnose versäumt wurde, Kontrollversuche durchzuführen. Diese Notwendigkeit besteht nahezu bei allen wissenschaftlichen Arbeiten, und JOHN STUART MILL hat mit folgenden Worten ausdrücklich auf die dabei anzuwendende Methode hingewiesen:

Wenn in einem Fall, in welchem das zu erforschende Phänomen eintritt, und in einem anderen Fall, in welchem es nicht eintritt, beide Fälle alle Erscheinungen außer der einen gemeinsam haben, die nur im ersten Fall zu beobachten ist, dann ist die Erscheinung, in der sich die beiden Fälle allein unterscheiden, die Wirkung oder die Ursache oder ein unerläßlicher Teil der Ursache des Phänomens.

Nehmen wir als Beispiel für die Notwendigkeit von Kontrollversuchen das Problem der Wirksamkeit der Psychotherapie. Was die meisten Forscher unternommen haben, um herauszufinden, ob die Psychoanalyse und andere Arten der Psychotherapie eine Beseitigung neurotischer Symptome bewirken oder nicht, war, daß sie zu diesem Zweck eine Gruppe schwerkranker Patienten mit der fraglichen Therapie behandelten und, nachdem sie die Behandlung mehrere Jahre lang fortgesetzt hatten, feststellten, wie viele Patienten geheilt waren, wie viele gebessert waren, wie viele sich noch nahezu in ihrem ursprünglichen Zustand befanden und bei wie vielen sich der Zustand effektiv noch verschlechtert hatte. Das war die übliche Methode, die jedoch offensichtlich in keiner Weise beweiskräftig ist. Nehmen wir an, 70 Prozent unserer Patienten seien nach einer vierjährigen Behandlung geheilt. Diese Verbesserung ihres Zustandes könnte auf die Behandlung zurückzuführen sein, aber es könnten auch eine Reihe anderer Ursachen in Frage kommen. Wir können nur dann sicher sein, daß es tatsächlich die Behandlung war, die etwas bewirkte, wenn eine Kontrollgruppe vorhanden ist, d. h. eine andere Gruppe von Patienten, die unter ähnlichen Störungen leiden und keine psychotherapeutische Behandlung erhalten haben. Tritt bei der Kontrollgruppe kein entsprechender Heilerfolg ein wie bei der Experimentalgruppe, so können wir allerdings mit gutem Grund annehmen, daß die Psychotherapie Erfolg hatte.

In meinem Buch »Uses and Abuses of Psychology« (»Wege und Abwege der Psychologie«) habe ich auf zwei Tatsachen hingewiesen: einmal, daß noch nie ein Experiment dieser Art durchgeführt worden ist, und zweitens, daß von den etwa fünfzig Veröffentlichungen über die Wirksamkeit der Psychotherapie keine einzige Versuche mit Kontrollgruppen anführt. Ich habe außerdem gezeigt, daß man anhand bestimmter Veröffentlichungen nachweisen konnte, daß auch ohne irgendeine psychotherapeutische Behandlung der Zustand neurotischer Patienten sich im Laufe der Zeit von selbst beträchtlich gebessert hatte. Man kann diese Besserung sogar in eine Formel fassen. Wenn X für die prozentuale Besserung steht und N die Zahl der Wochen bedeutet, die ohne eine psychotherapeutische Behandlung irgendwelcher Art verstrichen sind, dann ist

$$X = 100\,(1 - 10^{-0{,}00435\,N}).$$

Anhand dieser Zahlen hat man festgestellt, daß die Heilerfolge, die die Psychotherapeuten für sich in Anspruch nehmen, in Wirklichkeit nicht größer und nicht geringer sind, als wenn der Patient überhaupt nicht behandelt worden wäre.

Inzwischen kommt aus Kalifornien der Bericht über ein vorschriftsmäßig durchgeführtes Experiment, bei dem gleichwertige Gruppen von neurotischen Versuchspersonen psychotherapeutisch behandelt bzw. überhaupt nicht behandelt wurden. Das Ergebnis dieses Experiments stimmt weitgehend mit meinen früher geäußerten Ansichten überein. Die behandelte Gruppe wies eine beträchtliche Besserung auf – das tat aber in gleichem Maß auch die nichtbehandelte. Ohne eine solche Kontrollgruppe wäre der irreführende Eindruck entstanden, daß die Psychotherapie für die Besserung verantwortlich war. Man kann nicht nachdrücklich genug betonen, daß falsche Schlüsse dieser Art, wie sie so häufig bei der Forschungsarbeit über Hypnose, Psychotherapie und ähnliche Gebiete vorkommen, auf die klinische Einstellung der Experimentatoren zurückzuführen sind. Der Wunsch, dem unglücklichen Patienten zu helfen, der unter neurotischen und anderen Symptomen leidet, war stärker als der Wunsch nach wissenschaftlichen Erkenntnissen, die uns allein in die Lage versetzen können, wirklich wirksam zu helfen. Zugegebenermaßen erheben sich ethische Probleme, wenn man Menschen in Not eine bestimmte Behandlung versagt, aber man sollte nicht vergessen, daß sich auch dann ethische Probleme ergeben, wenn man Behandlungen durchführt, deren Wirksamkeit unbekannt, unbewiesen und fragwürdig ist. Hat denn der Psychotherapeut wirklich das Recht, von seinem Patienten so viel Zeit, Energie und Geld zu verlangen, wie sie die Psychoanalyse erfordert, wenn er keineswegs beweisen kann, daß seine Behandlung einen größeren Heilerfolg hat, als wenn der Betreffende überhaupt nicht behandelt worden wäre? Wie auch immer die Antwort auf diese Frage lauten mag, der Leser möge einmal über die vielen Parallelen und Ähnlichkeiten zwischen dem Mesmerismus und der Psychoanalyse nachdenken. In beiden Fällen war der Gründer des Kultes eine starke Persönlichkeit; er hatte eine große Gemeinde von Schülern, die sich der Verbreitung der Lehre ihres Meisters mit Fanatismus hingaben; in beiden Fällen gab es Absplitterungen und die Gründung verschiedener Schulen, und es wurden ungewöhnliche, unorthodoxe und unwahrscheinliche Theorien aufgrund höchst fragwürdiger Resultate aufgestellt. In beiden Fällen gibt es Berichte über Heilungen, und in beiden Fällen fehlen die Kontrollversuche, die allein die aufgestellten Behauptungen verifizieren könnten. Nur die Zukunft kann erweisen, ob sich die FREUDsche Libido auf dem Abfallhaufen der Hypothesen, für welche die Wissenschaft keine Verwendung hat, mit dem tierischen Magnetismus wiederfinden wird.

## 2. *Lügendetektoren und Wahrheitsdrogen*

Wenn es wahr ist, daß es mehr Ding' im Himmel und auf Erden gibt, als unsre Schulweisheit sich träumen läßt, dann gilt bestimmt auch, daß sich unsere Schulweisheit vieles träumen läßt, was weder im Himmel noch auf Erden existiert. Zu solchen Phantasieprodukten gehören so unterschiedliche Dinge wie der Stein der Weisen, der gemeine Metalle in Gold verwandeln soll, der Ödipuskomplex, der einen normalen Menschen in einen Unsinn redenden Neurotiker verwandeln soll, die Huris, deren wollüstige Schönheit den mohammedanischen Krieger trösten soll, der sein Leben im Kampf für den Glauben an den Propheten läßt, und die JUNGschen Archetypen, die unseren modernen Geist mit mystischen Überresten ererbter Weisheit oder unserer Rasse verwirren sollen.

Wissenschaftlich verifizierbaren Tatsachen etwas näher stehen recht merkwürdige Phänomene, mit denen sich die wissenschaftliche Forschung in den letzten Jahren unter der allgemeinen Bezeichnung »psychosomatische Störungen« ausgiebig beschäftigt hat. Dieser etwas unglücklich gewählte Begriff besagt einfach, daß gewisse Störungen unseres Körpers oder Somas durch psychische Erlebnisse, wie zum Beispiel starke Emotionen, verursacht sein können und daß man die somatischen Störungen deshalb dadurch beheben kann, daß man zunächst eine seelische Reinigung vornimmt. Diese intensive Betonung des Zusammenhanges zwischen Körper und Geist und des Zusammenspiels beider Faktoren gilt heute als höchst modern, und man schreibt FREUD und den Psychoanalytikern ganz allgemein das Verdienst an einer Entdeckung zu, die viele für eine wesentliche neue medizinische Erkenntnis halten.

Das ist jedoch eine sehr unhistorische Art, die Dinge zu sehen. Die allgemeine Theorie von der psychosomatischen Interaktion ist mindestens so alt wie das menschliche Philosophieren über Geist und Materie, und es gibt wenig in diesen modernen Theorien, das man nicht schon bei den griechischen Philosophen oder noch früher finden könnte. Auch die Anwendung solcher Erkenntnisse in der medizinischen Diagnose und Behandlung ist keineswegs neu. Um nur ein Beispiel zu zitieren, möchte ich auf eine im fünfzehnten Jahrhundert verfaßte Geschichte aus dem bekannten persischen Werk »Akhlaq-i-Jalali« hinweisen. Der Verfasser erzählt, wie der große Arzt RHAZES zum EMIR MANSUR nach Transoxanien gerufen wurde, da dieser an einer rheumatischen Erkrankung der Gelenke litt, die keiner seiner ärztlichen Betreuer heilen konnte. Als RHAZES an den Fluß Oxus kam, weigerte er sich, in dem bereitgestellten Boot überzusetzen, weil es ihm zu klein und zerbrechlich vorkam. Die Boten des Königs fesselten ihn an Händen und Füßen, warfen ihn ins Boot und beförderten ihn mit Gewalt hinüber. RHAZES erklärte ihnen die Gründe, weshalb er sich gewehrt habe. Er sagte, er wisse wohl, daß jedes Jahr viele Tausende sicher über den Oxus setzten, aber wenn er zufällig ertrunken wäre, hätten die Leute gesagt, er sei ein Narr, daß er sich freiwillig dieser Gefahr ausgesetzt habe, wenn er aber untergegangen wäre, während man ihn gewaltsam hinüberbeförderte, hätten die Leute ihn bemitleidet und nicht getadelt.

In Bukhara versuchte RHAZES verschiedene Behandlungsmethoden ohne Erfolg. Schließlich sagte er zum Emir: »Morgen werde ich es mit einer neuen Behandlung versuchen, aber sie wird Euch Euer bestes Pferd und Euer bestes Maultier kosten.« Nachdem man ihm die beiden Tiere übergeben hatte, nahm er den Emir mit hinaus vor die Stadt in ein Dampfbad, band Pferd und Maultier gesattelt und gezäumt draußen an und ging mit seinem Patienten in den Schwitzraum. Dann zog er sein Messer heraus und schmähte den Emir und warf ihm die Demütigung vor, die er ihm angetan habe, als er ihn gewaltsam über den Oxus befördern ließ, und drohte, aus Rache werde er ihn jetzt umbringen. Das ergrimmte den Emir, und halb aus Zorn und halb aus Angst sprang er auf die Füße. RHAZES eilte sogleich ins Freie, wo sein Diener mit dem Pferd und dem Maultier auf ihn wartete, und ritt eilends davon. Er hielt auf seiner Flucht erst inne, als er den Oxus überquert und Merv erreicht hatte. Von hier aus schrieb er dem Emir folgenden Brief: »Lang lebe der König in Gesundheit und Macht! Ich habe Euch zunächst, so gut ich es verstand, auf angenehme Weise behandelt. Es war jedoch ein Mangel an natürlicher Wärme festzustellen, und diese Art der Behandlung hätte unziemlich lange

Zeit in Anspruch genommen. Deshalb habe ich sie zugunsten der Psychotherapie aufgegeben, und als die üblen Säfte im Bad genügend ins Kochen gekommen waren, habe ich Euch absichtlich gereizt, um die natürliche Wärme noch zu erhöhen, die auf diese Weise kräftig genug wurde, die bereits verdampfenden Säfte vollends aufzulösen. Allerdings halte ich es nicht für ratsam, daß wir uns künftig noch einmal begegnen.« Dieses Beispiel von »Psychotherapie« (es wird im Originalwerk tatsächlich so bezeichnet) erwies sich als nicht weniger einträglich als die moderne Psychotherapie. Der Emir schenkte RHAZES in seiner Begeisterung, seine Gesundheit und Bewegungsfreiheit zurückgewonnen zu haben, ein Staatsgewand, einen Mantel, einen Turban, Waffen, einen Sklaven und eine Sklavin von schöner Gestalt sowie ein vollaufgezäumtes Pferd und bedachte ihn außerdem mit einer jährlichen Leibrente von 2000 Golddinaren und 200 Eselsladungen Korn.

Recht ähnlich im Prinzip ist eine Geschichte, die der berühmte, um 980 geborene mohammedanische Arzt AVICENNA berichtet. Sie stammt aus seinem seltenen und unveröffentlichten »Buch vom Ursprung und der Wiederkehr«. Die Patientin ist hier eine Frau aus dem Haushalt des Königs, die plötzlich, als sie sich zum Tischdecken niederbückte, eine solche rheumatische Gelenkschwellung bekam, daß sie sich nicht mehr aufrichten konnte. Der Leibarzt des Königs, der den Auftrag erhielt, sie zu heilen, und keine Medikamente zur Hand hatte, nahm seine Zuflucht zur Psychotherapie (die auch hier vom Verfasser so bezeichnet wird). Er greift auf die Emotion der Scham zurück und fängt an, die Frau auszuziehen, wobei er ihr zunächst den Schleier wegnimmt und dann nach ihrem Rock greift. So erzeugte er – nach den Worten AVICENNAS – »eine Hitzewelle in ihr, die den rheumatischen Saft auflöste«, und sie richtete sich auf und war geheilt. Ich könnte noch eine Reihe ähnlicher Geschichten aus den alten Schriften vieler Länder anführen. Aus allen geht hervor, daß man über gewisse Prinzipien, die die Beziehung zwischen Körper und Seele bestimmen, seit undenklichen Zeiten recht gut Bescheid gewußt hat. Auf eines dieser Prinzipien stützen sich auch unsere modernen Techniken zur Lügen-Aufdeckung, und wir müssen wiederum feststellen, daß das, was uns eine ganz moderne Entwicklung zu sein scheint, tatsächlich Hunderte, ja Tausende von Jahren bis zu Menschen zurückzuverfolgen ist, die in unseren Augen rohe Wilde waren. Eine derartige Technik geht, wie moderne Anthropologen bestätigen, auf undenkliche Zeiten zurück. Ein Beispiel möge sie veranschaulichen: Ein Häuptling ist getötet worden, und fünf Männer, denen er zuvor Schaden zugefügt hat, stehen im Verdacht, sich an ihm gerächt zu haben. Wie aber soll man den Schuldigen herausfinden? Der Stamm stellt sich in einem riesigen Halbkreis am Flußufer auf. Die fünf Beschuldigten stehen mit dem Gesicht zum Stamm und mit dem Rücken zum Fluß. Der schauerlich aufgeputzte und bemalte Medizinmann tanzt nach dem Klang rhythmischer Trommelschläge. Die Spannung wächst immer mehr, je näher der Augenblick der Wahrheit rückt. Schließlich ist der Tanz zu Ende, und der Medizinmann häuft feierlich Reis aus einer Schale auf fünf Teller aus Palmblättern. Dann hält er eine lange Ansprache an den Stamm über das Unrecht, einen Häuptling zu töten, und den Zauber, der den Mörder entlarven wird. Die Unschuldigen, so erklärt er, werden den Reis ohne Schwierigkeiten essen; der Schuldige aber, dessen Verbrechen der Natur so widerwärtig ist, daß selbst Tiere und Pflanzen nichts mehr mit ihm zu tun haben wollen, wird nicht imstande sein, auch nur einen Mundvoll hinunterzuschlucken, und so wird er in seiner ganzen Schändlichkeit dastehen. Da auch dieser Medizinmann wie die meisten anderen ein guter praktischer Psychologe ist (er könnte sich sonst nicht lange halten), hämmert er seine Behauptung den Zuhörern wieder und wieder ein und erwähnt auch frühere Fälle, wo sich diese Methode als unfehlbar erwiesen hat, den Schuldigen zu entdecken und ihm ein Geständnis zu entlocken. Dann deutet er mit großer Geste auf die fünf Beschuldigten mit ihren Tellern voll Reis. Und siehe, vier fangen an zu essen, wenn auch nicht mit allen Zeichen des Vergnügens, so doch offensichtlich ohne Schwierigkeiten. Der Fünfte aber wird aschfahl im Gesicht und kann sich kaum auf den zitternden Beinen halten. Er bewegt verzweifelt die Kinnladen beim vergeblichen Versuch, wenigstens etwas von dem Reis zu schlucken, aber ohne Erfolg. Seine Schuld könnte nicht deutlicher offenbar werden, und während er auf Befehl des Medizinmannes weggeschleppt wird, bekennt er heulend seine Schuld, bevor man ihn den Krokodilen zum Fraß vorwirft.

Welche psychologischen Prozesse hier am Werk sind, liegt klar vor Augen. Wir alle wissen, daß man bei Angst einen trockenen Mund bekommt; eine starke Erregung hemmt sowohl die Verdauung als auch die Speichelsekretion, die so eng mit der Verdauung in Beziehung steht. Ohne Speichel aber ist das Kauen und Schlukken schwierig, wenn nicht unmöglich. Wir können demnach leicht rekonstruieren, was mit dem unglücklichen Opfer bei diesem Verhör geschehen ist. Da er sich seiner Schuld bewußt ist und vor der Macht des Medizinmannes und dessen Fähigkeit, die Wahrheit herauszubekommen, eine abergläubische Angst hat, glaubt er ganz und gar, wenn dieser sagt, der Schuldige werde außerstande sein, den Reis zu essen. So trocknet ihm die Angst vor der offenbar unvermeidlichen Entdeckung den Mund aus, und wird er sich dessen bewußt, so vergrößert das nur noch seine Angst und seine Gewißheit, daß man ihn entdecken wird. Als ihm der Reis dann tatsächlich vorgesetzt wird, ist er nicht imstande, ihn zu essen, und wieder steigert diese subjektive Wahrnehmung seine Angst, und er verstrickt sich immer stärker in den Teufelskreis seiner emotionalen Reaktionen. So barbarisch diese Geschichte klingen mag, im Grunde ist in unseren modernen Lügendetektor-Methoden nichts enthalten, was nicht auch in ihr vorkäme. Wir bemerken nur einige technische Verbesserungen, was die Aufzeichnung der Auswirkungen der Erregung betrifft. Andererseits aber erzeugen unsere modernen Verfahren nur eine viel geringere Emotion, als sie der Medizinmann hervorzurufen wußte, und es ist nicht sicher, ob unsere modernen Methoden bei einem Vergleich besser abschneiden würden.

Beim modernen Lügendetektor benutzen die Fachleute den Speichelfluß nicht mehr als Emotionsindex. Heute konzentrieren wir unsere Aufmerksamkeit mehr auf die Blutzirkulation, die Atmung und gewisse elektrische Phänomene der Haut, auf die wir noch näher eingehen werden. Eine weniger schauerliche Geschichte als die mit dem Medizinmann zeigt, daß auch diese Methoden schon vor tausend Jahren bekannt waren. Auch diese Geschichte stammt von Avicenna, der sie in seinem Meisterwerk, dem »Canon medicinae« (Kanon der Medizin) im Abschnitt über die Liebe berichtet, die er zusammen mit Schlafsucht, Schlaflosigkeit, Amnesie, Manie, Hydrophobie, Melancholie und dergleichen zu den Gehirn- und Geisteskrankheiten rechnet. Als Mahmud von Ghazna Avicenna zu entführen versuchte (Könige und Herrscher erlaubten sich damals einiges, um sich die Dienste eines guten Arztes zu sichern), konnte dieser fliehen und gelangte unerkannt in die Stadt Hyrcania am Kaspischen Meer. Ein Verwandter des Regenten dieser Provinz litt an einer Krankheit, die kein einheimischer Arzt heilen konnte. Man fragte Avicenna um Rat. Er untersuchte den Patienten sorgfältig und erbat sich einen Gehilfen, der alle Bezirke und Städte der Provinz genau kannte und sie dem Kranken aufzählte, während Avicenna ihm den Puls fühlte. Als der Name einer bestimmten Stadt fiel, verspürte er ein Flattern des Pulses. Avicenna sagte: »Jetzt brauche ich einen, der alle Häuser, Straßen und Viertel dieser Stadt kennt.« Und wieder flatterte der Puls, als der Name einer bestimmten Straße genannt wurde, und genau so war es, als die Mitglieder einer bestimmten Familie aufgezählt wurden. Daraufhin sagte Avicenna: »Jetzt haben wir es. Der junge Mann hat sich in ein Mädchen verliebt, das in dem und dem Haus, in der und der Straße, in dem und dem Viertel, in der und der Stadt wohnt, und des Mädchens Gesicht ist das Heilmittel für den Patienten.« So wurde die Hochzeit gefeiert, für die Avicenna eine glückhafte Stunde aussuchte, und der Patient war wieder völlig gesund.

Hier haben wir demnach ein weiteres Beispiel für eine unwillkürliche emotionale Reaktion, die ein Geheimnis preisgibt, welches der Betreffende aus irgendeinem Grund für sich behalten wollte, und auch hier ist die unwillkürliche Reaktion eine der bekannten Begleiterscheinungen einer starken Emotion. Auf diese enge Beziehung zwischen von Menschen verspürten Emotionen und physiologischen Veränderungen, die sich dabei in ihrem Körper abspielen, gründen sich die Lügendetektor-Techniken, und zahlreiche Psychologen und Physiologen haben sich sowohl auf experimenteller als auch auf theoretischer Ebene damit beschäftigt. Der berühmteste unter ihnen dürfte der amerikanische Psychologe William James, der Bruder des Romanschriftstellers Henry James, sein, der zusammen mit dem norwegischen Physiologen LANGE einem Gesetz den Namen gegeben hat, das in der einen oder anderen Form die Grundlage für die meisten modernen Forschungen über Emotionen bildet. Das James-Langesche Gesetz kehrt sozusagen die normale Reihenfolge der Ereignisse um. Was geschieht nach der landläufigen Meinung, wenn wir eine Emotion verspüren? Wir sind traurig, und deshalb weinen wir; wir erschrecken, und unser Herz schlägt schneller; wir sind zornig, und unsere Adrenalindrüsen pumpen Adrenalin in unseren Blutkreislauf. Mit anderen Worten, zuerst empfinden wir die Emotion, und dann folgen die physiologischen Begleiterscheinungen an zweiter Stelle. JAMES und LANGE behaupten nun, das heiße das Pferd hinter den Wagen spannen: Denn als Reaktion auf eine bestimmte Situation schütten die Adrenalindrüsen Adrenalin in unseren Blutkreislauf aus, und deshalb empfinden wir Wut; in einer bestimmten Situation schlägt unser Herz schneller, und deshalb haben wir Angst; eine gewisse Situation bringt uns zum Weinen, und unsere subjektive Gefühlsreaktion auf das Weinen ist, daß wir traurig sind. Mit anderen Worten, die äußere Stimulussituation (S) erzeugt bestimmte physiologische Reaktionen (Tränen, Adrenalin, Herzklopfen), die wir kurz PR nennen wollen. Diese physiologische Reaktion erzeugt ihrerseits die von uns empfundene Emotion (E). Demnach lautet die James-Langesche Formel S → PR → E, während wir normalerweise die Reihenfolge eher als S → E → PR empfinden.

Über diese Tatsache hat es viele Diskussionen gegeben, und man hat viele diesbezügliche Experimente durchgeführt. Leider ist nicht viel dabei herausgekommen, was zur Klärung des Problems beigetragen hätte, das im Kleinen nichts anderes darstellt als das allgemeine Problem der Beziehung zwischen Körper und Geist. Wir können nur entscheiden, was was verursacht – die Emotion die physiologische Reaktion oder die physiologische Reaktion die Emotion –, wenn wir herausfinden, was sich zuerst ereignet; aber gerade das ist uns leider nicht möglich. Emotionen sind subjektiv, und was die zeitliche Reihenfolge betrifft, müssen wir uns auf die introspektiven Berichte unserer Versuchspersonen verlassen, von denen man nicht erwarten kann, daß sie sehr genau sind, besonders wenn es sich um Bruchteile von Sekunden handelt. Andererseits ist die physiologische Reaktion kein plötzliches Ereignis, bei dem es um alles oder nichts geht. Auch sie braucht einige Zeit, sich aufzubauen. Diese Schwierigkeiten zeigen, daß eine Entscheidung im Augenblick – wenn auch vielleicht nicht auf die Dauer – unmöglich ist. Deshalb brauchen wir uns auch nicht zu lange bei dieser Frage aufzuhalten. Nur so viel sei gesagt, daß emotionale Erlebnisse, so wie sie von dem Betreffenden empfunden werden, und physiologische Veränderungen bestimmter Art, wie sie von speziellen elektronischen Registriergeräten aufgedeckt werden, stets Hand in Hand gehen, und daß wir daraus schließen können, daß, falls diese Veränderungen registriert werden, auch die emotionalen Erlebnisse vorhanden sind. Auf dieses Prinzip gründet sich im wesentlichen der Lügendetektor, und es besteht kein Zweifel, daß es sich dabei um ein völlig einwandfreies, respektables wissenschaftliches Prinzip handelt. Auf die Schwierigkeiten, die dabei auftreten können, wollen wir später eingehen.

Zunächst wollen wir fragen, welches genau die physiologischen Reaktionen sind, die das Vorhandensein einer Emotion anzeigen. Diese Reaktionen sind im großen und ganzen deshalb zu identifizieren, weil sie von einem speziellen Teil unseres Nervensystems weitergeleitet werden. Ganz allgemein ausgedrückt kann man sagen, daß Menschen (und natürlich auch die höheren Tiere) zwei Nervensysteme besitzen. Das eine ist das sogenannte Zentralnervensystem, das für die Weiterleitung von Impulsen an die Skelettmuskulatur verantwortlich ist, deren Aufgabe wiederum die Ausführung unserer willkürlichen Bewegungen ist. Einen Fußball kikken, ein Sonett schreiben, in einen See springen oder den Namen eines Kandidaten ankreuzen, das alles sind vom Willen gesteuerte Handlungen, die von unserem Skelett ausgeführt werden, dessen Knochen durch die Muskeln bewegt werden, welche ihre Befehle vom Kortex über das Zentralnervensystem empfangen.

Es existiert jedoch noch ein anderes, älteres Nervensystem, das vom Zentralnervensystem relativ unabhängig ist. Dieses wird als das autonome oder vegetative Nervensystem bezeichnet, und es hat im wesentlichen mit bestimmten lebensnotwendigen, aber unbewußten Tätigkeiten zu tun, die unseren Körper in Gang halten. So atmen wir, unser Herz schlägt, wir verdauen, Hormone werden in unseren Blutkreislauf geschüttet, die durch die verschiedenen Teile unseres Körpers strömende Menge Blut wird entsprechend der Temperatur genau dosiert, unsere Pupillen weiten sich und ziehen sich je nach den Helligkeitsunterschieden zusammen – all das geschieht ohne unser bewußtes Zutun. Es sind diese autonomen oder vegetativen Reaktionen, die so eng mit unseren Emotionen verknüpft sind. Einige auffällige autonome Veränderungen, die mit den Emotionen Hand in Hand gehen, sind uns allen vertraut, und man braucht keine Apparatur, um sie aufzudecken. Hierher gehören unter anderem das Erröten oder Erblassen des Gesichts, Schweißausbrüche, Herzklopfen, Austrocknen des Mundes und viele unbestimmte Empfindungen in unseren Eingeweiden. Unter Laboratoriumsbedingungen kann man viele andere, kompliziertere physiologische Veränderungen beobachten, wie z. B. das Ansteigen des Blutdruckes, einen vermehrten Sauerstoffverbrauch, eine Erweiterung der Lungenbronchien, eine Vergrößerung der Zahl der roten Blutkörperchen und der Thrombozyten in unserem Blutkreislauf; ferner das Freiwerden von Glukose im Blut, die Ausschüttung von Adrenalin, eine Reduktion der elektrischen Hautreaktionen, eine Hemmung der Peristaltik im gastrointestinalen Trakt, die Vermehrung des Blutzuckers – und wir könnten noch Hunderte anderer Phänomene aufzählen.

Die meisten dieser Veränderungen scheinen der Anpassung zu dienen. Die wichtigsten Emotionen, wie Angst und Zorn, sind meist die Vorläufer einer heftigen Tätigkeit; sie kann in Kampf oder Flucht bestehen. Für beides ist eine starke Blutzufuhr notwendig. Daher schlägt das Herz schneller, um den voraussichtlichen Bedarf decken zu können. Das Blut wird dem Magen entzogen, und der Verdauungsvorgang wird unterbrochen. Ein Teil der im Körper gespeicherten Energie wird an das Blut abgegeben, wodurch der Organismus zu größeren Anstrengungen befähigt wird. In seinem Buch »The Wisdom of the Body« (Die Weisheit des Körpers) hat CANNON ausführlich die wunderbare Anpassungsfähigkeit unseres Körpers behandelt, wenn es gilt, auf derartige drängende Situationen zu reagieren. Diese Anpassungsfähigkeit verdanken wir in keiner Weise unserem bewußten Denken, sondern ausschließlich einem ererbten Reaktionsmuster, das im Laufe der Evolution in Millionen von Jahren entwickelt wurde.

Leider nützen uns viele dieser so zustandegekommenen emotionalen Reaktionen in unserer modernen Gesellschaft nichts mehr. In einer zivilisierten Gesellschaft sind weder Kampf noch Flucht Reaktionen, die dem Überleben dienen. Dies ist allerdings eine Verallgemeinerung, die nicht für Ausnahmezustände gilt, und vor allem in Kriegszeiten können Reaktionen, die unseren Ahnen im Urwald von Nutzen waren, auch für uns wieder nützlich werden. Aber selbst das trifft immer weniger zu, da die Kriege immer stärker entpersonalisiert werden und der Kampf Mann gegen Mann durch maschinelle Waffen ersetzt wird. Wir haben keinen Beweis dafür, daß der Bombenschütze, der im Flugzeug die fürchterliche Atom- oder Wasserstoffbombe mit dem Druck seines Fingers auf einen Knopf ausklinkt, dies mit größerer Präzision tun kann, wenn ihm eine starke Emotion und eine heftige Reaktion seines autonomen Nervensystems zu Hilfe kommen. Ganz im Gegenteil scheint bei Aufgaben dieser Art, die Geschicklichkeit erfordern, die dazu notwendige subtile Koordination von Geist und Körper durch starke Emotionen beeinträchtigt zu werden. Die meisten Menschen wissen das aus eigener Erfahrung. So wird geschickte Argumentation durch starke Erregung unterbrochen. Wenn wir uns ärgern, können wir nicht so zwingend und logisch denken, als wie wenn wir ein Problem sachlich und leidenschaftslos betrachten. Beim Sport besteht die Möglichkeit, daß eine starke Erregung unsere Kräfte stärkt und bewirkt, daß wir Verletzungen weniger empfinden und weniger leicht erschöpft sind, aber sie macht uns andererseits auch ungeschickter und unüberlegter in unserem Vorgehen. Vielleicht kicken wir den Ball weiter, aber die Treffsicherheit leidet.

Alles in allem dürften uns demnach starke Emotionen für die primitive Art des Kampfes, bei dem brutale Kraft, Ausdauer und schnelle Flucht die Überlebenschancen vermehren, von Nutzen sein, aber in der Welt, wie wir sie in den letzten hundert Jahren geschaffen haben, bringen sie uns nicht nur keinen Nutzen – sie stellen häufig sogar ein Handikap dar. Eine Auseinandersetzung im Vorstandszimmer eines großen Unternehmens oder ein Kampf zwischen rivalisierenden Politikern bei einer Wahl, ein Disput mit dem Steuerinspektor um eine andere Steuerklasse oder Verhandlungen mit dem Chef wegen einer Gehaltserhöhung – das sind die modernen Formen des Kampfes, die im Laufe der menschlichen Evolution an die Stelle der mehr körperlich ausgetragenen Auseinandersetzungen getreten sind. Bei ihnen allen ist die Emotion eher ein Handikap als eine Hilfe, und wir befinden uns in der unglücklichen Lage, den Evolutionsprozeß umkehren und versuchen zu müssen, eine Herausforderung mit einer intellektuellen anstatt mit einer emotionalen Reaktion zu beantworten. Es ist vielleicht kein Hirngespinst anzunehmen, daß wir auf unserem Planeten nur dann überleben werden, wenn es uns gelingt, den Verlauf der Evolution auf diese Weise umzukehren.

Wenn uns diese Umkehrung gelänge, würden die Menschen zweifellos lernen, besser zu lügen. In vieler Hinsicht wäre das natürlich kein unbedingter Vorteil, und eine der sozial nützlichen Funktionen der Emotion ist gewiß die, daß sie so etwas wie den Lügendetektor ermöglicht. In gewisser Weise ist allerdings die Bezeichnung »Lügendetektor« in diesem Zusammenhang nicht korrekt. Was wir in Wirklichkeit damit aufdecken, ist eine bestimmte emotionale Reaktion. Wir interpretieren diese dann als Beweis dafür, daß der Betreffende lügt, weil wir die gesamte Befragungssituation so eingerichtet haben, daß andere Erregungsquellen soweit wie möglich ausgeschaltet bleiben. Auf diese Weise ruft die Angst vor der Entdeckung zusammen mit dem Lügen selbst bei dem Schuldigen eine emotionale Reaktion hervor, die nicht zu verzeichnen ist, solange die Wahrheit gesprochen wird. Folglich wird aus der »Emotionsaufdeckung« unter bestimmten, speziell arrangierten Umständen eine »Lügenaufdeckung«, doch bleibt der Sprung vom einen zum andern trotzdem ein Sprung. Und wie wir noch sehen werden, muß man sehr behutsam vorgehen, um sicherzustellen, daß dieser Sprung auch wirklich gerechtfertigt ist und daß aus der vom sogenannten Lügendetektor enthüllten Wahrheit keine falschen Schlüsse gezogen werden. Ein Beispiel möge gewisse Schwierigkeiten, die auftreten können, veranschaulichen. Nehmen wir an, daß bei dem Versuch des Medizinmanns, den Schuldigen zu entlarven, alle fünf unschuldig waren, aber einer von ihnen wußte, daß der Medizinmann ihm übel wollte und ihm daher die Schuld an dem Mord zuschieben würde. Unter diesen Umständen wäre logischerweise zu erwarten, daß er die gleichen Angstreaktionen wie ein Schuldiger zeigen würde und daß man seine Unfähigkeit, den Reis zu schlucken, fälschlich als Zeichen seiner Schuld interpretieren würde. Es gibt mehrere Möglichkeiten, solche Fallgruben zu vermeiden. Wir kommen im Verlauf dieses Kapitels noch darauf zurück.

Wir müssen uns jetzt mit dem Instrument beschäftigen, das wir heute zur Aufdeckung von Lügen benützen. Gemeinhin wird angenommen, daß man sich unter einem Lügendetektor ein Instrument vorzustellen habe, bei dem eine Glocke läutet oder ein Licht aufflammt, wenn der Untersuchte eine Lüge vorbringt. Leider steht uns aber etwas derart Sicheres und Aufregendes nicht zur Verfügung. Die Aufdeckung von Lügen erfolgt durch Deduktion, durch Indizienbeweis und das Zusammenpassen einer großen Anzahl höchst unterschiedlicher Einzeltatsachen. Die zuverlässigste Information liefert eine kontinuierliche, gleichzeitige Aufzeichnung der Veränderungen des Blutdrucks, des Pulses und der Atmung während der Befragung des Verdächtigen. Diese Aufzeichnungen macht ein als Polygraph bezeichnetes Instrument, das die verschiedenen physiologischen Reaktionen fortlaufend registriert. Der Polygraph besteht in der Hauptsache aus einer Papierrolle, das Papier läuft mit gleichbleibender Geschwindigkeit über eine Fläche, auf ihm zeichnen sich kontinuierlich die Bewegungen einer Anzahl von Schreibstiften ab. Die Bewegung der Schreibstifte wird von verschiedenen Instrumenten gesteuert, die an die zu untersuchende Person angeschlossen sind. Diese Instrumente sind entweder elektronisch oder mechanisch mit den Schreibstiften gekoppelt.

Typisch für diese Art von Instrumenten ist der sogenannte Pneumograph, der zur Aufzeichnung der Atmung benutzt wird. Der Schlauch des Pneumographen, der der Versuchsperson um die Brust gelegt wird, besteht aus einer eng gewundenen Feder in einem dünnen Gummischlauch, dessen eines Ende verschlossen ist, während das andere mit dem Polygraphen selbst mittels eines kleinen Gummischlauchs verbunden ist. Während des Tests nimmt der Brustumfang der Versuchsperson beim Einatmen zu und beim Ausatmen ab.

Bei jedem Einatmen streckt sich daher der Schlauch des Pneumographen, und bei jedem Ausatmen zieht er sich zusammen. Diese Bewegung des Schlauches verursacht in seinem Inneren Druckveränderungen, und diese werden auf den Polygraphen übertragen und dort aufgezeichnet.

Im praktischen Fall besteht unsere erste Aufgabe darin, für einen ruhigen, ungestörten Untersuchungsraum zu sorgen, die Versuchsperson an die verschiedenen Instrumente anzuschließen und ihr in großen Zügen das Wesen des Tests zu erklären. Man erklärt ihr die Apparatur und sagt ihr, diese sei in der Lage festzustellen, ob jemand die Wahrheit sage oder nicht. Man erklärt ihr ferner, die Instrumente registrierten gewisse körperliche Veränderungen, die darauf hinweisen, daß der Betreffende lügt, sie verursachten aber keinesfalls irgendwelche körperliche Schmerzen, von einem leichten und vorübergehenden Unbehagen abgesehen, das von der Manschette zum Messen des Blutdrucks herrühre. Um die Nervosität und Spannung zu verringern, fügt man hinzu, der Betreffende habe nichts zu befürchten, wenn er die Wahrheit sage, da die Apparatur das dann anzeige. Außerdem versichert man ihm, daß man keinerlei Fragen stellen werde, die sich auf seine persönlichen Angelegenheiten oder sonst irgend etwas beziehen, was nicht mit dem zu untersuchenden Vergehen zusammenhänge. Dann ist alles bereit, und man kann mit dem Test beginnen.

Der erste Teil des Tests dient etwa dem gleichen Zweck wie die lange Ansprache des Medizinmannes: Man schildert frühere Erfolge, die man bereits mit dieser Methode erreicht hat. Das Handikap des modernen Kollegen des Medizinmannes besteht allerdings darin, daß seine Zuhörer wesentlich skeptischer sein dürften und daß sie unbegründeten Ängsten und blindem Glauben an seine Allmacht nicht so leicht erliegen werden wie die primitiven Wilden. Deshalb wird der moderne Versuchsleiter die Apparatur vorführen, anstatt dem Betreffenden nur zu erzählen, was das für ein wunderbarer Apparat sei. Das geschieht meist auf folgende Weise: Der Versuchsleiter wählt sieben oder acht Spielkarten aus und fordert die Versuchsperson auf, eine davon aufzunehmen, sie sich anzusehen und sie dann in den Pack zurückzulegen. Er sagt ihr dann, er werde ihr jetzt die sieben oder acht Karten nacheinander zeigen, und sie solle auf die Frage: »Ist das die Karte, die Sie ausgewählt haben?« jedesmal mit »Nein« antworten. Er betont noch einmal ausdrücklich, sie solle auch dann, wenn die richtige Karte komme, »Nein« sagen, also lügen. Dann führt man den Versuch durch, zeigt der Versuchsperson die Karten, eine nach der anderen, und entlockt ihr jedesmal als Antwort das »Nein«. Während der ganzen Zeit sind die Bewegungen der Schreibstifte auf dem Polygraphen genau zu beobachten. In fünfundneunzig von hundert Fällen zeigt sich in der Aufzeichnung die verräterische Überreaktion des autonomen Nervensystems der Versuchsperson, sobald diese bei der von ihr ausgewählten Karte »Nein« sagt. Um sicherzugehen, wiederholt der Versuchsleiter die Prozedur noch einmal. Dann sagt er der Versuchsperson, welche Karte sie sich angeschaut habe. Außerdem erklärt er ihr die tatsächlichen Veränderungen, die die Aufzeichnungen des Polygraphen zeigen, sobald eine Lüge ausgesprochen wird, was in der Regel den Betreffenden weit mehr beeindruckt, als wenn im Varieté Ähnliches als Trick vorgeführt wird. So kann der Getestete mit eigenen Augen sehen, daß ihn Reaktionen, über die er keinerlei Gewalt hat, völlig verraten können und daß der Lügendetektor für jemand, der einen falschen Eindruck zu erwecken sucht, in der Tat ein höchst gefährliches Instrument ist.

Nachdem man die Versuchsperson auf diese Weise gehörig beeindruckt hat, stellt man ihr eine Reihe von Fragen, die sich auf das zu untersuchende Vergehen beziehen. Je nach den Begleitumständen kann man dabei zwei unterschiedliche Methoden anwenden. Die eine ist die sogenannte Relevant-Irrelevant-Fragemethode. Dabei werden abwechselnd Fragen gestellt, die für die Untersuchung bedeutungslos sind, wie etwa: »Heißen Sie Schmidt?« oder »Sind Sie in Liverpool geboren?«, und solche, die sich auf das Vergehen beziehen, wie: »Haben Sie den Diamantring gestohlen?« oder »Haben Sie Lord Edgware erschossen?«. Diese Methode ähnelt der, die bei den Spielkarten angewandt wurde, wobei die Karte, die sich die Versuchsperson angeschaut hatte, die Rolle der relevanten Fragen und die anderen Karten die Rolle der irrelevanten Fragen spielen. Lügen machen sich durch eine Veränderung der physiologischen Reaktion bemerkbar, wenn man von irrelevanten zu relevanten Fragen übergeht.

Was aber sind nun die Hauptveränderungen, die auf eine Täuschung hinweisen? Der zuverlässigste Hinweis besteht darin, daß die Versuchsperson unmittelbar nach ihrer Antwort den Atem anhält und daß gleichzeitig der Blutdruck steigt. Aber auch wenn nur eine dieser beiden Reaktionen eintritt, ist das bereits für den Untersuchenden ein ziemlich sicheres Indiz. Gelegentlich kommt es vor, daß wenige Sekunden, nachdem die Versuchsperson eine unwahre Antwort gegeben hat, diese Lüge durch ein Absinken des Blutdrucks angezeigt wird. Auch schwereres Atmen, fünfzehn bis zwanzig Sekunden nachdem der Betreffende eine relevante Frage beantwortet hat oder am Ende der Fragezeit, ist häufig ein Hinweis darauf, daß gelogen wurde. Es handelt sich dann um die physiologische Begleiterscheinung des Gefühls der Erleichterung. Ein letztes Kriterium für eine falsche Aussage ist das Langsamerwerden des Pulses unmittelbar nach der Antwort auf eine Frage.

Bei der Interpretation dieser Reaktionen sind gewisse Regeln zu beachten. Vor allem gilt die Hauptregel, *daß eine physiologische Reaktion auf eine relevante Frage sich deutlich von der physiologischen Reaktion auf eine irrelevante Frage unterscheiden muß*, wenn man sie als Beweis dafür ansehen will, daß der Betreffende gelogen hat. Es gibt viele, die zwar an dem fraglichen Verbrechen unschuldig sind, aber ständig ein schlechtes Gewissen haben, was sie nervös und zappelig macht. Andere wieder sind auf emotionalem Gebiet überreaktiv. Solche Menschen zeigen selbst auf irrelevante Fragen beträchtliche physiologische Reaktionen, und man könnte annehmen, daß sie gelogen haben, wenn man diese Überreaktivität nicht mit berücksichtigt. Die Art, wie jemand auf irrelevante Fragen reagiert, liefert uns einen Hinweis auf sein grundsätzliches Reaktionsmuster, wenn er die Wahrheit sagt, und man kann nur auf Lügen diagnostizieren, wenn bei relevanten Fragen deutliche Abweichungen von diesem normalen Reaktionsmuster festzustellen sind.

Eine weitere Sicherheitsmaßnahme, die stets angewandt werden sollte, besteht darin, niemals eine Einzelreaktion als Beweis für das Lügen zu nehmen. Man sollte stets die gleiche oder eine ähnliche Frage mehrmals stellen, und nur dann, wenn sich in den Reaktionen eine beträchtliche Übereinstimmung erkennen läßt, sollte man diesen Hinweis auf die Schuld des Betreffenden ernst nehmen. Diese

Sicherheitsmaßnahme ist wirklich sehr wichtig. Denn Zufallsfaktoren, wie ein plötzlicher Krampf, ein Niesen oder ein plötzliches lautes Geräusch, können Wirkungen hervorrufen, die von den emotionalen Begleiterscheinungen des Lügens nicht zu unterscheiden sind, und diese irrelevanten Faktoren kann man nur ausschließen, wenn man die ganze Prozedur mehrmals wiederholt.

Unter bestimmten Umständen kann man auch eine ganz andere Form der Befragung anwenden, die große Vorteile hat. Man hat sie als »Spannungsgipfel-Methode« oder als »Schuldbewußtseins-Methode« bezeichnet, und ihre Brauchbarkeit hängt davon ab, ob ein Schuldiger Dinge weiß, die ein Unschuldiger nicht wissen kann. Jede Frage, die sich auf dieses Wissen bezieht, oder jede Anspielung darauf würde dann bei dem Schuldigen emotionale Reaktionen hervorrufen, die ein Unschuldiger nicht zeigt. Ein Beispiel aus eigener Erfahrung möge das erläutern. In einer Klinik wurden die Betttücher einmal die Woche gesammelt und in große Wäschebehälter geworfen, die auf jedem Flur der Klinik bereitstanden. Mehrere Wochen lang waren die Bettücher in einem dieser Behälter auf mysteriöse Weise zerschnitten, und da die Patienten keinen Zugang zu den Behältern hatten, konzentrierte sich der Verdacht auf ein Dutzend Krankenschwestern, die auf diesem Flur arbeiteten. Man hatte ihnen gegenüber diesen Vandalismus (Zerstörungswut) nicht erwähnt, und außer der Schuldigen konnte demnach keine wissen, was geschehen war. Darauf gründete sich die Untersuchung. Man sagte den Schwestern, sie sollten an einem psychologischen Experiment teilnehmen, bei dem ihnen bestimmte Wörter vorgelesen würden, und sie sollten jeweils den ersten Gegenstand nennen, der ihnen dabei einfiele. Unter den hundert Wörtern, die bei diesem Experiment benutzt wurden, waren auch einige, die zu dem »Verbrechen« irgendwie in Beziehung standen. Dazu gehörte z. B. Bettuch, Leinen, schneiden und Behälter. Nachdem die Aufzeichnungen gemacht waren, wurden diese »schuldbeladenen« Wörter mit den »unschuldigen« bei jeder der Schwestern verglichen, und nur bei einer war eine deutliche Zunahme der autonomen Reaktion bei den schuldbeladenen Wörtern festzustellen, und zwar trat diese Reaktion bei ihr bei jedem dieser Wörter auf. Als man sie mit der Aufzeichnung konfrontierte, legte sie ein Geständnis ab und enthüllte ihre Motive. Sie hatte sich an der Oberschwester rächen wollen, weil diese sie ihrer Ansicht nach schlecht behandelt hatte.

In diesem Sonderfall bedienten wir uns nicht einer der bereits erwähnten physiologischen Reaktionen, sondern des sogenannten psychogalvanischen Reflexes (PGR). Es ist dies ein ziemlich mysteriöses Phänomen, bei dem der Widerstand der Haut gegen den Durchgang von elektrischem Strom gemessen wird. Dabei befestigt man Elektroden an der Handfläche und am Handrücken und leitet einen elektrischen Strom hindurch, der so schwach ist, daß er nicht spürbar ist. Dann mißt man den Widerstand der Haut gegen diesen Strom, und man hat allgemein festgestellt, daß jeder plötzliche Schreck oder jede andere Emotion ein charakteristisches Abfallen des Widerstandes bewirkt. Dieses Abfallen erfolgt nach einer Latenzzeit von etwa einer Sekunde, nachdem der Reiz gegeben wurde, und scheint etwa der Stärke der Störung proportional zu sein. Es gibt keine allgemein anerkannte Erklärung für dieses Phänomen, obwohl man mit einigem Grund annehmen kann, daß es mit der Tätigkeit der Schweißdrüsen der Hand zusammenhängt. Wir wissen, daß Emotionen die Schweißdrüsen aktivieren, und da der Schweiß leicht salzig ist, ist er ein guter Leiter für Elektrizität. Doch dürfte das kaum eine erschöpfende Erklärung sein. Glücklicherweise hängt die Brauchbarkeit dieser Methode, Emotionen zu registrieren, nicht nur davon ab, ob wir den Mechanismus, der ihr zugrunde liegt, genau erklären können, und unter gewissen Umständen ist der psychogalvanische Reflex ein besserer Lügenindikator als alle anderen zuvor erwähnten.

Merkwürdigerweise wird der PGR kaum je in der praktischen Arbeit der Polizei verwendet. Offenbar zeigt er allzu leicht auch geringe emotionale Veränderungen an, so daß die Reaktionen auf relevante und nicht-relevante Stimuli in der hochgeladenen Atmosphäre des Polizeilaboratoriums so starke Emotionen anzeigen, daß eine Differenzierung nicht mehr möglich ist. Der PGR eignet sich besser für Salonkunststückchen, bei denen der Versuchsleiter herauszufinden versucht, welche von mehreren Karten die Versuchsperson angeschaut hat, wobei er nahezu unfehlbar ist. Wir haben ihn bei der oben beschriebenen Untersuchung angewandt, weil das ganze Experiment in den Augen der Krankenschwestern nichts weiter als eine Art Salonkunststück war und sie es in keiner Weise mit der Untersuchung von Verbrechen, Schuld und Lügen in Verbindung brachten. Das dürfte auch das hier erreichte gute Ergebnis erklären. Für den Leser, der mit derartigen Untersuchungsmethoden nicht vertraut ist, bringen wir eine Abbildung der Aufzeichnung von den effektiven Reaktionen auf die schuldbeladenen Wörter und auf einige neutrale Wörter von seiten der schuldigen sowie einer unschuldigen Versuchsperson. Bei dieser Aufzeichnung bedeutet ein Absinken der Kurve eine Verminderung des Widerstandes der Haut gegen den durchgeleiteten Strom. Ein Kommentar zu dieser Aufzeichnung dürfte sich erübrigen. Hier gilt wörtlich die Feststellung: »Sie spricht für sich selbst.« (Abbildung 2)

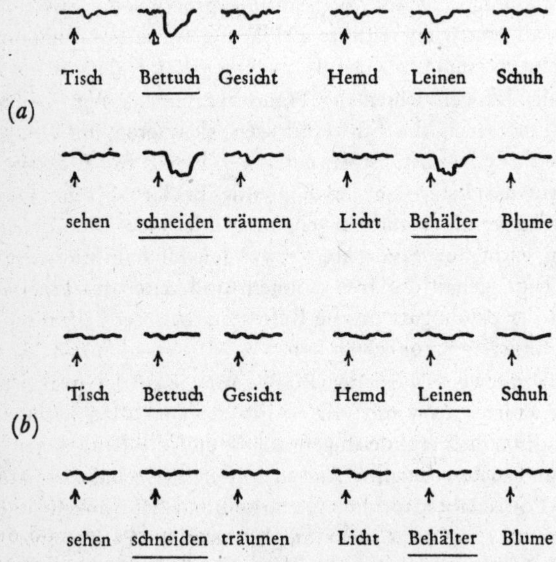


Abb. 2: PGR-Reaktionen der schuldigen Personen; die »schuldbeladenen« Wörter sind unterstrichen. Der Pfeil besagt jeweils, an welcher Stelle das betreffende Wort ausgesprochen wurde. (b) PGR-Reaktionen einer unschuldigen Person. Die »schuldbeladenen« Wörter sind unterstrichen.

Das ist in groben Umrissen das Bild des beim Lügendetektor angewandten Verfahrens und der Kriterien, die man benutzt, um das Vorhandensein oder Fehlen von Emotionen bei einer Antwort festzustellen. Wie valide ist nun der Lügendetektortest, und wie groß ist seine Verläßlichkeit? Das sind schwierige Fragen, und zu ihrer Beantwortung müssen wir gewisse Faktoren in Betracht ziehen, welche die Interpretation der Testwerte beeinflussen. Eine der Hauptschwierigkeiten bei Tests dieser Art ist die Nervosität vieler durchaus ehrlicher und unschuldiger Personen bei Polizeiverhören. Eine derartige Nervosität ist in der Regel in der Aufzeichnung an dem unregelmäßigen Verlauf der Kurven zu erkennen und am Fehlen stärkerer Reaktionen im Zusammenhang mit den entscheidenden Fragen. Die physiologischen Schwankungen, die auf diese Nervosität zurückzuführen sind, erscheinen auf dem Schreiber des Lügendetektors ohne regelmäßige Beziehung zu einer bestimmten Frage oder zu bestimmten Fragen. Sie sind nicht größer, wenn für das Vergehen relevante Fragen gestellt werden, als wenn es sich um neutrale Fragen handelt, die zu Kontrollzwecken dienen. Manchmal werden Veränderungen oder Störungen von ähnlichem Ausmaß sogar während Ruhepausen festgestellt, wenn überhaupt keine Fragen gestellt wurden. Die beste Art, der Nervosität der Versuchsperson entgegenzuwirken, ist, sie zu beruhigen und den Test zu wiederholen. Wenn man die gesamte Prozedur fünf- oder sogar zehnmal wiederholt, so wirkt das ähnlich wie ein Beruhigungsmittel, weil die Versuchsperson, die sich anfangs vor allem möglichen fürchtete (viele Leute haben zum Beispiel Angst, sie bekämen einen elektrischen Schlag, wenn man sie an einen Apparat anschließt), sich auf diese Weise an die Prozedur gewöhnt und merkt, daß ihre Angst mehr oder weniger unbegründet ist. Außerdem gibt eine mehrmalige Wiederholung, wie bereits erwähnt, dem Prüfer die Möglichkeit, nach regelmäßigen verstärkten Reaktionen auf die gleichen relevanten Fragen oder Frage zu suchen, und diese Regelmäßigkeit ist weit wichtiger, als es einzelne isolierte Reaktionen je sein können.

Nervosität ist relativ einfach zu diagnostizieren (meist braucht man nicht einmal die Aufzeichnung des Lügendetektors anzusehen, um festzustellen, ob jemand ungewöhnlich nervös ist); es gibt hier keine unüberwindlichen Schwierigkeiten. Andere Faktoren werfen größere Probleme auf. So ist eine schwachsinnige Versuchsperson beispielsweise für einen Lügendetektortest so gut wie unbrauchbar. Ein sehr dummer Mensch, der nicht zwischen Wahrheit und Lüge unterscheiden kann oder die soziale Verpflichtung, die Wahrheit zu sagen, nicht versteht oder der sich nicht davor fürchtet, entdeckt zu werden, wird in der Regel keine brauchbaren Resultate liefern, die man irgendwie interpretieren könnte. Das gleiche gilt weitgehend für kleine Kinder, die ebenfalls keine geeigneten Versuchspersonen für Lügendetektortests sind. Selbst offensichtlich unschuldige Personen liefern manchmal so abnorme und unregelmäßige Aufzeichnungen, daß keine Interpretation möglich ist. Aber auch diese verschiedenen Umstände bieten keine unüberwindlichen Schwierigkeiten. Schwachsinn und geistige Abnormität, die so groß sind, daß sie einen Lügendetektortest unmöglich machen, sind leicht zu erkennen, und man kann dann anstelle des Lügendetektors andere Methoden der Wahrheitsfindung anwenden.

Weit größere Schwierigkeiten verursachen Leute, die relativ wenig auf Testbedingungen reagieren. Wer nicht an die Tauglichkeit eines Tests glaubt und deshalb keinerlei Bedenken hat, sich ihm auszuliefern, wird weniger aufgeregt sein, wenn er lügt, und daher auf dem Polygraphen eine weniger leicht zu interpretierende Aufzeichnung liefern. Einige Leute zeigen ein extremes Fehlen von Emotionen, und derartige Menschen können tatsächlich schuldig sein, während ihre Reaktion im Lügentest sie als harmlos erscheinen läßt. Andere Personen wieder sind in der Lage, ihre geistigen Assoziationen und Prozesse so gut unter Kontrolle zu halten, daß sie Reaktionen zu vermeiden wissen, die sie verraten würden. Ein vorzügliches Beispiel hierfür war das Verhör von JERRY THOMPSON, der wegen des Lustmords an Mildred Hallmark hingerichtet wurde. Seine Lügendetektoraufzeichnungen waren recht unbestimmt und nicht zu interpretieren. Er legte jedoch völlig unabhängig vom Test ein Geständnis ab. Und als ihn der Lügendetektorexperte, der sich dafür interessierte, wie THOMPSON sich dem Test hatte entziehen können, einige Tage vor seiner Hinrichtung interviewte, sagte THOMPSON, er habe jedesmal, wenn er beim Test gefragt wurde, ob er Mildred vergewaltigt und getötet habe, sich auf verschiedene abnormale sexuelle Erlebnisse, die er mit anderen Mädchen des gleichen Namens gehabt hatte, konzentriert und sie im Geist noch einmal durchlebt. Er meinte, auf diese Weise habe er es fertiggebracht, jedesmal, wenn ihm die Frage gestellt wurde, die Vergewaltigung und den Mord an Mildred Hallmark zu verdrängen. Glücklicherweise scheinen nur wenige Menschen in der Lage zu sein, ihr Denken so zu beherrschen, daß sie »die Maschine überlisten« können, doch sollte man immerhin nicht vergessen, daß einige diese Fähigkeit besitzen und daß sie unter abgebrühten Verbrechern anscheinend besonders häufig zu finden ist.

Von Personen, die über die physiologischen Grundlagen des Lügendetektors Bescheid wissen, werden gelegentlich auch noch andere Tricks angewendet, um eine Entdeckung unmöglich zu machen. Man wird sich erinnern, daß die Entdeckung durch den Lügendetektor sehr weitgehend auf einem Vergleich zwischen relevanten und nicht-relevanten Fragen beruht. Wenn die Versuchsperson nun in der Lage ist, physiologische Reaktionen auch bei nicht-relevanten Fragen hervorzurufen, so nützen Vergleiche nichts, und die Aufzeichnung kann keine verräterischen Informationen liefern. Physiologische Reaktionen auf harmlose Fragen kann man auf verschiedene Weise hervorrufen. Eine Versuchsperson, ein Physiologe, der seine Frau in den Grand Canyon hinuntergestoßen hatte, produzierte autonome Reaktionen, als ihm irrelevante Fragen gestellt wurden, indem er sich mit dem Absatz auf den linken Fuß trat, wobei der so hervorgerufene Schmerz eine ähnliche Reaktion auslöste wie das Lügen, was die Aufzeichnung unbrauchbar machte. Andere haben es verstanden, sich bei der Beantwortung harmloser Fragen sexuellen Phantasien hinzugeben und so physiologische Reaktionen auf diese Phantasien zu erzeugen, die der Untersuchende der nächsten Frage zuschreiben sollte. Man kann nicht kategorisch verneinen, daß derartige Tricks gelegentlich Erfolg haben, in den meisten Fällen jedoch wird der erfahrene Prüfer merken, was der Beschuldigte macht, und wird seine Schlüsse daraus ziehen.

Wir sind nun in der Lage, die praktische Anwendbarkeit des Lügendetektors zu beurteilen. Im großen und ganzen muß man Inbau, der ein sehr erfahrener Fachmann auf diesem Gebiet ist, wohl recht geben, wenn er sagt:

Lügendetektortests, die von kompetenten und erfahrenen Experten durchgeführt werden, sind von beträchtlichem praktischem Nutzen. Erstens ist es möglich, mit Hilfe von Lügendetektoren eine Täuschung mit weit größerer Sicherheit aufzudecken, als dies sonst erreichbar wäre. Zweitens üben der Apparat, die Tests und die damit verbundenen Prozeduren eine entscheidende psychologische Wirkung aus, welche Schuldige zu Geständnissen und Bekenntnissen veranlaßt.

Leider ist es so gut wie unmöglich, genaue Zahlenangaben über die Richtigkeit von Lügendetektor-Resultaten zu bekommen. Bei der praktischen Polizeiarbeit ist bestätigendes oder widersprechendes Material nicht immer erreichbar, so daß man bei gewissen Fällen nie genau in Erfahrung bringen kann, was in Wahrheit geschehen ist. Daher geben viele Forscher Zahlen über die Exaktheit von Lügendetektortests an, die sich auf Experimente gründen, die sie im Laboratorium durchgeführt haben. Bei solchen Experimenten handelt es sich nicht um tatsächlich verübte Verbrechen, die Aufgabe des Forschers besteht vielmehr darin herauszufinden, welche von mehreren Karten die Versuchsperson sich angeschaut hat oder auch welche von mehreren Personen einen bestimmten Brief gelesen hat. Bei solchen Laboratoriumstests ist die Wahrheit bekannt, und man kann den Erfolg der Tests daran messen. Berichte über eine Verläßlichkeit zwischen 80 und 90 Prozent sind veröffentlicht worden, und wir dürfen demnach wohl schätzungsweise annehmen, daß etwa 95 Prozent dieser Tests stimmen, wenn sie richtig durchgeführt wurden.

Leider kann man nur nicht von solchen experimentellen Versuchen auf die Arbeit im Polizeilaboratorium schließen. Wir haben bereits darauf hingewiesen, daß die psychogalvanische Reflex-Reaktion zwar im psychologischen Laboratorium sehr zuverlässig ist, daß sie aber weit weniger brauchbar ist, wenn wirklich Verdächtige auf der Polizei verhört werden. Wir sind uns im gegenwärtigen Augenblick noch nicht recht darüber klar, warum das so ist, aber wir müssen der Tatsache ins Auge sehen, daß man die Exaktheit der Arbeit der Polizei nicht adäquat an der Arbeit im psychologischen Laboratorium messen kann.

Die am meisten überzeugende Schätzung der Genauigkeit von Lügendetektor-Techniken stammt von Inbau und gründet sich auf dessen zwölfjährige Erfahrung im wissenschaftlichen Laboratorium für Verbrechensaufklärung (*Scientific Crime Detection Laboratory*) in Chicago. Nach dieser Schätzung ist der Prüfer in der Lage, in 70 von 100 Fällen eine exakte und definitive Täuschungsdiagnose zu stellen. In zwanzig Fällen sind die Aufzeichnungen zu unbestimmt in ihren Angaben, um einem kompetenten und vorsichtigen Prüfer eine definitive Diagnose zu erlauben. Zweifel in solchen Fällen können entweder durch die Unregelmäßigkeit und Schnelligkeit der Reaktionen auf der Aufzeichnung entstehen oder auch durch die allgemeine Reaktionsweise des Befragten. Was die noch verbleibenden zehn Fälle betrifft, so wird selbst der erfahrenste Prüfer hier wahrscheinlich eine eindeutig falsche Diagnose stellen. Die Hauptfehlerquelle ist in diesen Fällen eher darin zu suchen, daß der Prüfer nicht in der Lage ist, die Lüge bei einem Schuldigen zu bemerken, als daß er die Aufzeichnungen bei einem Unschuldigen falsch interpretiert.

Es handelt sich hierbei um eine vorsichtige Schätzung, und es ist hinzuzufügen, daß einige Fachleute in ihren Veröffentlichungen für ihre Methoden eine Richtigkeit von 97, 98 oder 99 Prozent beanspruchen, in manchen Fällen sogar 100 Prozent. Das ist zweifellos übertrieben, und die Enttäuschung, die unausweichlich auf solche übertriebenen Erwartungen folgt, dürfte mit für das Mißtrauen verantwortlich sein, welches den Lügendetektormethoden von einigen Polizeileuten entgegengebracht wird.

Auf den ersten Blick erscheint vielleicht die Richtigkeitsquote, die von kompetenter Seite mit dem Lügendetektor erreicht wird, nicht besonders imponierend. Aber wenn wir die zwanzig Prozent der Fälle, wo die Fachleute zu keiner Entscheidung kommen können, einmal beiseite lassen, so finden wir, daß in sieben von acht Fällen der Experte recht hat bei einem Fehlerbereich von etwa 12 Prozent. Jemandem, der 100 Prozent Richtigkeit fordert – und in der Wissenschaft muß diese Richtigkeitsquote das Ziel sein, wie weit wir in der Praxis auch noch davon entfernt sein mögen –, wird ein Fehlerbereich von 12 Prozent entmutigend hoch erscheinen. Aber wenn er auch der Brauchbarkeit des Lügendetektors Grenzen setzt, so kann man doch sicherlich nicht behaupten, daß er dadurch unbrauchbar würde.

Vor allem gehört zu den wertvollsten Nebenerscheinungen der

Lügendetektormethode, daß sie in Fällen ein Geständnis herbeiführen hilft, wo andere Methoden versagt haben und wo ein beträchtliches Maß an Arbeit erforderlich würde, wenn kein Geständnis vorläge. Für die meisten Verbrecher ist das Erlebnis, mit dem objektiven Beweis ihrer Lüge auf dem Registrierblatt des Polygraphen konfrontiert zu werden, äußerst beunruhigend, und die Erfahrung lehrt, daß es in dieser Situation in sehr vielen Fällen zu einem Geständnis kommt. Tatsächlich wurde in zahllosen Fällen ein Geständnis bereits dadurch erreicht, daß man dem Verdächtigen ankündigte, er hätte sich einem Lügendetektortest zu unterziehen. Es ist häufig vorgekommen, daß Verdächtige ihre Schuld eingestanden haben, während sie darauf warteten, getestet zu werden. Andere wieder haben sofort ein Geständnis abgelegt, nachdem der Versuchsleiter den Test vorbereitet und die Instrumente dafür angebracht hatte.

Auf diese Weise erreichte Geständnisse müssen natürlich noch einmal anhand der objektiven Gegebenheiten überprüft werden. Die meisten Gerichtshöfe würden ein Geständnis allein, sei es mit oder ohne Anwendung des Lügendetektors erreicht worden, nicht als ausreichend ansehen. Aber in einem solchen Geständnis sind meist Einzelheiten enthalten, die es möglich machen, die Behauptungen des Schuldigen objektiv zu verifizieren, und es ist bis jetzt kein Fall bekannt geworden, daß aufgrund der psychologischen Wirkungen des Apparates oder der dabei verwandten Methoden ein falsches Geständnis abgelegt worden wäre. In dieser Hinsicht besteht ein sehr deutlicher Unterschied zwischen den Lügendetektormethoden und der Anwendung des »dritten Grades«, der viele veranlaßt hat, Verbrechen zu gestehen, die sie gar nicht begangen haben, nur um einer unerträglichen Situation zu entrinnen.

Viele stehen auf dem Standpunkt, daß der Lügendetektor in der Praxis hauptsächlich deshalb von Nutzen ist, weil es mit seiner Hilfe möglich ist, Schuldige zum Geständnis ihres Verbrechens zu veranlassen. Selbst wenn bei einer kleinen Anzahl von Fällen Irrtümer vorkommen, so dürfen wir doch nicht übersehen, daß der Lügendetektor selbst dann, wenn es nicht zu einem Geständnis kommt, nützliche Dienste leisten kann. Einen Hinweis auf die Wahrheit zu besitzen ist auch bei einer Zuverlässigkeit von nur 90 Prozent ganz sicher besser, als überhaupt keinen derartigen Hinweis zu haben. In vielen Fällen kann die Polizei aufgrund der Aufzeichnung des Lügendetektors eine Untersuchung abbrechen, weil sich herausgestellt hat, daß die unter Verdacht stehende Person offensichtlich unschuldig ist. In anderen Fällen kann ein Schuldverdacht, wenn er durch die Aufzeichnung des Lügendetektors bekräftigt wird, der Polizei die Möglichkeit geben, ihre Anstrengungen auf die am stärksten Verdächtigen zu konzentrieren. In vielen Fällen können Einzelheiten der Untersuchung der Polizei wichtige Hinweise geben auf die Namen von Komplizen oder den Ort, wo das Geld oder die Mordwaffen versteckt sind, und so weiter. Bei all diesen Fällen ist es natürlich wichtig zu wissen, daß das Urteil sich nicht direkt auf die Aufzeichnung eines Lügendetektors gründen kann. Diese Aufzeichnung ist nur ein Indiz unter anderen, das zur Urteilsfindung mit herangezogen werden kann; es ist ein Beweisstück unter anderen Beweisstücken, von denen keines als unbedingt zuverlässig angesehen werden kann, die aber alle zusammengenommen auf die Schuld oder Unschuld eines bestimmten Verdächtigen hinweisen.

Wer die Anwendung des Lügendetektors deshalb kritisiert, weil er nicht vollkommen verläßlich ist, übersieht, daß alle anderen Methoden, die augenblicklich benutzt werden, um über die Richtigkeit oder Unrichtigkeit der Behauptungen eines Verdächtigen zu entscheiden, mindestens ebenso unzuverlässig, wenn nicht noch unzuverlässiger sind. Die zu stellende Frage lautet nicht, ob eine neue Technik wie die Lügendetektormethode völlig exakt ist, sondern ob sie zuverlässiger ist als andere Methoden, durch die man sie ersetzen könnte, und ob ihre Anwendung die uns heute erreichbaren Erfolgsmöglichkeiten vergrößert oder nicht. Auf der Grundlage solcher Überlegungen besteht kaum ein Zweifel, daß die Lügendetektormethode letzten Endes doch den anderen Methoden überlegen ist.

Zu diesen Erwägungen, die für die Anwendung des Lügendetektors sprechen, kommt noch eine andere hinzu. Die einzige Möglichkeit, noch unvollkommene Techniken zu verbessern, ist das Experimentieren damit und ihre Anwendung. Zu sagen man sollte die Lügendetektormethoden nicht anwenden, weil sie nicht vollkommen verläßlich sind, bedeutet gleichzeitig, daß der einzige Weg, der zu ihrer Verbesserung führen könnte, damit blockiert wird. Bis zu einem gewissen Punkt besteht die Möglichkeit, die Experimente im psychologischen Laboratorium durchzuführen, aber für die praktische Entwicklung einer Technik wie die des Lügendetektors ist ihre Anwendung in der Praxis unumgänglich. Nur durch eine derartige Anwendung in der Praxis kann man die wirksamste und tauglichste Befragungsmethode herausarbeiten. Nur so kann ein kompetentes Bedienungspersonal herangebildet werden, und nur so kann auch die theoretische Forschung auf den aussichtsreichsten Weg geleitet werden.

Zu sagen man solle die Lügendetektormethoden auch bei der Arbeit der Polizei anwenden, ist eine ziemlich vage Empfehlung. Eine solche Technik kann auf viele Arten angewendet werden, und man sollte derartige Empfehlungen in einer präziseren Form geben. Zuvor sollte man sich vielleicht die gegenwärtigen juristischen Untersuchungen ansehen, die sich mit dem Lügendetektor beschäftigen. Ich habe in Großbritannien keine Gerichtsentscheidungen über seine Anwendung finden können, und wir müssen daher wohl auf die Vereinigten Staaten zurückgreifen, wo sich mehrere Gerichte damit beschäftigt haben. Der erste Appellationsgerichtsentscheid über die Zulässigkeit des Lügendetektors als Beweismittel wurde 1923 von einem Bundesgericht erlassen. Bei einem Mordprozeß führte der Angeklagte die Ergebnisse eines Lügendetektors als Beweis an. Die Gründe, weshalb sein Einwand abgelehnt wurde, wurden sehr klar formuliert: »Wann ein wissenschaftliches Prinzip oder eine wissenschaftliche Entdeckung die Grenzlinie zwischen dem experimentellen Stadium und dem Stadium, wo es beweiskräftig wird, genau überschreitet, ist schwer zu definieren. Irgendwo in dieser zwielichtigen Zone muß die Beweiskraft des Prinzips erkannt worden sein, und während die Gerichte viel dazu beitragen, daß das Zeugnis von Fachleuten anerkannt wird, sofern es sich auf ein allgemein anerkanntes wissenschaftliches Prinzip oder eine ebensolche Entdeckung gründet, so muß doch das, woraus man etwas ableiten will, auf dem speziellen Gebiet, dem es angehört, so fest begründet sein, daß es bereits allgemeine Anerkennung gefunden hat. Wir sind der Ansicht, daß der Lügentest, der sich auf den systolischen Blutdruck gründet, bei den physiologischen und psychologischen Autoritäten noch nicht das Ansehen und die wissenschaftliche Anerkennung gefunden hat, die es rechtfertigen würden, daß die Gerichte das Zeugnis von Experten anerkennen, das sich aus der bisher gemachten Entdeckung, Entwicklung und experimentellen Untersuchung ableitet.« In den letzten Jahren sind einige weitere Fälle entschieden worden, bei denen stets die Beweiskraft des Lügendetektors nicht anerkannt wurde. Folglich ist derartiges Beweismaterial zum gegenwärtigen Zeitpunkt in den Vereinigten Staaten praktisch juristisch nicht anerkannt, und man darf mit einiger Sicherheit annehmen, daß die Situation in Großbritannien nicht anders wäre.

Sind diese Entscheidungen nun vernünftig, oder spricht aus ihnen nur die altmodische Einstellung, auf die wir so häufig in traditionellen Bereichen wie der Rechtsprechung stoßen? Auch hier müssen wir wohl dem Experten INBAU zustimmen, dessen Urteil über die Zuverlässigkeit der Lügendetektorresultate wir bereits zitierten. Er zieht aus dem vorliegenden Beweismaterial folgende Schlußfolgerungen:

Es wird allgemein zugegeben, daß unsere gegenwärtigen Rechtsmethoden und -verfahren, die Wahrheit zu ermitteln und Recht zu sprechen, alles andere als vollkommen sind und daß wir deshalb eifrig und unermüdlich nach Änderungen und Verbesserungen Ausschau halten sollten. Gleichzeitig sollten wir jedoch nicht zu hastig alle vorgeschlagenen Neuerungen akzeptieren. Im Falle des Lügendetektors wird sich eine solche vorsichtige Haltung nicht nur zum Besten der Rechtsprechung, sondern letzten Endes auch zum Vorteil der Technik selbst auswirken. Eine verfrühte Anerkennung der Testresultate als juristisch beweiskräftig würde zweifellos zu mannigfaltigem Mißbrauch und zu Justizirrtümern führen, was diese Technik im Bereich von Rechtsprechung und Wissenschaft für immer in Mißkredit bringen würde. Es erscheint deshalb klüger, die weitere Entwicklung und Verbesserung dieser Technik abzuwarten und sie erst dem strengen Test einer echten wissenschaftlichen Prüfung ihrer Richtigkeit und Verläßlichkeit zu unterziehen.

INBAU gründet seine Stellungnahme hauptsächlich auf zwei Argumente. Um zulässig zu sein, muß eine Technik »ein vernünftiges Maß an Genauigkeit in ihren Angaben besitzen«. Die zugegebenermaßen um 10 Prozent liegende Fehlerquote ist nicht höher und in vielen Fällen sogar niedriger als die einiger anderer Arten wissenschaftlicher Beweise, die vor Gericht tatsächlich zugelassen werden. Man sollte sich jedoch vor Augen halten, daß die Ergebnisse eines

Lügendetektortests, wenn sie als juristisch beweiskräftig anerkannt würden, als Beweis eines wichtigen Aspekts des betreffenden Falls, ja sogar der Rechtmäßigkeit des gesamten Anspruchs oder der Behauptung einer der Parteien angeboten und behandelt würden. Mit anderen Worten, eine Entscheidung über die Wahrheit oder Unwahrheit der Antwort auf die Frage: »Haben Sie X erschossen?« würde den Fall bereits endgültig entscheiden. Bei den meisten Arten wissenschaftlicher Beweise ist das anders. Ein Ballistikfachmann könnte beispielsweise vor Gericht bestätigen, daß ein bestimmtes Geschoß aus einem bestimmten Revolver abgefeuert wurde, aber diese Tatsache allein würde den Fall nicht entscheiden. Ganz allgemein gilt, daß ein wissenschaftlicher Beweis einen Fall noch nicht entscheidet, so daß vermutlich kein allzu großes Unrecht geschieht, wenn der Sachverständige sich einmal irrt. Das Ergebnis des Lügendetektors dagegen bezieht sich meist auf den Kern der Sache, und hier wäre ein Fehler äußerst schwerwiegend. Die Worte »ein vernünftiges Maß an Genauigkeit« sind daher im Kontext der Bedeutung der Entscheidung zu interpretieren. Was bei einer geringfügigen Sache ein vernünftiges Maß an Genauigkeit darstellt, könnte ein höchst unvernünftiger Mangel an Genauigkeit sein, wenn es um Leben oder Tod geht. Dies trifft auch auf den Lügendetektortest zu, an dessen Genauigkeit und Richtigkeit eher größere als geringere Ansprüche zu stellen sind als an andere Formen einer wissenschaftlichen Beweisführung.

Was die zweite Voraussetzung für die Zulässigkeit als juristisches Beweismaterial angeht, nämlich die Anerkennung einer Technik in dem wissenschaftlichen Bereich, dem sie angehört, so finden wir, daß die dem Lügendetektor zugrunde liegenden Prinzipien zwar von Physiologen und Psychologen anerkannt werden, daß aber diese spezielle Art der Anwendung der Prinzipien nicht so weitgehend akzeptiert wird. Teilweise beruht das auf Unkenntnis; nur wenige Psychologen und Physiologen haben sich für diese Sache interessiert und sind daher völlig zu Recht nicht bereit, sich für eine Angelegenheit einzusetzen, für die sie selbst nicht als Experten zuständig sind. Außerdem haben die übertriebenen und sensationellen Behauptungen gewisser Lügendetektorfachleute dazu geführt, daß wissenschaftlich eingestellte Forscher gegenüber allen Behauptungen auf diesem Gebiet sehr vorsichtig geworden sind.

Es kommt noch hinzu, daß die gegenwärtig üblichen Lügendetektortechniken in bezug auf ihre Ausrüstung und auf die Vorschriften, wie der Test durchzuführen ist, wie die Aufzeichnungen zu interpretieren sind oder wie kompetente Prüfer auszubilden sind, nicht genügend standardisiert sind. Unter diesen Umständen könnten nicht kompetente oder unredliche Personen sich als »Lügendetektorexperten« ausgeben und für die Partei, für die sie arbeiten, unrichtige oder manipulierte Resultate liefern.

Eine Ausnahme gibt es allerdings für die Zulässigkeit von Lügendetektorergebnissen vor Gericht. Wenn Anklage und Verteidigung sich darüber einig sind, daß solche Ergebnisse als Beweismittel zulässig sind, und wenn sie überdies beide einverstanden sind, daß ein bestimmter Fachmann die Untersuchung durchführt, so wird dieses Beweismittel wenigstens bei einer Anzahl von Untersuchungsgerichten in den Vereinigten Staaten anerkannt. Diese Ausnahme ist aus zwei Gründen gerechtfertigt. Einmal ist anzunehmen, daß, wenn beide streitenden Parteien einschließlich ihrer Anwälte gewillt sind, auf den Lügendetektor zurückzugreifen, der Fall zweifelhaft sein muß, d. h., daß das Beweismaterial auf beiden Seiten nicht überzeugt und keine bestätigenden Indizien liefert. (Unter diese Kategorie fallen oft Sexualverbrechen, weil dabei in den meisten Fällen nur die beiden Betroffenen dabei waren und kaum konkrete Beweise dafür, was sich genau abgespielt hat, zur Verfügung stehen.) Unter solchen Umständen, wo das vorhandene Beweismaterial kaum mehr als Vermutungen zuläßt, führt ein Lügendetektortest zweifellos eher zu einem richtigen Endurteil als die Vermutungen oder der Verdacht von Richter und Geschworenen, die sich auf keine Lügendetektorresultate stützen können. Außerdem ist zu bedenken, daß dort, wo sich beide Parteien bei der Wahl des Testexperten einig sind, dieser sowohl ehrlich als auch kompetent sein dürfte und nicht im Dienst der einen oder der anderen Partei steht.

Der Leser hat vielleicht den Eindruck gewonnen, daß in dem bisher Gesagten ein schreiender Widerspruch enthalten ist. Einerseits haben wir den Standpunkt vertreten, daß die gegenwärtige Praxis, die Ergebnisse des Lügendetektors nicht als juristisch beweiskräftig anzuerkennen, gerechtfertigt sei und daß im Augenblick kein Grund bestehe, diese Einstellung zu ändern; andererseits aber haben wir angeregt, daß die Polizei den Lügendetektor offiziell anwenden sollte. Wie sind diese beiden scheinbar widersprüchlichen Empfehlungen miteinander in Einklang zu bringen? Wir haben die Antwort auf diese Frage tatsächlich bereits gegeben, als wir darauf hinwiesen, daß einer der Hauptvorteile bei der Anwendung des Lügendetektors darin besteht, daß man mit seiner Hilfe Geständnisse in Fällen erreichen kann, wo die üblichen Formen des Polizeiverhörs versagen. Geständnisse, Eingeständnisse und andere mit Hilfe des Lügendetektors gewonnene Beweise sind bei Gericht zulässig und legal, wenigstens in den Vereinigten Staaten. Die rechtliche Zulässigkeit von derartigem Beweismaterial in Großbritannien ist bis jetzt noch nicht untersucht worden, doch dürfte die Lage auch hier nicht viel anders sein als in den Vereinigten Staaten. Eine entsprechende rechtskräftige Entscheidung wurde 1939 vom Obersten Gerichtshof von Pennsylvania in einem Fall gefällt, wo der Angeklagte gestand, einen Mord begangen zu haben. Das Geständnis erfolgte nach Anwendung eines Lügendetektors, und der Rechtsanwalt des Angeklagten erhob Einspruch gegen die Gültigkeit dieses Geständnisses aufgrund der Tatsache, daß die Untersuchungsbeamten zu dem Verdächtigen gesagt hatten: »Uns können Sie zwar anlügen, nicht aber den Apparat.« Der Oberste Gerichtshof von Pennsylvania bestätigte das Urteil des Untersuchungsgerichts, daß das Geständnis gültig sei. Er stellte fest, daß die bloße Verwendung des Apparates es nicht ungültig mache, da zur Erlangung dieses Geständnisses keinerlei Versprechungen, keine Gewalt und keine Drohungen angewandt worden seien. Auch war er nicht der Ansicht, daß der Kommentar der Beamten, daß man den Apparat nicht belügen könne, das Geständnis ungültig mache. Selbst wenn man in dieser Behauptung einen Trick sähe, würde dies allein das Geständnis nicht wertlos machen, da in den Vereinigten Staaten ganz allgemein die gesetzliche Regel gelte, daß auch Geständnisse zulässig seien, die »durch einen Trick oder Kunstgriff, die nicht auf eine Unwahrheit abzielen«, herbeigeführt worden seien.

Ein anderes Argument, welches gelegentlich von Rechtsanwälten zugunsten ihres Mandanten vorgebracht wird, lautet, daß die Anwendung des Lügendetektors eine Praktik des »dritten Grades« darstelle. Dieses Argument erscheint nicht stichhaltig. Die Manschette zur Messung des Blutdrucks verursacht zwar vorübergehend ein leichtes Unbehagen, doch ist dieses viel zu geringfügig, als daß man es in irgendeiner Weise als schmerzhaft bezeichnen könnte. Außerdem ist das Testverfahren nicht derart, daß es jemand dazu veranlassen oder zwingen würde, ein Geständnis abzulegen, nur um eine unerträgliche Situation zu beenden. In diesem Zusammenhang ist interessant, daß es mehrere Fälle gibt, wo der Angeklagte zwar den rigorosen Maßnahmen eines Verhörs dritten Grades widerstand, ohne ein Geständnis abzulegen, dann aber nach einer kurzen Sitzung mit dem Lügendetektor seine Schuld eingestand. Die Anwendung des dritten Grades ist nicht nur unzivilisiert und unmenschlich, sie ist auch nicht effizient, und die Effizienz und Genauigkeit der Verbrechensaufklärung würden beträchtlich erhöht, wenn man sie in Amerika beim Polizeiverhör durch den Lügendetektortest ersetzen würde.

Die Frage, ob es bei einem Verbrecher zulässig ist, Tricks anzuwenden, um ein Geständnis zu erlangen, wirft viele schwierige Rechtsprobleme auf. Es ist keineswegs sicher, ob es überhaupt ein Trick ist, wenn man zu jemand sagt: »Uns können Sie anlügen, nicht aber den Apparat«, denn diese Behauptung ist ja tatsächlich im wesentlichen richtig. Freilich könnte man sie in gewissem Sinn doch als Kniff ansehen, weil sie ja nur dann zutrifft, wenn der Verdächtige auch daran glaubt. Aber wie dem auch sei, viele Menschen, besonders solche mit humanitärer Einstellung und mit hohem religiösem und ethischem Verantwortungsgefühl, haben gegen die Anwendung des Lügendetektors Einwände erhoben, weil sie glauben, daß er die Chancen ein wenig zuungunsten des Angeklagten verschiebt, und weil man sich dabei gewisser Methoden bedient, die vielleicht nicht gerade als Trick zu bezeichnen sind, aber einem solchen doch nahekommen. Dieser Einstellung, die tatsächlich dafür maßgebend war, daß man in Großbritannien bei der Beweisführung bestimmte Vorschriften einführte, die die Polizei zu befolgen hat, kann man nur zustimmen. Sicherzustellen, daß auch ein armer Teufel vollen Schutz vor der Gesellschaft genießt und daß er nicht ungerecht behandelt wird, weil er sich gegenüber den Institutionen, die das Gesetz repräsentieren, nicht behaupten kann, ist eines der wichtigsten Merkmale eines demokratischen Zusammenlebens, das nur wenige zugunsten einer größeren Effizienz aufgeben möchten.

Aber wenn auch der »arme Teufel« vor der Gesellschaft, besonders in ihrer modernen monolithischen Form, geschützt werden muß, so muß doch auch die Gesellschaft vor bösartigen Verbrechern geschützt werden, und man sollte nicht nur mit dem Übeltäter, sondern auch mit seinem tatsächlichen oder potentiellen Opfer Mitgefühl haben. Nehmen wir zum Beispiel den Fall von Jerry Thompson, dessen Sexualmord-Prozeß vor ein paar Jahren großes Aufsehen machte. Thompson hatte zahlreiche Verbrechen von Gewaltanwendung und Vergewaltigung bereits begangen. Im speziellen Fall hatte er sein Opfer in einem Anfall von Leidenschaft gewürgt und niedergeschlagen, wie er das schon bei anderen Mädchen getan hatte. Diesmal jedoch kam sein Opfer nicht schnell genug wieder zu Bewußtsein, und in der Annahme, sie sei tot, warf er sie aus seinem Wagen. Offenbar hat sie aber, als sie aus dem fahrenden Auto geworfen wurde, noch gelebt und ist erst durch den Aufprall ihres Körpers auf die Straße gestorben.

Thompson wurde mit dem Lügendetektor getestet und legte später ein Geständnis ab.* Gewiß wird kaum jemand auf dem Standpunkt stehen, daß der Moral besser Genüge getan worden wäre, wenn man ihn freigelassen und ihm auf diese Weise ermöglicht hätte, noch jahrelang weiter jungen Mädchen Gewalt anzutun, anstatt daß man ihn einem Lügendetektortest unterzog und die Konsequenzen seiner Untat tragen ließ. Es mag das ein extremes Beispiel sein, aber vielleicht korrigiert es unsere sentimentale Neigung ein wenig, in gemeinen und brutalen Mördern im Grunde gutartige arme Teufel zu sehen, die nur niemals eine faire Chance hatten.

Im wesentlichen ist die Lage doch die: Der Lügendetektor ist juristisch gesehen neutral. Seine Wirksamkeit ist heute genügend bekannt, und seine Brauchbarkeit, wenn es gilt, wahre Geständnisse

* Eysenck hat allerdings den Fall Thompson vorher als Beispiel für ein Versagen der Lügendetektormethode angeführt. (Anmerkung des Verlages)

zu erhalten, steht außer Zweifel. Er gehört keineswegs zu den Methoden des »dritten Grades«; er verursacht dem Angeklagten keinerlei Schmerzen; und wenn er versagt, so tut er das nicht, indem er einen Unschuldigen in Verdacht bringt. Sein Versagen besteht höchstens darin, daß er einen Lügner nicht entlarvt. Schließlich schützt er in vielen Fällen den Unschuldigen, den ohne eigene Schuld viele Indizienbeweise belasten, und dessen Unschuldsbeteuerungen durch den Lügendetektor bestätigt werden. Es wäre töricht, würde man derartig bestätigtes Beweismaterial ohne Vorbehalt akzeptieren, ihm den Status eines juristischen Beweises zuerkennen und diese Methode in jedem einzelnen Fall anwenden. Genauso töricht wäre es aber, ihre potentielle Brauchbarkeit abzustreiten und sich zu weigern, sie in sorgfältig ausgewählten Fällen anzuwenden, wo sie sich als besonders brauchbar erweist, und es abzulehnen, sie unter strengen Vorsichtsmaßnahmen dazu zu verwenden, der Sache der Gerechtigkeit zu dienen.

Im Kleinen hat kein anderer als Daniel Defoe die Situation in einem 1730 veröffentlichten Pamphlet behandelt, das den Titel trägt »An Effectual Scheme for the Immediate Prevention of Street Robberies and Suppressing all Other Disorders of the Night« (Ein wirksamer Plan zur sofortigen Verhütung von Raubüberfällen auf der Straße und zur Unterdrückung aller anderen nächtlichen Gesetzwidrigkeiten). Wie aus dem folgenden Zitat zu ersehen ist, hat Defoe nicht nur das Prinzip des modernen Lügendetektors entdeckt, sondern sich auch mit den ethischen Einwänden gegen dessen Anwendung ganz ähnlich, wie moderne Autoren das tun, auseinandergesetzt:

Schuld bringt immer Angst mit sich; es ist ein Zittern und Beben im Blut des Diebs, das ihn, wenn man ihm Beachtung schenkte, verraten würde; und wenn jemand in Verdacht gerät, dann würde ich ihm stets den Puls fühlen und das in der Praxis empfehlen. Anders ist es bei dem Unschuldigen, der sich frei von Schuld fühlt und nichts zu verbergen hat; wenn man bei ihm ruft: *Haltet den Dieb,* dann stürzt er nicht los; oder er versucht nicht, sich aus dem Staube zu machen; und noch weniger zittert und bebt er und wird blaß im Gesicht, und noch weit weniger läuft er davon und versucht zu entkommen.

Freilich gibt es auch so hartgesottene Verbrecher, daß sie uns frech ins Gesicht sehen und selbst ihrem Verfolger verächtlich die Stirn bieten;

aber man fasse sie nur beim Handgelenk und fühle ihren Puls, und man wird ihre Schuld spüren; ein flatterndes Herz, ein ungleichmäßiger Puls, ein plötzliches Herzklopfen – all das wird deutlich bekennen, daß er der Mann ist, trotz seiner frechen Miene und seiner falschen Zunge: Das können sie nicht verbergen; hier versuchen sie vergebens zu täuschen; ein schuldbewußtes Herz wird sich durch einen unregelmäßigen Pulsschlag verraten; die größte Frechheit der Miene kann es nicht verbergen, und genausowenig kann es der feste Entschluß eines hartgesottenen Verbrechers, es zu verbergen und geheimzuhalten: Vielleicht hat man das Experiment noch nicht gemacht, und mancher wird vielleicht auch meinen, es sei nicht fair selbst bei einem Dieb, weil man ihn veranlaßt, wider sich selbst zu zeugen. Aber was das anbetrifft, will ich zu der Untersuchung nur das bemerken: wenn die Justiz damit einverstanden ist, daß ein Mensch auf bloßen Verdacht hin verhaftet wird, falls die Umstände einleuchtend und wohlbegründet sind, so kann es auch nicht ungesetzlich sein, durch einen Kunstgriff, welcher dem Betreffenden an sich nicht schadet, weitere Verdachtsmomente aufzuspüren und zu erkennen, wie eines mit dem anderen Hand in Hand geht.

Es mag stimmen, daß diese Entlarvung anhand des Pulsierens des Blutes keine absolut sichere Gewähr bietet, deshalb sollte sie nicht vor Gericht als Beweis benutzt werden; aber ich bleibe dabei, wenn es richtig und geschickt beobachtet wird, könnte man zulassen, daß es neben anderen Umständen berücksichtigt würde, besonders wenn es zusammen mit anderen triftigen Verdachtsgründen auftritt.

Wenn wir uns in diesem Kapitel so stark auf den Lügendetektor konzentriert und den »Wahrheitsdrogen« bisher nur wenige Worte gewidmet haben, so entspricht dies der Bedeutung dieser beiden Entwicklungen und ihrer zu erwartenden Brauchbarkeit. Der Lügendetektor basiert auf einer gut begründeten wissenschaftlichen Theorie; seine Brauchbarkeit ist bestätigt, und einwandfreie wissenschaftliche Untersuchungen haben seinen Wert bekräftigt. Die Wahrheitsdrogen dagegen gehören in eine völlig andere Kategorie. Ihr Wert ist äußerst problematisch; ihre Anwendung gründet sich auf keine wohldurchdachte wissenschaftliche Theorie. Nur was ihre lange Geschichte betrifft, die bis in primitive Zeiten zurückreicht, weisen sie eine gewisse Ähnlichkeit mit dem Lügendetektor auf. Schon den alten Römern war wohlbekannt, daß alkoholische Getränke die Menschen geneigt machen, Dinge zu enthüllen, die sie lieber für sich behalten hätten, und das Sprichwort *In vino veritas* findet sich mit entsprechenden Abwandlungen in allen Kultursprachen.

Die modernen Wahrheitsdrogen sind insofern dem Alkohol ähnlich, als sie die Aktivität der höheren Gehirnzentren herabsetzen und hierdurch die niedrigeren Zentren vorübergehend ohne Kontrolle lassen. In diesen unbeaufsichtigten Augenblicken, wenn der stets wachsame Zensor sozusagen unter Drogenwirkung steht, können dem Betreffenden gewisse Aussagen entschlüpfen, die er sonst streng für sich behalten hätte. Freilich ist es schwer, das richtige Maß zu treffen. Ein wenig zuviel, und die niedrigen Zentren werden gleichfalls gelähmt, und der Betreffende schläft ein; etwas zuwenig, und die höheren Regionen nehmen ihre Aufsichtsfunktion wieder auf, und wenig Brauchbares wird offenbart. Selbst wenn zufällig das richtige Maß erreicht wird und die Bedingungen optimal sind, bleibt es zweifelhaft, ob wirklich die Wahrheit enthüllt wird. Mit anderen Worten, jemand, der sich einer bestimmten Sache bewußt ist und starke Gründe hat, dieses Wissen nicht zu offenbaren, könnte mit Hilfe einer der uns heute zur Verfügung stehenden sogenannten Wahrheitsdrogen nicht dazu gebracht werden, es preiszugeben. Das zeigte sich auf eindrucksvolle Weise bei einem Experiment, das mit einer Reihe von normalen und neurotischen Personen durchgeführt wurde. Man erzählte ihnen eine Geschichte und sagte, sie dürften der Person, die gleich hereinkommen und sie ausfragen würde, nichts davon sagen. Es wurden Injektionen von Pentothal (einer Wahrheitsdroge) gegeben, und man versuchte, Einzelheiten der Geschichte aus den Versuchspersonen herauszuholen. Der Versuch mißlang. Die normalen Versuchspersonen gaben überhaupt keine Informationen weiter; die neurotischen plauderten einiges aus, aber sie brachten so viel hinein, was der eigenen Phantasie entsprang, daß es völlig unmöglich war, aus ihrem Geschwätz die Wahrheit zu rekonstruieren. Alles in allem gibt es keinen schlüssigen Beweis dafür, daß man mit Hilfe von Drogen, wie sie heute der medizinischen Wissenschaft bekannt sind, jemand von seinem bewußten Entschluß, etwas zu verheimlichen, abbringen kann. Die Möglichkeit, daß gewissen östlichen Regierungen uns unbekannte geheime Drogen zur Verfügung stehen, ist natürlich nicht auszuschließen, doch müßte man schon sehr leichtgläubig sein, wenn man ohne vorliegende Beweise derartige Hypothesen wirklich ernst nehmen wollte.

Eine Anwendungsmöglichkeit gibt es allerdings für diese sogenannten Wahrheitsdrogen, die immerhin zu erwägen ist. Neurotische Patienten sind sich oft gewisser Ereignisse aus ihrer Vergangenheit nicht mehr bewußt, und solche Ereignisse sind häufig emotional stark belastet und stehen in enger Beziehung zu der speziellen Störung, an welcher der Patient leidet. So kann bei einem Soldaten, der an einer hysterischen Lähmung leidet, dieses Symptom eine unmittelbare Folge davon sein, daß er bei einer Granatexplosion verschüttet wurde. Es kann sein, daß er diese Episode vollkommen vergessen hat und sich überhaupt nicht mehr daran erinnern kann. Befragt man ihn, während er unter der Einwirkung einer Wahrheitsdroge steht, so kommt es häufig vor, daß ihm nicht nur dieses Ereignis wieder einfällt, sondern daß er es tatsächlich noch einmal durchlebt: daß er sich in einer Ecke des Zimmers zusammenkauert, vor Angst laut schreit und schließlich bewußtlos wird. Welchen therapeutischen Nutzen derartige Drogen haben, wenn sie Vergessenes wieder ins Bewußtsein holen, ist schwer zu sagen, doch besteht kein Zweifel, daß unter derartigen Bedingungen tatsächlich Erlebnisse, an die sich der Betreffende in normalem Zustand nicht mehr erinnern konnte, so geschildert wurden, wie sie sich wirklich abgespielt hatten.

Ein Beispiel möge den Unterschied veranschaulichen zwischen der Wiederfindung verdrängten Materials dieser Art, das dem Betreffenden selbst nicht mehr bewußt war, und der Aufdeckung bestimmter Tatsachen, die er genau wußte, aber nicht offenbaren wollte. Während des Krieges wurde ein Soldat mittleren Alters, der in London ziellos herumlief, von der Militärpolizei aufgegriffen. Er behauptete, unter einer fast vollkommenen Amnesie zu leiden, konnte sich nicht an seinen Namen und seine Ziviladresse erinnern und wußte praktisch überhaupt keine Angaben über seine persönlichen Verhältnisse zu machen. Er trug keine Erkennungsmarke bei sich, und es erwies sich als unmöglich, seine Identität festzustellen. Auch nach einer Injektion von Pentothal konnte er sich an nichts erinnern, was die Sache verdächtig erscheinen ließ, da zu erwarten gewesen wäre, daß eine echte neurotische Amnesie sich unter dem Einfluß der Droge wenigstens etwas aufgelöst hätte. Er verliebte sich um die gleiche Zeit in eine junge Patientin in der

Klinik, und sie wollten heiraten, als er eines Tages in der Hauptstraße der betreffenden Stadt eine Frau mit sieben Kindern traf, die behauptete, sie sei seine Ehefrau, und ihn nicht in die Klinik zurücklassen wollte. Ihre Behauptung erwies sich als wahr, und nach einigen Verhören gab der Mann schließlich zu, daß er sich die ganze Geschichte mit der Amnesie nur ausgedacht habe, um seine Frau loszuwerden.

Vom Standpunkt eines Polizeiverhörs aus, bei dem versucht wird, die Wahrheit aus jemand herauszuholen, der entschlossen ist, sie nicht preiszugeben, sind die Wahrheitsdrogen nur von geringem Wert. Es ist möglich, wenn auch nicht sehr wahrscheinlich, daß in naher Zukunft neue Entdeckungen die Situation verbessern könnten. Bis wir mehr über die physiologischen Grundlagen der Wirkung dieser Drogen wissen, ist es zweifelhaft, ob Experimente auf diesem Gebiet wirklich Erfolg versprechen. Natürlich bestehen Möglichkeiten, Wahrheitsdrogen mit Lügendetektortechniken zu kombinieren, aber leider haben die Wahrheitsdrogen einen direkten Einfluß auf das vegetative Nervensystem, so daß sie einem reibungslosen Ablauf der Lügendetektortechnik entgegenwirken. Im Augenblick wenigstens müssen wir den Gedanken an eine »Wahrheitsdroge«, die diesen Namen wirklich verdient hätte, fallenlassen und uns lieber für alle praktischen Zwecke auf die Weiterentwicklung des Lügendetektors konzentrieren.

## 3. *Telepathie und Hellsehen*

Nach T. H. Huxley haben neue Wahrheiten im allgemeinen das Schicksal, als Ketzerei zu beginnen und als Aberglauben zu enden. Wenn auch viele Menschen nicht bereit sein werden, parapsychologische Phänomene in irgendeinem Sinn als »Wahrheiten« anzusehen, so haben diese Phänomene doch ganz sicher als Aberglauben ihren Anfang genommen, und an sie zu glauben wird heute in wissenschaftlichen Kreisen als Ketzerei betrachtet. Es geht auch hier so wie auf vielen anderen Gebieten: Telepathie und Hellsehen scheinen es darauf angelegt zu haben, den üblichen, allgemein anerkannten und verständlichen Lauf der Dinge auf den Kopf zu stellen.

Phänomene wie die, mit denen sich die Parapsychologie beschäftigt, sind seit vielen tausend Jahren bekannt. Dazu gehören Erscheinungen wie Vorahnungen, über glühende Kohlen laufen, Wünschelrutengehen, Spukhäuser, Poltergeister, Auferstandene und telepathische Botschaften. Die *Society for Psychical Research* (Gesellschaft für Parapsychologie) bezeichnet in einer offiziellen Darlegung als ihr Ziel: »Ohne Vorurteil oder Voreingenommenheit und im wissenschaftlichen Geist jene realen oder vermuteten Fähigkeiten des Menschen zu untersuchen, die mit einer allgemein anerkannten Hypothese nicht zu erklären zu sein scheinen.« Diese Definition geht etwas zu weit. Wir besitzen keine allgemein anerkannte Hypothese, die die offenkundige Interaktion von Geist und Materie in einem einfachen Bewußtseinsakt erklären könnte, und es gibt auch keine offizielle Hypothese, die es ermöglicht, das Phänomen der Hypnose oder des Gedächtnisses zu erklären. Trotzdem gehören Bewußtsein, Hypnose und Gedächtnis im allgemeinen nicht zum parapsychologischen Forschungsbereich.

Wir wollen hier nicht versuchen, eine allgemeine Definition der parapsychologischen Phänomene zu geben, wir wollen nur auf das Wesen der Erscheinungen hinweisen, die wir in diesem Kapitel behandeln. Man faßt sie oft unter der allgemeinen Bezeichnung »Außersinnliche Wahrnehmung«, abgekürzt ASW (englisch kurz ESP = extra-sensory perception), zusammen. Hierunter versteht man die Möglichkeit, Kenntnisse auch durch andere Kanäle als durch unsere fünf Sinne zu erwerben. Hellsehen und Telepathie gelten als die beiden Hauptarten der außersinnlichen Wahrnehmung. Von Hellsehen spricht man, wenn jemand etwas wahrnimmt, was ganz oder teilweise mit dem sinnlichen Eindruck eines vergangenen, gegenwärtigen oder zukünftigen physikalischen Gegenstandes oder Ereignisses übereinstimmt, aber es auf solche Weise wahrnimmt, daß die beobachtete Übereinstimmung nicht mit einer sinnlichen Wahrnehmung oder mit einer aus einer sinnlichen Wahrnehmung hergeleiteten Schlußfolgerung oder mit einem zufälligen Zusammentreffen erklärt werden kann. Eine zusätzliche Bedingung, auf deren Notwendigkeit wir noch näher eingehen werden, besteht darin, daß dieser physikalische Gegenstand oder das Ereignis zu keinem Zeitpunkt von irgend jemand bereits vorher wahrgenommen wurde. (Diese zusätzliche Forderung könnte den Eindruck erwecken, daß es ziemlich unmöglich ist festzustellen, ob es sich tatsächlich um Hellsehen handelt, doch werden wir noch sehen, daß man es durch raffinierte experimentelle Methoden verstanden hat, mit diesen scheinbaren Schwierigkeiten fertig zu werden.)

Man nimmt Telepathie an, wenn jemand auf Gedanken oder Vorstellungen kommt, die ganz oder teilweise den vergangenen, gegenwärtigen oder künftigen Gedanken oder Vorstellungen einer anderen lebenden oder toten Person entsprechen, und wenn dies unter solchen Umständen geschieht, daß diese Korrespondenz nicht mit einer sinnlichen Wahrnehmung oder mit einer auf einer sinnlichen Wahrnehmung beruhenden Schlußfolgerung oder mit einem zufälligen Zusammentreffen zu erklären ist. Eine weitere Bedingung lautet, daß die Möglichkeit, daß es sich dabei um Hellsehen handelt, auszuschließen ist. Bei den allermeisten Berichten ist es nicht möglich zu entscheiden, ob die angeblich beobachtete außersinnliche Wahrnehmung auf Telepathie oder auf Hellsehen beruht, weil die Tatsachen – wenn wir sie im Augenblick einmal als solche gelten lassen – mit beiden Begriffen gleich leicht zu erklären sind. Deshalb werden wir uns im folgenden meist ganz allgemein mit der »Fähigkeit zur außersinnlichen Wahrnehmung« beschäftigen und dabei nicht zwischen Hellsehen und Telepathie unterscheiden. Es gibt jedoch ein oder zwei Spezialuntersuchungen, die versuchen, diese beiden Fähigkeiten streng auseinanderzuhalten; wir werden zu gegebener Zeit noch auf diese zurückkommen.

Auch mit einem anderen Phänomen wollen wir uns kurz befassen, nämlich mit der sogenannten psychokinetischen Fähigkeit oder Begabung, die oft kurz als PK-Effekt bezeichnet wird. Während Telepathie und Hellsehen von alters her von Zauberern, Medien und Medizinmännern für sich beansprucht wurden, geht die Psychokinese auf Poltergeister und Spieler zurück, die glauben, mit ihrem Willen die Art und Weise, wie der Würfel fällt, beeinflussen zu können. Gegenstand psychokinetischer Untersuchungen ist die angebliche Fähigkeit bestimmter Menschen, das Verhalten physikalischer Gegenstände zu beeinflussen, ohne daß dabei Energie in einer bisher bekannten Form aufgewandt wird. Und wenn wir auch nur wenig über dieses Phänomen wissen, so sollten wir es doch in einem Kapitel wie diesem nicht ganz übergehen.

Die Idee, derartige Behauptungen untersuchen zu wollen, wird vielleicht manchem widerstreben, widerspricht doch schon allein die Möglichkeit einer außersinnlichen Wahrnehmung oder der Psychokinese der Logik unserer modernen Wissenschaft. Und viele lehnen es bereits ab, sich die Beweise, die man für diese angeblichen Fähigkeiten vorgebracht hat, auch nur näher anzusehen. Viele Laien haben vom Wissenschaftler die stereotype Vorstellung, daß es sich bei ihm um eine von allen menschlichen Schwächen freie, völlig objektive und rational eingestellte Person handle, die sich nur mit Tatsachen beschäftigt und deren Urteil nicht von Emotionen und Gefühlen getrübt ist. Leider stimmt dieses Bild kaum. Wissenschaftler sind – besonders wenn sie ihr Spezialgebiet verlassen – genauso mittelmäßig, stur und unvernünftig wie alle anderen Personen, und ihre überdurchschnittliche Intelligenz macht ihre Vorurteile nur noch gefährlicher, weil sie ihnen die Möglichkeit gibt, diese hinter einem zungenfertigen, hochtrabenden Redefluß zu verbergen. Solchen Tiraden werden wir bei unserer Untersuchung noch des öfteren begegnen.

Wie ist es zu derartigen Forschungen gekommen, könnte man fragen. Die Antwort lautet, daß sie ganz ähnlich wie alle übrigen wissenschaftlichen Forschungen entstanden sind. Nachdem Jahrtausende lang immer wieder über besondere Phänomene berichtet worden war, fing man an, gewisse dabei auftauchende Probleme zur Sprache zu bringen. Auf den ersten Blick scheinen diese Phänomene bestimmten weitverbreiteten Ansichten zu widersprechen, dennoch fällt es schwer, sie einfach als Zufall, Irrtum oder Betrug abzutun. Mit anderen Worten, wir stehen hier vor einem Problem, und zwar vor einem besonders wichtigen und interessanten, weil es an die Wurzel unseres modernen wissenschaftlichen Weltbildes rührt. Kein Wunder also, daß aufgeschlossene Forscher damit begonnen haben, auch dieses Gebiet mit wissenschaftlichen Methoden anzugehen, um etwas Licht auf diese interessanten und unwahrscheinlichen Vorgänge zu werfen.

Betrachten wir kurz einige wohlbekannte Beispiele aus alter und neuer Zeit, die uns zeigen, welcher Art die Phänomene sind, die dieses Interesse erregten. Der heilige AUGUSTINUS, der doch als recht vertrauenswürdiger Zeuge gelten kann, berichtet, daß einer seiner Schüler den ALBICERIUS, der als Medium und Weissager in Karthago lebte, gefragt habe, was er (der Schüler) gerade denke. ALBICERIUS erwiderte, der Schüler denke an einen Vers des VIRGIL, und konnte diesen zitieren, obwohl er wenig Bildung besaß. Wenn ALBICERIUS tatsächlich wahrnehmen konnte, was im Kopf eines anderen Menschen vorging, so würde das darauf hindeuten, daß es Telepathie wirklich gibt, obwohl es natürlich auch einleuchtendere Erklärungen für diesen Fall geben könnte.

Ein weiteres Beispiel ist der Fall der SOSIPATRA, einer Philosophin im alten Griechenland, die eine Vorlesung, die sie gerade hielt, unterbrach, um in allen Einzelheiten einen Unfall zu beschreiben, den ihr Verwandter PHILOMETOR in diesem Augenblick erlitt, als er viele Meilen entfernt mit seinem Wagen unterwegs war. Ihre Schilderung scheint nahezu in allen Einzelheiten richtig gewesen zu sein, und auch hier ist Hellsehen oder Telepathie die nächstliegende, wenn auch natürlich nicht die einzig mögliche Erklärung. Besser bekannt als diese beiden Geschichten dürfte der Bericht HERODOTS über den König KRÖSUS sein. Dieser wollte mit Hilfe eines Mediums etwas über die Stärke seiner Feinde erfahren. Da er auf Experimente etwas gab, beschloß er zunächst herauszubekommen, welches der vielen Orakel das zuverlässigste war. So schickte er seine Boten zu den sieben berühmtesten Orakeln und trug ihnen auf, ihre Besuche alle am gleichen Tag zu machen und allen Orakeln die gleiche Frage zu stellen: »Was tut der König von Lydien in diesem Augenblick?« Als dieser Tag kam, tat der König das Unwahrscheinlichste, was er sich ausdenken konnte. Er zerlegte eine Schildkröte und ein Lamm und kochte beides in einem Messingkessel. Nur das berühmte Orakel von Delphi konnte die richtige Antwort geben. Als der König dann dort nachfragte, was geschehen würde, wenn er die Perser angriffe, erhielt er die Antwort: »Dann würde ein mächtiges Reich zerstört.« Er sah darin eine Ermutigung, und die Weissagung ging auch in Erfüllung – nur wurde sein eigenes Reich zerstört. Hier braucht man kaum die außersinnliche Wahrnehmung zur Erklärung der präkognitiven Fähigkeiten des Orakels heranzuziehen, denn im Krieg muß ja die eine oder die andere Seite gewinnen – allerdings ist schon schwerer zu erklären, wie das Orakel erraten konnte, was der König getan hatte.

Natürlich besteht die Möglichkeit, daß viele Einzelheiten durch Gerüchte und durch das ständige Weitererzählen hinzukamen, die das Ganze noch wunderbarer erscheinen lassen, als es zu Anfang vielleicht gewesen ist, und es ist auch kaum möglich, Zufall und Manipulation ganz auszuschließen. Schwerer wäre es schon, gewisse derartige Ereignisse aus unserer Zeit so deuten zu wollen. Da haben wir zum Beispiel eine Geschichte, die der südafrikanische Psychiater Dr. J. F. Laubscher berichtet. Er beschreibt, wie er sich mit einem eingeborenen Medizinmann anfreundete, von dem es hieß, er besäße ASW-Fähigkeiten. Eines Tages vergrub Laubscher, ohne jemand etwas davon zu sagen, einen billigen Geldbeutel im Boden und fuhr dann mit seinem Wagen zu dem etwa 80 Kilometer entfernten Kral des Medizinmanns. Bei einem Zaubertanz konnte dieser den vergrabenen Gegenstand in allen Einzelheiten richtig beschreiben, und zwar bis auf die Farbe des Einwickelpapiers sowie den Ort, wo er vergraben war.

Natürlich kann man derartige Geschichten, so wunderbar sie sein mögen, nicht als Beweis werten. Ihre Erklärung ist problematisch, und kein Wissenschaftler würde ihre Beweiskraft überschätzen. Sie enthalten zu viele ungeprüfte Angaben, weshalb man sie besser nicht allzu ernst nimmt. Allerdings haben sich nach der Gründung der *Society for Psychical Research* in London im Jahre 1882 die

Forscher mehrere Jahre lang hauptsächlich damit beschäftigt, Berichte dieser Art zu sammeln und Fälle von parapsychologischen Phänomenen, die ihnen berichtet wurden, gründlich zu untersuchen. So interessant diese frühen Forschungsarbeiten sein mögen, sie erfüllen nicht die Bedingungen einer wissenschaftlichen Beweisführung. Sie widmen dem Zeugnis der betreffenden Personen zuviel Interesse und erkennen allzu bereitwillig relativ ungeprüfte Umstände an. Leider aber sind menschliche Zeugnisse so unzuverlässig, und der Mensch neigt als Beobachter so sehr zu Ungenauigkeiten und regelrechten Verfälschungen, daß Berichte von Leuten, denen zur Beobachtung nur ihre Sinne zur Verfügung standen, wenig glaubwürdig sind. Daß dieses Urteil nicht zu streng ist, hat sich bei zahlreichen experimentellen Untersuchungen erwiesen. Diese betrafen zwar meist die Fragwürdigkeit von Zeugenaussagen vor Gericht, doch gelten ihre Resultate auch für unser Gebiet. Gewöhnlich ist bei solchen Experimenten eine Gruppe von Studenten versammelt, der eine Vorlesung über die Ungenauigkeit von Zeugenaussagen gehalten wird, worauf ihnen ein kompliziertes, aufregendes Ereignis vorgeführt wird. Zum Beispiel dringt jemand in den Saal ein, fuchtelt mit einem Revolver herum, droht den Vortragenden zu erschießen und wird schließlich von zwei Studenten aus dem Saal geschleppt. Nun werden die Zuhörer aufgefordert, das Erlebte niederzuschreiben, und wer an derartigen Experimenten noch nicht teilgenommen hat, wird es kaum für möglich halten, wie unterschiedlich diese Berichte ausfallen. Der Revolver wird zum Messer, zur Pistole oder zum Stock. Aus dem Eindringling wird eine Frau, ein alter Mann mit Bart, ein Neger, ein Wahnsinniger. Seine Worte werden völlig verdreht, und in den Berichten läuft er entweder selber davon, oder er wird von Dutzenden von Studenten aus dem Saal gejagt.

Ein gutes Beispiel, wie man die Zuverlässigkeit von Berichten überprüfen kann, ist ein Versuch, über den S. J. Davey berichtet. Er interessierte sich für die bei spiritistischen Sitzungen berichteten Phänomene und erzeugte einige bei den heutigen Medien beliebte Erscheinungen, wobei er sich ganz einfacher Taschenspielertricks bediente. Dann forderte er die Anwesenden auf niederzuschreiben, was sie gesehen hatten, und diese Berichte wurden anschließend mit dem verglichen, was sich tatsächlich ereignet hatte. Der Bericht eines Augenzeugen dieser Sitzung lautete: »Als ich ins Zimmer kam, wo die Sitzung stattfand, wurde jedes Möbelstück untersucht, und Herr Davey drehte seine Taschen um. Die Tür wurde verschlossen und versiegelt, das Gaslicht wurde ausgedreht, und alle setzten sich um den Tisch und faßten sich bei den Händen, einschließlich Herr Davey. Eine Spieldose spielte auf dem Tisch und glitt darauf herum. Man hörte Klopfzeichen, und helles Licht leuchtete auf. Der Kopf einer Frau tauchte auf, kam näher und entmaterialisierte sich. Die Halbfigur eines Mannes erschien wenige Sekunden später. Er verbeugte sich und verschwand dann mit einem schnarrenden Geräusch durch die Zimmerdecke.«

Eine andere Zeugin beschrieb ebenfalls, wie das Zimmer durchsucht und die Tür versiegelt wurde und wie das Medium und die übrigen Teilnehmer um den Tisch verteilt waren. Sie behauptete, der grell beleuchtete Kopf einer Frau sei aufgetaucht, und dann sei ein bärtiger Mann erschienen, der in einem Buch las und anschließend durch die Zimmerdecke verschwand. Die ganze Zeit über hätten die, die neben Herrn Davey saßen, seine Hände festgehalten, und als das Licht wieder angezündet worden wäre, sei die Tür immer noch verschlossen und versiegelt gewesen.

Noch sensationeller war der Bericht eines dritten Augenzeugen: »Nichts war vorbereitet, und die Sitzung fand ganz beiläufig statt.« Nachdem er das Verschließen und Verkleben der Tür beschrieben hatte, berichtete er weiter, eine feuchtkalte Hand habe ihn berührt, und er habe Klopfzeichen gehört. Dann habe er ein bläulich-weißes Licht gesehen, das über den Köpfen der Teilnehmer schwebte und sich allmählich in eine Erscheinung verwandelte, die »schrecklich in ihrer Häßlichkeit, aber so deutlich war, daß jeder sie sehen konnte ... Ihre Gesichtszüge waren klar zu erkennen ... Sie hatte eine Art Kapuze auf dem Kopf, und das Ganze ähnelte dem Kopf einer Mumie.« Danach erschien ein noch wunderbarerer Geist. Es begann mit einem Lichtstreifen und entwickelte sich nach und nach zu einem bärtigen Mann von orientalischem Aussehen. Sein Blick war steinern und starr, und seine Augen hatten einen leeren, matten Ausdruck. Am Ende der Sitzung war die Tür immer noch verschlossen, und der Klebestreifen war unbeschädigt.

Soviel über die Berichte. Jetzt zur Wirklichkeit. Die Sitzung fand keineswegs beiläufig statt, sondern war sorgfältig geprobt worden. Zu Anfang tat Herr DAVEY so, als ob er die Tür verschließen würde, drehte aber den Schlüssel wieder zurück, so daß die Tür in Wirklichkeit unverschlossen war. Die Requisiten für die Materialisation waren in einem Schrank unter dem Bücherregal versteckt; dieser wurde von den Augenzeugen, die den Raum durchsuchten, nicht gesehen, weil Herr DAVEY, als sie im Begriff waren hineinzuschauen, ihre Aufmerksamkeit dadurch ablenkte, daß er seine Taschen leerte, um ihnen zu beweisen, daß nichts darin versteckt war. Die Erscheinungen erzeugte ein eingeweihter Assistent, der, nachdem man das Licht ausgemacht hatte und die Spieldose so laut spielte, daß man ihn nicht hörte, durch die unverschlossene Tür hereinkam. Die »Erscheinung von schrecklicher Häßlichkeit« war eine mit Musselin drapierte Maske mit einem Kragen aus Karton, der mit Leuchtfarbe angestrichen war. Der zweite Geist war der Assistent selbst, der sich auf die Lehne von Herrn DAVEYS Sessel stellte, während sein Gesicht von einem phosphoreszierenden Licht schwach beleuchtet war, das von den Seiten des Buches ausging, das er in der Hand hielt. Das schnarrende Geräusch, das zu hören war, als der Geist durch die Decke zu entweichen schien, entstand versehentlich, wurde aber von den Zeugen so interpretiert, wie es in ihre Auffassung von den Ereignissen hineinpaßte. Als das Licht wieder angezündet wurde, war der Klebestreifen, mit dem die Tür »versiegelt« worden war, abgefallen, aber Herr DAVEY drückte ihn wieder an der Tür fest und machte dann die Zeugen darauf aufmerksam, daß er »noch unberührt« war. Herrn DAVEYS Vorführungen waren so überzeugend, daß einige renommierte Forscher, darunter der Biologe A. R. WALLACE, sich weigerten, ihm zu glauben, als er sagte, er besitze keinerlei mediale Kräfte und alles sei reine Taschenspielerei gewesen. Man forderte den Geisterbeschwörer sogar auf zu beweisen, daß er *kein* Medium wäre!

Neuerdings liegen Berichte über andere Versuche ähnlicher Art vor, die alle darin übereinstimmen, daß menschliche Zeugenaussagen ohne sorgfältige Kontrollen als Beweismittel völlig unbrauchbar sind. Diese Behauptung wird für jemand, der einmal einen guten Taschenspieler auf der Bühne bei der Arbeit gesehen hat, kaum erstaunlich sein. Nur weniges, was sich auf spiritistischen Sitzungen ereignet, ist wunderbarer als das, was auf hell erleuchteter Bühne vor Tausenden von Zuschauern geschieht. Ein paar Stunden Unterweisung in den elementaren Zaubertricks sollten jeden einigermaßen dafür Geeigneten in die Lage versetzen, fast alle bei spiritistischen Sitzungen erlebten angeblich parapsychologischen Erscheinungen ebenfalls zu erzeugen.

Es ist mit Nachdruck hervorzuheben, daß die Zeugen, die bei diesen Experimenten an der Nase herumgeführt wurden, keineswegs besonders törichte oder leichtgläubige Personen waren. Es ist höchst zweifelhaft, ob unter derartigen Umständen selbst der hervorragendste Wissenschaftler einen korrekten Bericht geliefert hätte. In der Wissenschaft gilt ganz allgemein die Regel, daß man zur Ergänzung der menschlichen Beobachtungen Instrumente braucht und daß eine jahrelange Übung in ihrem Gebrauch erforderlich ist, bevor man annehmen kann, daß die Berichte über das, was sich während eines Experiments ereignet hat, tatsächlich der Wahrheit entsprechen. Die Auffassung, daß parapsychologische Erscheinungen ohne diese Vorkehrungen erforscht werden könnten, ist leicht absurd, da – wenn überhaupt irgendwo – die Begleitumstände solcher Beobachtungen (Dunkelheit, Erregtheit usw.) Sicherheitsvorkehrungen nur noch notwendiger machen als unter normalen Bedingungen.

Eine andere Schwierigkeit, die berücksichtigt werden muß, ist, daß, selbst wenn ein hochintelligenter und offensichtlich vertrauenswürdiger Zeuge über seine eigenen Erlebnisse berichtet, sein Bericht unter Umständen erheblich von der Wahrheit abweicht. Ein gutes Beispiel dafür ist der Fall des Sir Edmund Hornby, des obersten Richters am *Supreme Consular Court of China and Japan* (Oberstes Konsulargericht von China und Japan). In seinem 1884 von der *Society of Psychical Research* veröffentlichten Bericht teilte er mit, daß ein gewisser Zeitungsredakteur und Reporter abends bei ihm zu Hause vorzusprechen pflegte, um seine schriftlichen Urteile vom gleichen Tag abzuholen, so daß er sie in der nächsten Morgenzeitung abdrucken konnte. Eines Nachts wurde Sir Edmund durch ein Klopfen an der Tür geweckt, und herein kam der Reporter. Er sah totenbleich aus, trat an das Fußende des Betts und flehte Sir Edmund zwar höflich, aber mit verzweifelter

Eindringlichkeit an, ihm mündlich eine Zusammenfassung seiner Urteile zu geben. Sir Edmund entsprach seiner Bitte, und der Reporter dankte ihm und verließ das Zimmer. Sir Edmund sah auf die Uhr, die halb zwei anzeigte. Lady Hornby wachte auf, und er teilte ihr mit, was vorgefallen war.

Am folgenden Tag erfuhr Sir Edmund, daß der Reporter in der Nacht gestorben war. Man hatte ihn um Viertel vor eins noch schreiben sehen, und um halb zwei fand seine Frau ihn tot. Neben ihm lag sein Stenogrammblock, und die letzte Notiz darauf war die Überschrift für die Urteile. Offensichtlich war er einem Herzanfall erlegen, und es war absolut unmöglich, daß er während der Nacht seine Wohnung verlassen hatte.

Auch hier haben wir eine höchst eindrucksvolle Geschichte, die von einem durchaus einwandfreien Zeugen berichtet wurde. Dennoch stellte sich später heraus, daß der Redakteur erst zwischen acht und neun Uhr am Morgen eines Tages gestorben war, nach einem Tag, an dem kein Urteil gefällt worden war, und zwar drei Monate, bevor Sir Edmund geheiratet hatte. Als Sir Edmund diese Tatsachen erfuhr, die sich als unwiderlegbar herausstellten, räumte er ein, daß sein Gedächtnis ihm einen ungewöhnlichen Streich gespielt haben mußte. Es ist unwahrscheinlich, daß er die Geschichte erfunden und die Erlaubnis zu ihrer Veröffentlichung gegeben hat und dabei die ganze Zeit wußte, daß sie falsch war und daß das leicht herauskommen konnte. Wahrscheinlicher ist, daß ihm der tote Reporter im Traum erschien und daß er die erstaunlichen Einzelheiten nach und nach hinzugefügt hat, bis seine Erinnerung an das Erlebnis sich schließlich völlig gewandelt hatte. Zu einer derartigen Verfälschung einer Erinnerung kann es leicht kommen, wenn diese sich auf eine stark emotionsgeladene Szene bezieht, und es ist auch hier nicht anzunehmen, daß Sir Edmund in irgendeiner Weise anders reagierte, als andere Leute unter diesen Umständen reagiert haben könnten. Das Zeugnis eines einzelnen, und mag er eine noch so große Autorität sein, kann nie als alleiniger Beweis für ein parapsychologisches Erlebnis anerkannt werden.

Sollten wir demnach alle diese früheren Berichte über Medien, spiritistische Sitzungen und Demonstrationen von Telepathie und

Hellsehen verwerfen? Die Antwort lautet, daß die meisten dieser Berichte zwar eindrucksvoll sind, jedoch niemals einen Skeptiker überzeugen dürften, und daß ein Wissenschaftler auf einem so neuen Gebiet wie diesem per definitionem die Rolle eines Skeptikers übernehmen muß. Wenn eine alternative Erklärung für eine außersinnliche Wahrnehmung möglich ist, so ist diese Erklärung, so unwahrscheinlich sie auch sein mag, zu übernehmen. Daher kann der Forscher, solange die Möglichkeit eines Betrugs, einer Taschenspielerei, einer Verdunklung, eines Zufalls, einer Gedächtnistäuschung oder dergleichen besteht, derartige ihm berichtete Ereignisse zwar interessant finden und sich dadurch zu neuen Hypothesen anregen lassen, doch sollte er sie unter keinen Umständen als Beweis für das Vorhandensein von Telepathie oder Hellsehen betrachten.

Es gibt allerdings einige Vorfälle, die ziemlich schwer hinwegzudiskutieren sind, selbst wenn man noch so skeptisch ist. Nehmen wir beispielsweise den Fall der Frau Piper, einer jungen verheirateten Frau aus Boston, Massachusetts. Ihre parapsychologischen Eigenschaften wurden von Prof. William James, einer der großen Koryphäen der Psychologie, untersucht. Da James wußte, welcher Art die meisten Medien sind, war er geneigt, sich über den Fall lustig zu machen, als zwei weibliche Verwandte von ihm sich von Frau Piper stark beeindruckt zeigten. Er ging zu ihr, um sich persönlich ein Urteil zu bilden, und änderte seine Ansicht schnell. Sie wurde seine »einzige weiße Krähe«. Während ihrer ganzen Laufbahn wurde sie ständig von höchst kritischen und fähigen Forschern untersucht. James selbst arbeitete dabei mit Dr. Richard Hodgson, dem Sekretär der *American Society for Psychical Research* (Amerikanischen Gesellschaft für Parapsychologie) zusammen. Hodgson stand im Ruf, bereits eine ganze Reihe von betrügerischen Medien entlarvt zu haben, und er ging sogar so weit, Detektive zur Überwachung der Frau Piper und ihrer Familie einzusetzen, um herauszufinden, ob sie heimlich Nachforschungen über die privaten Angelegenheiten der Teilnehmer an ihren spiritistischen Sitzungen anstellte. Weder die Detektive noch irgendeiner, der diesen Fall untersuchte, konnten jedoch Frau Piper jemals bei einem Betrug erwischen.

Die besondere Stärke von Frau PIPER lag darin, daß sie fremden Personen Dinge aus deren Privatleben sagen konnte, die sie normalerweise nicht hätte wissen können. Um ganz sicher zu gehen, lud man sie nach England ein, so daß sie ihre Sitzungen mit völlig Fremden abhalten mußte, über deren persönliche Angelegenheiten sie unmöglich informiert sein konnte. Was sie dabei leistete, zeigt folgendes Beispiel: Sie wohnte damals im Haus von SIR OLIVER LODGE, der Professor für Physik an der Universität Liverpool war. Alle Bediensteten waren neu und wußten nichts über die Familienverhältnisse, und LODGE, der zu diesem Zeitpunkt sehr skeptisch war, traf alle möglichen Vorkehrungen. So schloß er zum Beispiel die Fotoalben und Familienbibeln weg und durchsuchte Frau PIPERS Gepäck. Man lud Fremde ein und stellte sie Frau PIPER unter falschem Namen vor. Frau PIPER erwies sich als wenig wißbegierig und schien hauptsächlich mit sich selbst beschäftigt.

LODGE machte folgendes Experiment mit ihr. Er schrieb an einen Onkel und bat ihn um ein Stück aus der Hinterlassenschaft seines Zwillingsbruders, der etwa zwanzig Jahre zuvor gestorben war. Man schickte ihm eine alte Taschenuhr, die er Frau PIPER gab, während sich diese in Trance befand. Sie sagte fast augenblicklich, die Uhr gehöre einem Onkel, und nach einigem Stammeln brachte sie den Namen »Jerry« heraus. LODGE forderte »Onkel Jerry« auf, Erlebnisse aus seiner Knabenzeit zu schildern, an die sich sein überlebender Bruder würde erinnern können. Daraufhin erwähnte das Medium einige derartige Vorfälle, unter anderem, daß er einmal beim Schwimmen in einem Flüßchen fast ertrunken wäre, daß er auf dem Smithschen Acker eine Katze totgeschlagen hätte und daß er eine lange merkwürdige Haut besessen habe, die wie eine Schlangenhaut aussah. Der Onkel, mit dem LODGE korrespondierte, erinnerte sich nicht an alles, aber als man an einen weiteren Bruder mit Namen Frank schrieb, konnte dieser alle von Frau PIPER erwähnten Erlebnisse bestätigen.

LODGE schickte daraufhin einen Mann in das Heimatdorf von Onkel Jerry, der auskundschaften sollte, wieviel noch bei alten Männern aus dem Dorf über den Smithschen Acker und das übrige in Erfahrung zu bringen war. Das Resultat war praktisch gleich

Null. Besonders interessant ist dabei, daß Lodge selbst überhaupt nichts über Onkel Jerrys Kindheit wußte und deshalb erst, nachdem er diese Erkundigungen angestellt hatte, sagen konnte, ob die Aussagen des Mediums richtig waren. Hier haben wir es demnach mit einem Fall zu tun, der von mehreren zuverlässigen und intelligenten Personen berichtet wird und für den Erklärungen, die nicht auf eine außersinnliche Wahrnehmung zurückgreifen, nur schwer zu finden sind, wenn man nicht einfach alles dem Zufall zuschreiben will. Aber derart überraschende Enthüllungen kommen kaum durch Zufall zustande, und man muß sich klarmachen, daß Frau Piper derartiges ja nicht nur einmal leistete, sondern daß sie über fünfundzwanzig Jahre lang, tagein, tagaus, derartige »Zufälle« lieferte. Es gibt noch ein oder zwei weitere Medien, die ebensolche Leistungen wie Frau Piper vollbracht haben, und selbst wenn Wissenschaftler immer leicht ein komisches Gefühl bekommen, wird nur das Wort »Medium« erwähnt, so berechtigt uns das doch nicht, derart sorgfältig untersuchte und erforschte Leistungen mit einer Handbewegung abzutun.

Wie unwahrscheinlich auch immer ein »Zufall« als Erklärung für Vorfälle sein mag, wie sie Frau Piper und anderen Medien zugeschrieben werden, so kann man doch kein tatsächliches Wahrscheinlichkeitsniveau für derartige Vorfälle festlegen, wie es die richtige Wiedergabe des Namens von Lodges Onkel durch Frau Piper war. Was dem einen unwahrscheinlich vorkommt, muß dem andern nicht auch so erscheinen, und derartige subjektive Einschätzungen haben nichts mit Wissenschaft zu tun. Wir brauchen eine ernsthafte statistische Korrelationsrechnung der richtigen Vermutungen im Verhältnis zur Gesamtzahl der gelieferten Vermutungen, bevor wir eine vernünftige und wissenschaftlich annehmbare Feststellung über derartige Dinge treffen können. Die merkwürdigen, unkontrollierten Ereignisse bei spiritistischen Sitzungen, in prophetischen Träumen und in den Äußerungen von Medien – das mag noch so lebendig, interessant und faszinierend sein, doch ist all dem nicht leicht mit dem Prozeß des Zählens und Messens bzw. mit der statistischen Wahrscheinlichkeitstheorie beizukommen.

Die Psychologie hat im wesentlichen zwei Beiträge zur Erforschung der außersinnlichen Wahrnehmung geleistet. Erstens hat man die Umstände, unter denen diese Erscheinungen zustande kommen, unter die Kontrolle von Experimentatoren gestellt, und zweitens hat man die Erscheinungen gemessen und statistischen Berechnungen unterzogen. Dieser zweifache Prozeß, die Umstände, unter denen derartige Experimente stattfinden, zu kontrollieren und die Wahrscheinlichkeit eines »Zufalls« als Erklärung genau zu berechnen, hat derart exakte Feststellungen ermöglicht, daß die Anerkennung oder Ablehnung des Augenscheins nicht länger eine Angelegenheit des persönlichen Glaubens ist. Obwohl diese Schwerpunktsverlagerung durchaus positiv zu bewerten ist und eine unbedingte Voraussetzung für die wissenschaftliche Anerkennung dieser angenommenen Erscheinungen darstellt, so hat sie doch auch eine recht betrübliche Folge gehabt. Vorbei ist es mit den Wundergeschichten und interessanten Persönlichkeiten, mit den Medien, den Geisterbeschwörern und Orakeln. Vorbei ist es mit den leidenschaftlichen Argumenten über die Glaubwürdigkeit und die Wirkungen des Zufalls. Vorbei ist es mit den ernsten, langbärtigen Viktorianern, die sich in kleine Räume drängten, um dem Mund des Mediums das Ektoplasma entströmen zu sehen. Anstelle von soviel Farbigkeit, Zauber und Unterhaltung haben wir jetzt sachliche junge Wissenschaftler, die Hunderte und Tausende von Malen simple Kartenspiele wiederholen. Wir haben Rechenmaschinen, die Wahrscheinlichkeitsberechnungen in Gestalt höchst komplizierter Formeln ausspucken, die nur Eingeweihte noch verstehen können. Die ganzen abwechslungsreichen Geschichten schrumpfen zu einfachen Feststellungen zusammen. Wenn zum Beispiel Herr A bei fünf Millionen Angaben, bei denen er durch Zufall in zweiundfünfzig Fällen einmal die richtige Karte raten würde, in fünfzig Fällen einmal richtig rät, so ist die Wahrscheinlichkeit dagegen, daß dies durch Zufall geschieht, astronomisch hoch.

Es hat wenig Sinn zu bedauern, daß die viktorianische Ära der parapsychologischen Forschung zu Ende ist. Wir können sie nicht zurückholen. Aber der Leser wird merken, daß die Verbesserung in der Methodologie mit einem Preis bezahlt werden mußte, und dieser Preis war in den Augen vieler die langweilige Verpflichtung, zahllose Berichte, die sich sämtlich gleichen wie ein Ei dem anderen, über Leute lesen zu müssen, die genau das Gleiche unter genau den gleichen Bedingungen tun und dabei zu Resultaten kommen, die nur wenig besser sind, als sie der reine Zufall bescheren würde. Glücklicherweise gibt es aber selbst auf diesem öden Gebiet interessante und aufregende Dinge. Bevor wir uns diesen zuwenden, wollen wir noch kurz die statistischen Grundlagen der modernen Forschung im Bereich der außersinnlichen Wahrnehmung skizzieren. Der Leser nehme einen Pack von zweiundfünfzig Spielkarten, mische sie gründlich durch, hebe ab und schaue sich die oberste Karte an. Während er diese Karte anschaut, drückt er auf eine elektrische Taste, die einer Person im Nebenzimmer das Signal gibt, seine Angabe, um welche Karte es sich handelt, niederzuschreiben. Dann wird die Karte wieder zu den anderen gegeben, die Karten werden erneut gemischt, und so wird eine Karte nach der anderen gezogen, angesehen und wieder genauso wie vorher unter die anderen gemischt. Nehmen wir an, es wird auf diese Weise 1200mal geraten, dann ist die Wahrscheinlichkeit, daß eine Angabe zufällig richtig war, offensichtlich eins zu vier. Wenn in unserem Experiment allein der Zufall wirksam wäre, dann wäre demnach die Wahrscheinlichkeit für eine richtige Angabe ein Viertel von 1200, d. h. im ganzen 300. Natürlich ist es unwahrscheinlich, daß bei einem tatsächlichen Experiment die Zahl der richtigen Angaben exakt 300 ist. Es werden sich manchmal ein paar mehr, manchmal ein paar weniger ergeben. Wenn wir 100 Experimente durchführen würden, von denen jedes aus 1200 Einzelversuchen bestünde, und die durchschnittliche Erfolgsquote für jedes dieser Experimente notieren würden, so würden wir finden, daß die Scores, d. h. die Anzahl der richtigen Angaben, um die 300 herum, etwa zwischen 270 und 330 schwanken würden. Sehr selten würden wir auch weiter abseits liegende Scores bekommen, aber in den allermeisten Fällen würden die Ergebnisse in diesem Bereich bleiben, angenommen, daß nur der Zufall im Spiel wäre.

Nehmen wir an, wir testeten auf diese Weise eine Versuchsperson, deren Score bei 1200 Versuchen 400 ist. Können wir das als bloßen Zufall abtun? Die Antwort muß schlicht und einfach entweder »Ja« oder »Nein« lauten. Was wir berechnen müssen, ist die Wahrscheinlichkeit, daß es rein durch Zufall zu einer derart extremen Abweichung kommt. In unserem Fall wäre diese Wahrscheinlichkeit geringer als eine Million zu eins, was uns ganz sicher zu der Ansicht berechtigt, daß der Zufall nur eine recht dürftige Erklärung wäre. Wenn die Chancen eines Rennpferds, das Derby zu gewinnen, eine Million zu eins dagegen stünden, wären nur sehr wenige bereit, auf dieses Pferd zu setzen, und wenn die Chancen gegen die »Zufalls«-Hypothese wie in unserem Fall eine Million zu eins sind, dürften nur wenige Wissenschaftler bereit sein, sie zu vertreten. So könnten wir den Schluß ziehen, daß hier offenbar noch etwas anderes als der Zufall am Werk war, was die beobachteten Resultate bewirkt hat.

Wenn wir ein heftiger Gegner des Glaubens an Telepathie und Hellsehen wären, könnten wir sagen, daß so triftige Gründe dagegen sprechen, daß ein einzelnes Experiment nicht überzeugen kann. Wir müßten also das Experiment wiederholen. Wenn dann wieder 400 Scores erreicht würden, so wäre die Wahrscheinlichkeit dagegen, daß dies auf Zufall beruhen könnte, etwa eine Million mal eine Million. Wir könnten immer so weiter machen und Wahrscheinlichkeit auf Wahrscheinlichkeit türmen, aber für die meisten würde wohl ein Verhältnis von einer Million zu eins genügen, vorausgesetzt, daß das Experiment im übrigen technisch einwandfrei durchgeführt wurde. Natürlich könnte sich der Leser auch bei diesem Problem auf PASCALS Standpunkt stellen. Dieser war bekanntlich sowohl ein hochbegabter Mathematiker als auch ein sehr bigotter Katholik. Wie es einem der Begründer der modernen Wahrscheinlichkeitstheorie ansteht, benutzte er diese Theorie auch zum Beweis, daß wir an Gott glauben sollten. Er argumentierte dabei folgendermaßen: Die Seligkeit des Paradieses ist unendlich. Wie klein deshalb auch immer die Wahrscheinlichkeit sein mag, daß Gott existiert, wenn man diese Wahrscheinlichkeit mit der Unendlichkeit multipliziert, wird sie zur Gewißheit. Deshalb sollten wir an Gott glauben. PASCALS Argument leuchtete weder den Mathematikern noch seinen Glaubensgenossen ein und ist so etwas wie eine historische Kuriosität geblieben. Das Gegenteil davon, daß nämlich parapsychologische Phänomene unendlich unwahrscheinlich sind und daß man sie deshalb mit keiner endlichen Reihe von Wahrscheinlichkeiten beweisen kann, hat eine etwas größere

Zustimmung gefunden, obgleich die logische Begründung dafür ebenso wenig stichhaltig ist.

Viele stehen natürlich auf dem Standpunkt, daß man mit der Statistik alles beweisen kann, und sind daher über diese modernen Entdeckungen weder überrascht noch von ihnen beeindruckt. Diese Einstellung ist jedoch zu drastisch, gründet sich doch die moderne Wissenschaft zum größten Teil auf die statistische Methodologie und Wahrscheinlichkeitsrechnung. Wollte man die gesamte moderne Wissenschaft aufgeben, nur um nicht gezwungen zu sein, die parapsychologischen Phänomene gelten zu lassen, so hieße das, das Kind mit dem Bade ausschütten. Es mag möglich sein, alles mit Hilfe der Statistik zu beweisen, aber doch nur für törichte und ungebildete Menschen. Die Methodologie der modernen Statistik wird von den Wissenschaftlern zu weitgehend anerkannt, als daß jemand, der überhaupt etwas davon versteht, sich einbilden würde, er könnte mit einem trügerischen Beweis durchkommen, nur weil dieser sich auf eine Statistik gründet.

Daher besteht die moderne wissenschaftliche Arbeit auf dem Gebiet der Parapsychologie im wesentlichen darin, das Experiment so aufzubauen, daß man berechnen kann, mit welcher Wahrscheinlichkeit das jeweilige Resultat dem Zufall zu verdanken ist. Aber selbst wenn man ausschließen kann, daß ein »zufälliges Zusammentreffen« die Ursache unserer Beobachtung ist, beweist das an und für sich natürlich noch nicht, daß wir es wirklich mit einer außersinnlichen Wahrnehmung zu tun haben. Möglicherweise ist eine fehlerhafte Versuchsanordnung für unser nicht durch den Zufall erklärbares Resultat verantwortlich. Bevor wir die Statistik zum Schiedsrichter machen dürfen, müssen wir sicher sein, daß auch der beharrlichste und skeptischste Kritiker nichts an unserer Versuchsanordnung auszusetzen hätte. Erst dann wird das statistische Argument wirklich entscheidend.

Der erste Experimentator, dessen Arbeit in diesem Zusammenhang zu erwähnen ist, war der amerikanische Psychologe Coover, ein ausgesprochener Gegner der Theorie von der außersinnlichen Wahrnehmung. Er benutzte für jedes Experiment zwei Personen, den »Sender«, der sich die Karten nacheinander anschaute, und den »Empfänger«, der seine Vermutungen notierte. Coover hat insgesamt 105 Rater und 97 Sender eingesetzt. Er setzte sich mit dem Sender in einen Raum, während die zu testende Versuchsperson im Nebenzimmer saß. Daß zwei Zimmer benutzt wurden, diente natürlich dazu, es dem Empfänger völlig unmöglich zu machen, Einblick in die Karten zu gewinnen, und zu verhindern, daß der Sender ihm – beabsichtigt oder unbeabsichtigt – irgendein Signal gab, mit dessen Hilfe er die Karte mit normalen Mitteln hätte identifizieren können. Insgesamt wurde 10 000mal geraten, wobei Spielkartenpacks benutzt wurden, aus denen die 12 Spielkarten mit Bildern herausgenommen waren, so daß jedes Spiel jetzt nur noch 40 Karten enthielt. Nachdem COOVER dieses Kartenspiel gemischt und abgehoben hatte, loste er aus, ob der Sender die gezogene Karte anschauen sollte oder nicht. COOVER betrachtete die Versuche, bei denen niemand die Karte sah, als empirische Kontrolle der Versuche, bei denen der Sender sich auf die betreffende Karte konzentrierte. Heute würden wir darin wohl eher Versuche zum Hellsehen als solche zur Telepathie sehen.

COOVER berichtet, daß weder die Telepathieversuche noch die »Kontrollversuche« irgendwelche signifikanten Abweichungen vom zufällig zu erwartenden Mittelwert ergeben hätten. Er schließt daraus, daß kein Beweis für Telepathie erbracht worden sei. Es waren jedoch von insgesamt 10 000 Angaben immerhin 294 richtig, während 250 richtige zu erwarten gewesen wären, und man kann nachweisen, daß die Wahrscheinlichkeit, daß dies auf Zufall beruhte, 1:160 ist. Im allgemeinen gilt ein Verhältnis von 1:20 in der psychologischen Forschung als signifikant und 1:100 als stark signifikant. Hätte es sich um irgendein normales psychologisches Experiment gehandelt, so hätte der Experimentator zweifellos geschlossen, daß das Experiment die Existenz der außersinnlichen Wahrnehmung bewiesen habe. Die Resultate bestätigen ganz gewiß nicht COOVERS Behauptung, es habe sich in seiner Arbeit kein Beweis für das Vorhandensein von Telepathie oder Hellsehen ergeben; andererseits können wir sie auch nicht als positiven Beweis gelten lassen. Ihre Hauptschwäche liegt in der Versuchsmethode. Wie S. G. SOAL und F. BATEMAN in »Modern Experiments in Telepathy« (Neue Experimente zur Telepathie) nachgewiesen haben, war COOVERS Methode, die Auswahl der gezogenen Karten annähernd dem Zufall zu überlassen, indem man das einzelne Kartenspiel mit der Hand mischte, nicht sehr geeignet. Ein Spiel Karten neigt dazu, sich an bestimmten Stellen leichter abheben zu lassen als an anderen, und wenn dann an einer solchen Stelle zufällig noch eine beliebte Karte liegt, wie zum Beispiel Karo-Neun oder Pik-As, dann wird diese Karte öfter als andere auftauchen und auch öfter geraten werden, wodurch sich die Zahl der richtigen Angaben erhöht.

Wie dem auch sei, COOVERS Pionierexperiment spricht, obwohl es technisch fehlerhaft war, aufgrund der Treffsicherheit von 1:160 tatsächlich für die Existenz der außersinnlichen Wahrnehmung. Merkwürdigerweise wird oft von ihm behauptet, er habe die Existenz der außersinnlichen Wahrnehmung widerlegt. Es ist dies ein interessanter Fall von Wunschdenken und der Unterdrückung von Beweisen, wovon man leider in der einschlägigen Literatur noch viele andere Fälle finden kann.

Eine ganz andersartige Versuchsanordnung findet sich bei den drei holländischen Forschern HEYMANS, BRUGMANS und WYNBERG. Bei ihnen saß der Rater mit verbundenen Augen vor einem großen Schachbrett mit 48 statt der üblichen 64 Felder. Es hatte sechs waagrechte Reihen mit den Zahlen von 1 bis 6 und acht senkrechte mit den Buchstaben von A bis H, so daß man jedes der achtundvierzig Felder genau wie beim normalen Schachspiel mit Buchstaben und Zahl bezeichnen konnte. Die Experimentatoren saßen in einem Raum unmittelbar über demjenigen, in dem sich der Rater befand, und beobachteten ihn durch eine in den Fußboden eingelassene Glasscheibe. Man wählte eines der achtundvierzig Felder, indem man aus zwei gemischten Kartenhaufen, von denen der eine Karten mit den Zahlen von 1 bis 6 und der andere mit den Buchstaben A bis H enthielt, je eine Karte zog. Man beobachtete dann, wie die Versuchsperson ein bestimmtes Feld riet, welches notiert und mit den gezogenen Karten verglichen wurde. Die beste Versuchsperson, ein junger Mann namens van Dam, traf bei 187 Versuchen sechzigmal das richtige Feld, während man nur aufgrund des Zufalls etwa vier Treffer erwartet hätte. Auch das liegt weit über jedem vernünftigerweise zu erwartenden Signifikanzniveau, wo der Zufall als Erklärung hinreicht; doch auch hier ist einiges an der Versuchsmethode zu kritisieren. Die Beobachtungsbedingungen waren für die Experimentatoren ungünstig, und sie haben möglicherweise Fehler gemacht, indem sie einen nur annähernden Treffer als vollen Treffer gezählt haben. Außerdem haben die Beobachter, die das richtige Feld kannten, die Versuchsperson beobachtet, während sie auf dem Brett herumtastete, und es ist nicht ganz ausgeschlossen, daß sie in Erregung gerieten, wenn ihre Hand in die Nähe des richtigen Feldes kam, und durch eine leichte Bewegung dem Betreffenden ungewollt auditive Hinweise gaben. Dem Leser mögen diese Einwände kleinlich und unwahrscheinlich vorkommen, aber es hat im Verlaufe der Geschichte dieses Gebietes viele Beweise dafür gegeben, daß auch ein sehr geringfügiger auditiver und visueller Wink einer entsprechend aufgeweckten Versuchsperson alle notwendigen Informationen geben kann.

Zwei Beispiele seien angeführt. Das erste ist der Fall mit den Elberfelder Pferden. Diese recht berühmt gewordenen Pferde lösten Rechenaufgaben, die ihnen von Zuschauern gestellt wurden, und bewiesen dabei einen selbst für Pferde ungewöhnlichen Grad an Intelligenz. Obgleich viele Forscher überzeugt waren, daß die hervorgerufenen Erscheinungen echt waren, hat man schließlich festgestellt, daß die Tiere auf leichte Bewegungen ihres Trainers reagierten, die dieser ihnen vermutlich völlig unbewußt gab. Viele Varietézauberer, die versteckte Gegenstände suchen und finden, verlassen sich dabei auf unbewußte Bewegungen der Zuschauer, die das Versteck des gesuchten Gegenstandes kennen; dadurch daß sie auf diese Bewegungen reagieren, wird ihr Suchen von Erfolg gekrönt.

Ein klassisches Beispiel für das Aufnehmen unterschwelliger auditiver Hinweise ist der Fall des lettischen Bauernkindes Ilga, von dem es hieß, es sei imstande, durch Telepathie jedes Buch zu lesen, in das seine Mutter hineinschaute. Die Mutter stand dabei stets im Hintergrund und redete dem kleinen Mädchen Mut zu, während es stotternd Silbe um Silbe las. Dadurch daß man die Zwischenrufe und Ermutigungen der Mutter auf Tonband aufnahm und dann Ilga vorspielte, entdeckte man, daß das Kind sehr geringfügige auditive Hinweise der Mutter aufschnappte. Sehr viele Forscher nahmen diese Hinweise nicht wahr, da sich ihre Aufmerksamkeit ganz auf Ilgas Leistung konzentriert hatte.

In anderen Fällen benutzen die Versuchspersonen Hinweise, die ihnen etwas signalisieren, wie beispielsweise der »Hellseher« mit den verbundenen Augen, der auf der Bühne sitzt, während sein Assistent durch die Reihen der Zuschauer läuft und sich von diesen verschiedene Gegenstände geben läßt, die sein Kollege dann rät. Dieser rät, worum es sich handelt, mit Hilfe verschiedener auditiver Hinweise, welche die Schausteller zu einem System ausgearbeitet haben, das den Zuschauern völlig entgeht. Es spricht einiges dafür, daß gewisse erfolgreiche Bridge-Partnerschaften auch auf diesem Prinzip beruhen.

Man könnte vorbringen, daß HEYMANS und seine Mitarbeiter höchst kompetente Psychologen waren und daher Derartiges berücksichtigt hätten. Das trifft natürlich zu, aber es ist kein wirklich sachdienliches Argument. Ob man ein Experiment bei einer solchen Angelegenheit wirklich als entscheidend anerkennt, darf nicht davon abhängen, ob man an die berufliche Kompetenz des betreffenden Forschers glaubt oder darauf vertraut. Die Versuchsanordnung muß völlig idiotensicher sein, um annehmbar zu sein. Besteht auch nur die Möglichkeit – und möge sie noch so gering sein –, daß die Versuchsperson vielleicht mit anderen Mitteln als mit außersinnlichen zum Ziel gelangte, so beweist das Experiment nichts. Wie notwendig diese allgemeine Regel ist, begreift man, wenn man sich klarmacht, daß sowohl die Elberfelder Pferde als auch Ilga von Wissenschaftlern, die keinen geringeren Ruf besaßen als die oben erwähnten holländischen Forscher, untersucht und als echte Fälle von Telepathie anerkannt wurden.

Der nächste, der die Telepathie zu erforschen suchte, war G. H. ESTABROOKS, der einen Pack gewöhnlicher Spielkarten benutzte. Er ergriff die Vorsichtsmaßnahme, daß er den Sender und den Empfänger und Rater getrennt in den beiden Hälften eines schalldichten Raumes unterbrachte, wo sie durch eine Wand mit Doppeltüren voneinander getrennt waren, die während des Experiments geschlossen waren. Er führte auch Experimente auf größere Entfernungen durch, bei denen der Sender und der Rater in zwei ca. 18 Meter voneinander entfernten Räumen saßen. Seine Resultate waren in einem Verhältnis von 1:1000 signifikant, doch hat er nur verhältnismäßig wenige Experimente durchgeführt, weil er sich offenbar dadurch entmutigen ließ, daß Versuchspersonen, die anfangs positive Scores erreichten, später negative lieferten. Das gleiche hat man seither bei vielen Untersuchungen festgestellt, und es scheint sich dabei um eine fast allgemeine psychologische Tatsache zu handeln. Es ist schade, daß ESTABROOKS seine Arbeit nicht fortgesetzt hat, weil seine Methode technisch die beste gewesen sein dürfte, bis sie von neueren Forschungsmethoden überholt wurde. Seine Resultate waren zwar vielversprechend, doch erreichten sie kein Signifikanzniveau, das eine Anerkennung der außersinnlichen Wahrnehmung unumgänglich gemacht hätte.

Wir kommen jetzt zu den von J. B. RHINE an der Duke University von North Carolina durchgeführten Arbeiten. Die zahllosen Untersuchungen, die dieser Forscher, seine Frau und seine zahlreichen Mitarbeiter und Studenten durchgeführt haben, dürften mehr als die Arbeit irgendeines anderen Forschers dazu beigetragen haben, der Parapsychologie Geltung zu verschaffen. Im übrigen sind RHINES Experimente so bekannt, daß wir sie hier nicht mehr im einzelnen aufzuzählen brauchen. Ich werde deshalb weniger ausführlich darauf eingehen, als sie es ihrer Wichtigkeit nach verdient hätten.

RHINES wichtigste technische Neuerung war die Einführung eines neuartigen Versuchsmaterials. Während man zuvor Spielkarten und Zahlen benutzt hatte, führte er jetzt die sogenannten Zener-Karten ein, auf denen fünf Symbole dargestellt waren, nämlich ein Kreis, ein Rechteck, ein fünfzackiger Stern, Wellenlinien und ein Kreuz. Die Karten wurden in Päckchen von je 25 Karten geordnet, wobei jeder Pack fünf Karten eines jeden Symbols enthielt.

Das könnte als eine nur geringfügige Änderung erscheinen, doch ist sie von wesentlicher Bedeutung. Bei Spielkarten und Zahlen gibt es wie bei den Menschen besonders beliebte und »Mauerblümchen«. Pik-As und Karo-Neun haben weit größere Chancen genannt zu werden als Treff-Vier oder Herz-As. Unter den Zahlen hat die Sieben größere Chancen als beispielsweise die Zwei. Spielkarten und Zahlen besitzen daher einen assoziativen Wert, welcher die Berechnung der zufallsbedingten Übereinstimmungen stört und ein Experiment zu Fall bringt, das davon ausgeht, daß sämtliche verfügbaren Symbole für die Versuchsperson gleichwertig sind. Dadurch, daß RHINE nun fünf relativ neutrale Symbole wählte, schaltete er diese Schwierigkeiten größtenteils aus, obwohl sie selbst durch diese Methode nicht ganz beseitigt werden konnten.

Mit diesen Karten hat Rhine verschiedene Techniken ausprobiert, um die Telepathie vom Hellsehen zu trennen. Bei einem Telepathietest sah sich der Sender manchmal die jeweils gezogene Karte an und »übermittelte« sie dann dem Empfänger, worauf er sie auf den Tisch legte. Beim Hellsehtest nahm der Sender jeweils die Karte auf, ohne sie anzusehen, und legte sie dann ab, um sie später mit den Vermutungen des Empfängers zu vergleichen. Bei der sogenannten »Bohrtechnik« *(down-through technique)* warf der Sender nur einen Blick auf den Pack Zener-Karten, worauf der Empfänger die Folge der Karten zu raten versuchte, ohne daß sie überhaupt berührt worden waren.

Unter diesen unterschiedlichen Bedingungen berichtete Rhine über erstaunliche Erfolge, welche die Chancen, daß es sich um etwas anderes als um Zufall handelte, bis in die Millionen ansteigen ließen. Allerdings wurde an seinen Ergebnissen aus verschiedenen Gründen viel Kritik geübt. Einige Einwände sind statistischer Art und beziehen sich darauf, daß jeder Pack genau fünf Karten enthielt, auf denen jeweils die fünf Symbole abgebildet waren. Es ist dies keine Zufallsanordnung im strengen Sinn, und die übliche Formel zur Errechnung der Wahrscheinlichkeit bedarf daher einer leichten Korrektur. Diese erforderliche Korrektur ist aber so geringfügig, daß sie nicht für Rhines Ergebnisse verantwortlich sein kann. In seinen späteren Arbeiten hat er auch die korrigierte Formel benutzt, oder er hat die Reihenfolge der Symbole anhand einer Tabelle mit Zufallsnummern festgelegt, ein Verfahren, das dem anderen vorzuziehen sein dürfte. Jedenfalls sind die statistischen Bedenken, die man gegen Rhine vorgebracht hat, abgesehen von der genannten Ausnahme nicht stichhaltig, und zweifellos sollte sich die Kritik bei modernen Experimenten zur Telepathie eher gegen die Versuchsanordnung richten, als daß sie statistische Fehler nachzuweisen versucht. In dieser Hinsicht wird viel Unsinn geredet, und das selbst von Leuten, die es eigentlich besser wissen sollten, und es ist nachdrücklich zu betonen, daß die größten Autoritäten auf dem Gebiet der mathematischen Statistik den gegenwärtig üblichen Methoden der Analyse ihren Segen gegeben haben.

Ein weiterer Einwand lautet, es sei nicht richtig gemischt worden. Wie die meisten Kartenspieler wissen, zerstört das übliche Mischen und Abheben die vorhandene Reihenfolge der Karten nicht völlig, und wenn bei Telepathieexperimenten die Gewohnheiten des Raters zufällig zu der Reihenfolge der Karten passen, so besteht die Möglichkeit, daß diese Reihenfolge bei verschiedenen Mischprozessen erhalten bleibt, wodurch leicht überhöhte Scores entstehen. Während es durchaus richtig ist, daß die durch wiederholtes Mischen erreichte Reihenfolge der Karten in einem Zener-Spiel innerhalb der über 623 Billionen verschiedenen Möglichkeiten der Anordnung der 25 Karten nicht völlig zufällig ist, so ist doch reichliches Versuchsmaterial vorhanden, das dafür spricht, daß die von guten Versuchspersonen erreichten hohen Scores durch derartige Eigentümlichkeiten nicht zu erklären sind. Eine sehr einfache Methode, dies zu beweisen, besteht darin, die von einer bestimmten Person erratene Reihenfolge mit der Reihenfolge von Karten zu vergleichen, die nicht von dieser Person erraten werden sollten. Auf diese Weise können wir die Angaben von Herrn Schmidt mit der Reihenfolge von Karten vergleichen, die bei einer anderen Gelegenheit Frau Klein gezeigt wurden, und die Angaben von Frau Klein mit dem Kartenspiel, das vor Herrn Schmidt liegt. Bei einer halben Million derartiger Vergleiche ergab sich ein Durchschnittswert von 4,9743 anstelle des theoretischen Zufallswerts von 5,00. Daher kann diese Kritik nicht erklären, wie Werte von 7,8 oder mehr Scores, die erfolgreiche Versuchspersonen erreicht haben, zustande gekommen sind.

Auch das Aufhören nach Belieben ist als Ursache für die hohen Scores angeführt worden. Da zufälligerweise die Zahl der Treffer gleich häufig unterhalb und oberhalb des Zufallsniveaus von 5 Erfolgen pro 25 Angaben liegt, hat man gemeint, man könne einen hohen Wert einfach dadurch erreichen, daß man mit der Versuchsperson weitermache, bis sie einen Punkt erreicht habe, wo ihr Score über dem Mittelwert liege. Dann höre man auf, bevor der Betreffende wieder in seine nächste negative Phase hineingerate. Wenn man bei einer großen Zahl von Versuchspersonen dieses Verfahren anwende, komme man zu einer entsprechend großen Anzahl positiver Abweichungen, die zusammengenommen Ergebnisse liefern, die gegen einen Zufall sprechen. Es ist dies eine interessante und auf den ersten Blick einleuchtende Theorie, die in leicht veränderter Form daran schuld war, daß viele Leute beim Roulette in Monte Carlo Millionen verloren haben. Wie Soal und Bateman darlegen, besteht der Haupteinwand gegen dieses Argument darin, daß es Personen gibt, die mit einem negativen Score anfangen und auch weiterhin nur Werte erreichen, die unter dem Durchschnitt liegen. Um diese in positive Scores zu verwandeln, wären so viele Durchgänge notwendig, daß die Signifikanz aller Resultate zusammengenommen durch die große Zahl der erforderlichen Durchläufe für ein positives Gesamtergebnis praktisch gleich Null wäre. Es ist möglich, Werte leicht über dem Zufallswert 5 zu erreichen, wenn man an einem bestimmten Punkt mit den Versuchen aufhört, doch kann man das mit Hilfe von entsprechenden statistischen Formeln berücksichtigen, und es kann unter keinen Umständen verantwortlich für die hohen Werte sein, die von einigen Versuchspersonen ständig erzielt werden.

Auch unwillkürliches Zuflüstern halten manche für eine mögliche Erklärung gewisser Ergebnisse, und wir sahen bereits, daß das nicht ohne weiteres auszuschließen ist. Aber es wurden Experimente durchgeführt, bei denen Sender und Empfänger mehrere Kilometer voneinander entfernt waren, und man kann sich kaum vorstellen, daß ein unbewußtes oder unterschwelliges Flüstern so weit zu hören wäre! Bei den Hellsehtests kennt der Sender selbst die Reihenfolge der Karten nicht und könnte sie daher kaum durch Zuflüstern weitergeben. Das gleiche gilt für die Angaben mit Hilfe der »Bohrmethode«.

Auch Irrtümer beim Notieren und Nachprüfen werden als Ursache für die nicht mit dem Zufall zu erklärenden Ergebnisse in Betracht gezogen, wobei die Hypothese aufgestellt wurde, daß der Forscher dazu neige, sich zugunsten seiner vorgefaßten Meinung zu irren und Angaben als richtig zu werten, bei denen in Wirklichkeit die geratene nicht mit der tatsächlichen Karte übereinstimmte. Auch das ist keine überzeugende Erklärung. Wiederholte Überprüfungen haben gezeigt, daß mit Irrtümern fast nicht zu rechnen ist und daß sie – falls sie doch einmal vorkommen – häufiger darin bestehen, daß eine Übereinstimmung übersehen wurde, als daß eine nicht vorhandene Übereinstimmung als richtig gebucht wurde. Bei den neueren Experimenten wird sorgfältig darauf geachtet, daß die Reihenfolge der Karten und der diesbezüglichen Rateversuche stets doppelt festgehalten wird, und beide Notizen werden im allgemeinen unabhängig voneinander von mehreren Personen überprüft.

Die unzulässige Auswahl von Daten ist der letzte wesentliche der gegen RHINE vorgebrachten Einwände. Es wurde die Vermutung geäußert, daß vielleicht Gruppen von Daten, die nur Zufallsresultate ergaben, unterdrückt und nur die mit positiven Ergebnissen veröffentlicht worden seien. Als Alternative wurde vermutet, daß vielleicht den von einigen Forschern gemeldeten positiven Ergebnissen zahlreichere negative Resultate gegenüberstehen, die andere Forscher erhalten, aber – eben weil sie negativ waren – nicht weitergegeben haben. Die erste dieser Vermutungen zieht die Integrität des Forschers in Zweifel, und nichts spricht dafür, daß man RHINE diesen Vorwurf machen kann. Die Tatsache, daß viele Forscher, die anfangs gegen ihn eingestellt waren und mit solchen Möglichkeiten rechneten, seine positiven Resultate hinterher bestätigt haben, dürfte diese Kritik entkräften. Was die zweite Vermutung betrifft, so kann nachgewiesen werden, daß unendlich lange Reihen von negativen Beispielen nötig wären, um den positiven Resultaten ihre Signifikanz zu nehmen. Auch dieses Argument ist daher zu verwerfen.

Ein weiterer Einwand ist noch zu erwähnen, da viel Aufhebens davon gemacht worden ist. Man vermutete, gewisse Unregelmäßigkeiten auf der Rückseite der Karten könnten den Versuchspersonen Hinweise gegeben haben, etwa daß die Symbole gelegentlich so dick gedruckt gewesen seien, daß sie auf der Rückseite zu erkennen waren, und daß es für die Versuchsperson nicht immer unmöglich war, die unterste Karte des Packs oder die Karte, die nach dem Abheben obenauf lag, zu sehen. Diese Möglichkeiten sind bei einigen der frühen Experimente von RHINE nicht ganz auszuschließen, doch betreffen sie ganz gewiß nicht den größten Teil seiner Arbeit. Die Karten wurden in der Regel vor dem Empfänger abgeschirmt, oder Empfänger und Sender befanden sich in verschiedenen Räumen. Meist wußte die Versuchsperson nicht, wann sie richtig geraten hatte und wann nicht, so daß es ihr gar nicht möglich war, die Rückseite der Karte mit dem Symbol auf der Vorderseite in Verbindung zu bringen.

Es ist wichtig, daß man sich klarmacht, daß RHINE wenigstens zum Teil an dem Sturm der Kritik, der über ihn hereinbrach, selbst schuld war. Es gibt grob gesagt zwei Möglichkeiten, auf diesem Gebiet zu arbeiten. Die eine Methode – die von RHINE angewandt wurde – besteht darin, daß man mit sehr wenig standardisierten und wenig strengen Bedingungen anfängt, was bewirkt, daß die Versuchsperson eine positivere, zur Mitarbeit geneigtere Haltung einnimmt. Eine solche Haltung ist offenbar ein wichtiger psychologischer Faktor für eine erfolgreiche Arbeit, und durch strenge Kontrollmaßnahmen wird sie leicht zerstört. RHINE pflegte dann allmählich seine Kontrollen zu verschärfen, wobei er aber weiter versuchte, sich die positive Einstellung seiner Versuchspersonen zu erhalten, bis er schließlich einen Punkt erreichte, wo die Kontrollen sehr streng waren und wo trotzdem von seiner Versuchsperson noch positive Scores erreicht wurden. Eine alternative Methode hätte darin bestanden, gleich mit den strengeren Kontrollen anzufangen, doch hätte möglicherweise unter solchen strengen Bedingungen die Mitarbeit der Versuchsperson gelitten, und weniger signifikante Scores wären erreicht worden.

RHINES Methode ist wahrscheinlich die bessere, doch ist zweifelhaft, ob es vorteilhaft war, daß er die Ergebnisse seiner weniger streng kontrollierten Experimente veröffentlichte. Die mit Recht dagegen laut gewordene Kritik hat viele auch gegen seine späteren, strenger kontrollierten Experimente eingenommen, und es wäre vermutlich besser gewesen, wenn er anfangs seine Berichte auf eine kleine Zahl völlig unanfechtbarer Experimente beschränkt hätte, gegen die nichts einzuwenden gewesen wäre.

Eines dieser höchst eindrucksvollen Experimente wurde mit Hubert Pearce, dem Star unter RHINES Versuchspersonen, durchgeführt. Versuchsperson und Sender befanden sich während des Experiments in zwei verschiedenen Gebäuden der Duke University, zwischen denen es keine Telefonverbindung gab. Nach einem vorher festgelegten Plan hob DR. PRATT, der den Versuch leitete, zu einem bestimmten Zeitpunkt die oberste Karte eines gemischten Packs ab und legte sie mit der Vorderseite nach unten mitten auf den Tisch. Dreißig Sekunden später schrieb Pearce seine Vermutung nieder, und nach weiteren dreißig Sekunden hob PRATT die nächste

Karte ab. So brachten sie es bei der Geschwindigkeit von einer Karte pro Minute bei jeder Sitzung auf fünfzig zu ratende Karten. PRATT und Pearce versiegelten dann ihre jeweiligen Aufzeichnungen und lieferten sie unabhängig voneinander an RHINE ab, der die Resultate auswertete. Bei 750 Versuchen wurden im Durchschnitt 8,7 Treffer bei 25 Karten erreicht, die Wahrscheinlichkeit, daß dies kein Zufall ist, ist ca. $10^{20} : 1$. Der Leser möge sich die verschiedenen oben erwähnten und diskutierten Einwände gegen RHINE nochmals ansehen und selbst beurteilen, wie wenig sich damit das bei diesen Experimenten erzielte Ergebnis erklären läßt.

Während der Jahre, in denen RHINE seine Kontrollen verschärfte, scheinen sich die Ansichten definitiv geändert zu haben. Zunächst nahm man üblicherweise an, daß fast jeder Mensch – wenn auch in geringem Maße – über parapsychologische Fähigkeiten verfüge und daß daher mit einer großen Anzahl von Leuten durchgeführte Experimente im ganzen gesehen positive Resultate liefern dürften. Es ist aber nicht unmöglich, daß die unter diesen Bedingungen erreichten positiven Ergebnisse ganz oder teilweise auf die locker gehandhabten Versuchsbedingungen zurückzuführen sind. In den letzten Jahren hat sich die Aufmerksamkeit auf eine kleine Anzahl hochbegabter Personen verschoben, bei denen man darauf bauen kann, daß sie über lange Zeiträume hinweg positive Resultate liefern. Experimente im großen Rahmen, an denen viele Personen beteiligt sind, zeigen die Tendenz, nur Zufallsergebnisse zu liefern, doch können sie dazu dienen, die seltenen begabten Personen ausfindig zu machen, die man dann zu weiteren Untersuchungen heranziehen kann.

Es wäre kaum interessant, die vielen Versuche aufzuzählen, die RHINE und andere, die im Laufe der Jahre in seine Fußstapfen traten, zur Bestätigung seiner Resultate durchgeführt haben. Wenn nicht eine gigantische Verschwörung besteht, an der über dreißig Universitätsfakultäten auf der ganzen Welt und mehrere Hundert angesehener Wissenschaftler auf den verschiedensten Gebieten beteiligt sind, von denen viele den Behauptungen der parapsychologischen Forscher ursprünglich ablehnend gegenüberstanden, so kann der unvoreingenommene Beobachter nur zu dem Schluß kommen, daß tatsächlich eine kleine Anzahl von Personen existiert, die mit bis jetzt noch nicht wissenschaftlich erforschten Mitteln Kenntnis von Dingen erhalten, die entweder im Kopf anderer Leute oder in der Außenwelt vorgehen. Das ist nicht so zu verstehen, als ob damit Vorstellungen wie das Fortleben nach dem Tode, der philosophische Idealismus oder etwas Derartiges befürwortet werden sollte; wir müssen mit der Deutung dieser Tatsache warten, bis wir gründlichere Kenntnisse darüber besitzen, unter welchen Bedingungen derartige Ergebnisse zustande kommen und auf welchem Weg die außersinnlichen Wahrnehmungen übermittelt werden.

RHINE und seine Mitarbeiter haben verschiedene Methoden ausprobiert, um die Korrelate dieser außersinnlichen Fähigkeit zu entdecken. Besonders intensiv haben sie sich mit der Frage beschäftigt, welcher Persönlichkeitstyp am ehesten positive ASW-Resultate liefert. Die Intelligenz, obschon am naheliegendsten, schied bald aus, da nichts dafür spricht, daß die außersinnliche Wahrnehmung vorrangig bei Menschen hoher, mittlerer oder niedriger Intelligenz zu finden ist. Die Aufmerksamkeit richtete sich daher auf die nicht-kognitive Seite der Persönlichkeit. Unter den ersten, die auf diesem Gebiet arbeiteten, war G. HUMPHREY, die sich dabei eines Zeichentests bediente. Dieser von ELKISCH erfundene Test vergleicht Zeichnungen, die zum einen von Versuchspersonen des »expansiven Typs« geliefert werden, den Phantasie, Vitalität und Freiheit des Ausdrucks auszeichnen, und zum anderen von solchen, die dem »kompressiven Typ« angehören, den Hemmungen, Mangel an Phantasie und Schüchternheit kennzeichnen.

HUMPHREY ließ von ihren Versuchspersonen eine Skizze anfertigen, die auf eine in einem undurchsichtigen Briefumschlag befindliche Zeichnung abzielte, in der Hoffnung, eine Beziehung zu entdecken zwischen der expansiven bzw. kompressiven Art der Skizze und der hellseherischen Fähigkeit der Versuchsperson, was die Zeichnung im Umschlag betrifft. Es wurde ein kompliziertes Bewertungssystem ausgearbeitet, und HUMPHREY fand heraus, daß die »Expansiven« höhere Werte erreichten, als es dem Zufall entsprochen hätte, während die »Kompressiven« etwas unter dem Zufallsniveau lagen, wobei der Unterschied hoch signifikant war mit einer Wahrscheinlichkeit, daß dies kein Zufall ist, von ca. 300 000 : 1. Da die Summe aller Scores der Expansiven eine positive Abweichung und die Summe aller Scores der Kompressiven eine negative Abweichung aufwies, wich die Gesamtzahl der kombinierten Scores nicht signifikant von der Zufallserwartung ab, so daß dabei kein Beweis für eine außersinnliche Wahrnehmung herauskam.

Bei einem weiteren Experiment bediente man sich nicht des Hellsehens, sondern der Telepathie und ließ den Sender in einem entfernten Raum Bilder betrachten und die Rater in einem anderen Raum Zeichnungen anfertigen. Diesmal ergab sich eine umgekehrte Beziehung: Die Kompressiven schnitten überdurchschnittlich gut ab, während die Expansiven unter dem Durchschnitt blieben. Übereinstimmend mit diesem Ergebnis fand ein anderer Forscher, daß expansive Versuchspersonen, die man ausgewählt hatte, weil sie bei Hellsehtests hohe Werte erreicht hatten, in den Telepathietests nur Scores erreichten, die signifikant unter dem Durchschnitt lagen. Umgekehrt erreichten die kompressiven Versuchspersonen, die beim Hellsehtest unter der Zufallserwartung geblieben waren, bei den Telepathietests Scores weit über der Zufallserwartung. Eine Wiederholung dieser Experimente in Großbritannien erbrachte allerdings keine Bestätigung der aus Amerika gemeldeten Ergebnisse. Außerdem ist zu beachten, daß die Technik von ELKISCH nicht sehr zuverlässig ist, da ein und dieselbe Person bei der einen Gelegenheit kompressive Zeichnungen und bei einer anderen expansive anfertigen kann. Alles in allem dürfte auch hier wie in anderen psychologischen Bereichen die Regel gelten, daß ein Ergebnis an verschiedenen Forschungsstätten erzielt worden sein muß, bevor man es als gültig anerkennen darf. Bis dahin sind die HUMPHREYschen Versuchsergebnisse höchstens als Anregung zu betrachten.

Weitgehend das gleiche gilt für die Experimente von SCHMEIDLER. Diese Forscherin teilte ihre Versuchspersonen in zwei Gruppen ein, die sie als »Schafe« und als »Böcke« bezeichnete. Die Böcke hatten die Überzeugung geäußert, Telepathie sei unter den gegebenen Versuchsbedingungen unmöglich, während die Schafe sie unter Umständen für möglich hielten. Im Durchschnitt schnitten die Schafe etwas über fünf ab und die Böcke ein wenig darunter. Bei 185 725 Rateversuchen lagen die Scores bei 5,15 bzw. 4,92.

Anschließend unterzog SCHMEIDLER ihre Versuchspersonen dem Rorschach-Test, um ihre emotionale Anpassung und Stabilität zu messen. Daraufhin teilte sie sie in vier Gruppen ein: gut angepaßte und schlecht angepaßte Schafe und gut angepaßte und schlecht angepaßte Böcke. Ihre Vermutung war, daß die gut angepaßten Schafe höhere Scores erreichen müßten als die schlecht angepaßten Schafe und daß die gut angepaßten Böcke größere negative Abweichungen liefern müßten als die schlecht angepaßten Böcke. Demnach sollte ihrer Ansicht nach eine schlechte Anpassung sowohl die positiven als auch die negativen Fähigkeiten der Versuchspersonen in bezug auf die zu erreichenden Punktzahlen verringern. Alles in allem scheint sich ihre Vermutung bestätigt zu haben, doch sind die Unterschiede durchgehend sehr gering. Außerdem ist zu beachten, daß sie sich bei ihren Berechnungen nicht der richtigen Formel bediente, wenn auch die Resultate vermutlich immer noch signifikant gewesen wären, wenn die Formel die richtige gewesen wäre.

Aus verschiedenen Gründen ist es schwer, diese Resultate anzuerkennen: Wir wissen nur so wenig über Telepathie und Hellsehen, daß man geneigt wäre zu sagen, alles sei möglich, und diese Ergebnisse seien nicht wunderbarer als andere, die wir bereits vorher erwähnt haben. Wir wissen jedoch etwas über den Rorschach-Test, und wie wir in einem späteren Kapitel noch sehen werden, ist dieser Test sehr unzuverlässig und, was Messungen guter oder schlechter Anpassung und emotionaler Stabilität betrifft, nahezu ohne Gültigkeit. Unter diesen Umständen ist es außerordentlich unwahrscheinlich, daß man mit einem solchen Test wirklich die guten von den schlechten Versuchspersonen unterscheiden kann. Bis diese Resultate erneut bestätigt worden sind, sollten wir nur mit größter Vorsicht daraus gezogene Schlußfolgerungen gelten lassen. Um zu zeigen, wie notwendig diese Skepsis ist, dürfen wir daran erinnern, daß die spezielle von SCHMEIDLER benutzte Version des Rorschach-Tests zuvor von einem anderen Forscher dazu verwendet worden war, den Collegeerfolg mit beträchtlicher Genauigkeit vorauszusagen. Als dann SCHMEIDLERS Versuch andernorts wiederholt wurde, lagen die Resultate nie über der Zufallserwartung. So zeigt sich auch hier, daß nur die Wiederholung des Experiments uns vor falschen Schlußfolgerungen bewahrt. Abschließend müssen wir daher sagen, daß wir über die Persönlichkeitseigenschaften, die mit parapsychologischen Fähigkeiten Hand in Hand gehen, nichts Definitives wissen, wenn auch in den hier kurz skizzierten Arbeiten einige vielversprechende Hinweise enthalten sein mögen.

Wir wollen uns jetzt einem völlig anderen Aspekt der Telepathie und des Hellsehens zuwenden, der in gewissem Sinn viel erstaunlicher und schwerer anzuerkennen ist als alles bisher Erwähnte. In der gesamten älteren Literatur taucht immer wieder der Glaube auf, daß es so etwas wie Präkognition gibt, d. h. die Fähigkeit, in die Zukunft zu blicken und vorauszusagen, was sich ereignen wird. Oft wird von Träumen berichtet, die die Zukunft voraussagen. Mit ihnen wollen wir uns im nächsten Kapitel beschäftigen. Erst RHINE, TYRRELL und SOAL jedoch haben solche Voraussagen und Vorahnungen experimentell zu erforschen gesucht. RHINES Arbeit auf diesem Gebiet bestand im wesentlichen darin, daß er den Empfänger die Reihenfolge der Karten in einem Zehner-Pack raten ließ, bevor der Pack gemischt wurde. Dann wurden die Angaben der Versuchspersonen mit der Reihenfolge der gemischten Karten verglichen. Die Scores lagen über der Zufallserwartung, jedoch nur sehr geringfügig, und da gewisse alternative Hypothesen für seine Beobachtungen ebenfalls möglich sind, halten sie manche Kritiker nicht für restlos überzeugend.

TYRRELLS Arbeit ist deshalb bemerkenswert, weil er mit einer Maschine arbeitete, die die menschliche Tätigkeit beim Mischen, Notieren und so weiter ausschaltete. Dieser Apparat bestand aus einer Reihe von fünf Kästen, worin sich jeweils eine kleine elektrische Birne befand. Diese Birnen waren mit Drähten an fünf Tasten befestigt, die vom Experimentator von einem Pult aus betätigt wurden, das ein paar Meter entfernt stand. Die Deckel dieser Kästen konnten von der Versuchsperson geöffnet werden, die hinter einem großen Wandschirm saß. Wurde vom Experimentator eine Taste gedrückt, so leuchtete die entsprechende Birne auf, und die Versuchsperson hob auf das Signal eines elektrischen Summers hin den Deckel desjenigen Kastens, den sie für den richtigen hielt. (Die Birne leuchtete nicht auf, bevor der Deckel abgehoben wurde, da die Versuchsperson sonst durch die Wärme des betreffenden Kastens oder das Licht, das vielleicht herausgedrungen wäre, kleine Hinweise hätte bekommen können.) Beim Öffnen des Kastens wurde automatisch auf einer Papierrolle eine Linie gezogen, ein Erfolg wurde mit einer doppelten Linie verzeichnet. Ein Kommutator im Stromkreis veränderte ständig die Verbindungen zwischen Birnen und Tasten, so daß der Experimentator selbst nicht wußte, welche Lampe er mit dem Druck auf die jeweilige Taste einschaltete. Zur Abwechslung konnten die Tasten auch durch einen rotierenden elektrischen Schalter mit einem einzelnen Arm ersetzt werden, der als mechanischer Selektor wirkte.

Unter diesen Umständen war Telepathie völlig ausgeschlossen, da TYRRELL selbst ja nicht wissen konnte, welches der richtige Kasten war. TYRRELLS Hauptversuchsperson, eine Frau Johnson, war äußerst erfolgreich bei Hellsehversuchen, doch hatte sie auch bei Versuchen mit präkognitivem Hellsehen Erfolge zu verzeichnen, was diese Erfolge noch viel interessanter macht. Bei diesen Versuchen öffnete Frau Johnson einen Kasten jeweils eine halbe Sekunde, bevor der Versuchsleiter die Taste drückte. Es wurden 2255 Versuche mit 539 Treffern durchgeführt, was 88 Treffer über der Zufallserwartung ausmacht, wobei die Wahrscheinlichkeit, daß dies kein Zufall ist, etwa 270 000 : 1 ist. Die Überprüfung der automatischen Aufzeichnung auf der Papierrolle zeigte, daß bei den Treffern der Kasten tatsächlich jedesmal geöffnet worden war, bevor die Taste gedrückt wurde. Diese Ergebnisse zu bestreiten dürfte in der Tat sehr schwierig sein.

Die eindrucksvollsten aller Untersuchungen über Präkognition sind vielleicht die Arbeiten des britischen Mathematikers S. G. SOAL, der als Skeptiker begann und viele Jahre lang keine positiven Ergebnisse zu verzeichnen hatte. Angeregt durch einen anderen Forscher, der behauptete, Beweise für Präkognition zu besitzen, ging SOAL einen großen Teil seiner Daten noch einmal durch, um nach sogenannten »Verschiebungseffekten« zu suchen. Nach dieser Theorie besteht die Möglichkeit, daß eine Versuchsperson, wenn sie auf eine bestimmte Karte abzielt, diese im Augenblick verfehlen und ihre Vermutung auf die unmittelbar vorangehende oder folgende Karte verschieben kann. SOAL stellte tatsächlich fest, daß zwei seiner Versuchspersonen namens Basil Shackleton und Gloria Stewart hoch signifikante Scores in bezug auf Karten geliefert hatten, die unmittelbar vor oder nach der Karte kamen, auf die sie abzielten. Besonders bei Shackleton wurde bei anschließenden Untersuchungen festgestellt, daß er ständig die nächstfolgende Karte getroffen hatte. Er konnte, wenn man ihn mit besonderem Nachdruck dazu aufforderte, auch die Zielkarte raten, fand es aber leichter und natürlicher, die noch nicht aufgedeckte Karte zu raten. Wurde das Ratetempo beschleunigt, so verschob sich Shackletons Ratevermögen auf eine Karte, die zwei Karten später lag, so daß seine gewohnte Zeitrelation aufrechterhalten blieb.

Diese Experimente beweisen nicht unbedingt das Vorhandensein von Präkognition. Die zu erratende Reihenfolge der Karten war durch eine Liste zufällig zusammengestellter Zahlen im voraus bestimmt, und wenn die Versuchsperson sich auf telepathischem Weg Kenntnis von dieser Liste verschafft hatte, bestand die Möglichkeit, daß sie die nächste oder übernächste Karte auch ohne Präkognition kannte. Soal hat jedoch diese Hypothese getestet, indem er es bei bestimmten Sitzungen so einrichtete, daß die Reihenfolge der zu erratenden Karten erst an Ort und Stelle durch Ziehen von Marken aus einer Schale festgelegt wurde. Ein Assistent nahm jeweils eine Marke heraus und zeigte sie dem Sender, der sich daraufhin sofort die Karte ansah, welche der Nummer auf der Marke entsprach. Auch in diesem Fall blieb der präintuitive Effekt auf der gleichen Signifikanzebene erhalten.

Überblickt man noch einmal die Arbeiten von Rhine, Tyrrell, Soal und anderen Forschern wie Carington, dessen Technik darin bestand, daß er seine Versuchspersonen Bilder von Gegenständen zeichnen ließ, die er ihnen zu »senden« versuchte, so kann man kaum die Möglichkeit bestreiten, daß Präkognition tatsächlich existiert. Wie sehr diese Schlußfolgerung auch unseren tief eingewurzelten Denkgewohnheiten zuwiderlaufen mag – diese Experimente wurden mit einer solchen Strenge und statistischen Genauigkeit durchgeführt, daß ihnen mit Kritik nicht beizukommen ist. Wenn hier nicht alle genannten Forscher samt ihren vielen voneinander unabhängigen Versuchspersonen und Kollegen, die in diesem Bereich tätig sind, Betrüger sind, so ist der Schluß unausweichlich, daß bestimmte Menschen eine Fähigkeit besitzen, die sie in die Lage versetzt, Ereignisse in der unmittelbaren Zukunft vorauszusagen.

Der Verschiebungseffekt ist einer der vielen Sekundäreffekte, auf die man in der psychologischen Forschung stößt. Andere derartige Sekundäreffekte kennt man seit langem. So weiß man zum Beispiel, daß die diesbezüglichen Fähigkeiten vieler Versuchspersonen mit der Zeit dazu neigen, abzunehmen. Nur wenige Versuchspersonen behalten ihre Fähigkeiten länger als zwei oder drei Jahre. Selbst bei einer bestimmten Gelegenheit besteht die Tendenz, daß die Leistung von den Angaben in den ersten zehn Minuten einer dreistündigen Sitzung bis zu denen gegen Ende dieser Zeit nachläßt. Manchmal sinkt die Trefferzahl sogar unter die Zufallsquote ab, so daß Personen, die zunächst hohe Scores erreicht haben, immer mehr nachlassen, bis sie schließlich am Ende eine signifikant negative Abweichung aufweisen. Wenn das nur ein- oder zweimal vorkäme, könnte man es natürlich dem Zufall zuschreiben, aber man hat herausgefunden, daß es bei vielen Versuchspersonen und bei vielen unterschiedlichen Experimenten beständig auftritt. Ein anderer Sekundäreffekt bezieht sich auf die Beobachtung, daß bei einer bestimmten Reihenfolge von fünfundzwanzig Karten die meisten Treffer eher zu Beginn als in der Mitte der Serie gemacht werden. Die Tatsache, daß Sekundäreffekte dieser Art bei verschiedenen Untersuchungen gefunden wurden, legt den Gedanken nahe, daß auf diesem komplizierten Gebiet noch gewisse allgemeine Gesetze entdeckt werden könnten und daß wir vielleicht eines Tages diese Vorgänge besser verstehen werden.

Wir erwähnten bereits, wie schwierig es ist, zwischen Telepathie und Hellsehen zu unterscheiden. Eine kurze Diskussion der Präkognition soll zeigen, weshalb es so ungeheuer schwierig ist, den Unterschied experimentell festzulegen. Nehmen wir folgendes Verfahren an: Der Versuchsleiter öffnet einen neuen Pack Spielkarten in einem dunklen Raum, legt sie in ein mechanisches Mischgerät und wählt dann die zu erratenden Karten aus. Der Empfänger, der sich in einem anderen, ebenfalls verdunkelten Raum befindet, rät diese Karten. Man kann jedoch nicht sagen, daß es sich dabei um Hellsehen handelt, weil ja jemand die Angaben der Versuchsperson anhand der tatsächlichen Reihenfolge der Karten überprüfen wird und sich dabei die Karten auf normale Weise ansehen muß. Die Versuchsperson, die richtig geraten hat, könnte sich ihr

Wissen durch Hellsehen verschafft haben, aber es besteht auch die Möglichkeit, daß sie mit der Person, die die Überprüfung vornahm, durch eine präkognitive Art der Telepathie in Verbindung stand. Daher würde sich dieses Experiment nicht dazu eignen festzustellen, ob es sich um Hellsehen oder um Telepathie handelte. Eine Möglichkeit, diesem Dilemma zu entgehen, erwähnten wir bereits, nämlich die mechanische Misch- und Aufzeichnungsmaschine von TYRRELL.

Ähnliche Schwierigkeiten ergeben sich, wenn man versucht, die Existenz von Telepathie nachzuweisen. Gesetzt den Fall, der Versuchsleiter denkt an die Symbole verschiedener Zener-Karten, ohne daß er die betreffenden Karten tatsächlich vor sich liegen sieht, während der Empfänger seine Vermutungen in einem anderen Raum aufschreibt. Wenn nun der Experimentator die Bezeichnungen der Symbole, an die er gedacht hat, in der richtigen Reihenfolge notiert und ein Vergleich mit den Vermutungen des Empfängers das Vorhandensein von ASW offenbart, dann heißt das immer noch nicht, daß wir damit die Existenz von Telepathie nachgewiesen haben, denn hier besteht die Möglichkeit, daß es sich um präkognitives Hellsehen von seiten des Empfängers in bezug auf die zukünftige physikalische Aufzeichnung durch den Experimentator handelt. Man kann diese Schwierigkeit mit einem Code umgehen, der nur dem Experimentator bekannt ist und von diesem niemals aufgezeichnet wurde und mit dessen Hilfe er die zufällig aus der Urne gezogenen Zahlen in Symbole übersetzt, die er dann dem Empfänger zu übermitteln versucht. Die Zahlen werden aufgeschrieben, nicht aber der Code, der sie in Symbole übersetzt, so daß ein prä-intuitives Hellsehen den Empfänger zwar in die Lage versetzen könnte, die gezogenen Zahlen zu erkennen, aber nicht hinreichen würde, sie in die Symbole zu übersetzen, die er tatsächlich raten soll.

Experimente in diesen beiden Richtungen haben gezeigt, daß vermutlich sowohl Hellsehen als auch Telepathie existieren. Außerdem hat man gefunden, daß zwar viele Menschen, welche die eine Fähigkeit besitzen, oft auch die andere haben, daß dies jedoch keineswegs unbedingt der Fall sein muß. So kommen auch Fälle vor, wo Versuchspersonen bei der Telepathie hohe Scores erreichen, nicht aber beim Hellsehen, und umgekehrt. Die allermeisten Experimente suchen jedoch nicht zwischen diesen beiden Fähigkeiten zu unterscheiden und sind daher lediglich als Beweis zu werten, daß bei erfolgreichen Personen eine ganz allgemeine Fähigkeit zu einer parapsychologischen oder außersinnlichen Wahrnehmung vorhanden ist.

Zum Schluß noch ein paar Worte über die Psychokinese, die letzte der vielen parapsychologischen Erscheinungen, um deren experimentelle Erforschung man sich bemüht. Rhines Methode bestand einfach darin, daß er einen Würfel eine schiefe Ebene hinunterrollen ließ und seine Versuchsperson aufforderte, mit ihrem Willen diesen Würfel dazu zu veranlassen, daß er so hinunterrollte, daß sich entweder hohe Werte (eine Sechs oder eine Fünf) oder niedrige (eine Eins oder eine Zwei) ergaben. Es wurden Routinemethoden, den Würfel rollen zu lassen, entwickelt, so daß er von den Versuchspersonen unabhängig war, und man fand, daß man auf diese Weise Scores erreichen konnte, die hoch über der Zufallserwartung lagen. Von Anfang an ergaben sich gewisse experimentelle Schwierigkeiten. So haben Würfel die Neigung, so zu fallen, daß die Sechs oder die Fünf öfter obenauf liegt als alle anderen Zahlen, weil die betreffenden Würfelflächen dadurch etwas leichter sind, daß mehr kleine Vertiefungen darin angebracht sind. Rhine hat diese Schwierigkeit dadurch überwunden, daß er seine Versuchspersonen aufforderte, ganze Serien hervorzurufen, bei denen sie *entweder* nur hohe *oder* nur niedrige Werte erhielten. Wir sollten jedoch vorsichtig sein, diese Ergebnisse anzuerkennen, bevor sie nicht auch andernorts erfolgreich wiederholt worden sind. Alles in allem hat man sich mit dieser Erscheinung im Unterschied zur Telepathie und zum Hellsehen noch wenig beschäftigt. Die vorliegenden Ergebnisse sind eindrucksvoll, aber meiner Ansicht nach nicht überzeugend, und es werden wohl noch einige Jahre vergehen, bis bei dieser wichtigen Frage endgültige Schlußfolgerungen möglich sind.

An sich sollte am Ende eines solchen Kapitels wenigstens kurz auf die Theorien eingegangen werden, welche die beobachteten Erscheinungen zu erklären versuchen. Obwohl viele derartige Theorien vorgeschlagen worden sind, hat es doch wenig Sinn, sich näher mit ihnen zu beschäftigen, da sie kaum Licht auf die Sache werfen. Bevor Theorien für die Wissenschaft ergiebig werden können, muß man über eine große Anzahl von Tatsachen Bescheid wissen. Auf dem Gebiet der außersinnlichen Wahrnehmung wissen wir aber nur wenig, außer daß anscheinend dort etwas wirksam ist, das man mit unseren üblichen Gesetzen und Theorien nicht erklären kann. Angesichts der Schwierigkeiten, die Erscheinungen zu isolieren und gute Versuchspersonen zu finden, sind die diesbezüglichen Versuche noch nicht weit gediehen. Wir kennen einige interessante Sekundäreffekte, aber wir müssen sie noch viel genauer kennenlernen, bevor wir eine vernünftige Theorie aufstellen können. Das ist ein enttäuschendes Ergebnis und sicher mit ein Grund für die feindselige Haltung der orthodoxen Wissenschaft gegenüber diesen Erscheinungen. Isolierte Tatsachen lassen sich nicht leicht in die Wissenschaft einordnen, und in der Parapsychologie gibt es bisher noch kein zusammenhängendes System von Tatsachen, die durch Hypothesen und Theorien miteinander verbunden sind. Es gibt erste Ansätze, wie den Versuch, Persönlichkeit und Parapsychologie zueinander in Beziehung zu setzen, aber wir sahen, daß diese Verknüpfungen schwach und kaum zuverlässig sind.

Einer der Gründe für diesen Stand der Dinge ist natürlich in der relativen Jugend und Unausgereiftheit der parapsychologischen Wissenschaft zu suchen. Ein weiterer Grund liegt in der Schwierigkeit, die finanziellen Mittel für eine konzentrierte, koordinierte und sich über lange Zeit erstreckende Arbeit auf diesem Gebiet zu bekommen. Ein dritter Grund ist vielleicht auch in der Feindseligkeit zu suchen, mit der man den Forschungen auf dem Gebiet der außersinnlichen Wahrnehmung noch bis vor kurzem begegnete, einer Feindseligkeit, die auch heute noch nicht völlig überwunden ist. Mit der Zeit werden all diese Schwierigkeiten zweifellos verschwinden, und wir werden den Grundstein zu einer brauchbaren Theorie der Parapsychologie legen können. Bis dahin sollten wir vielleicht mit unserer Kritik etwas zurückhaltend sein und uns daran erinnern, daß wir auch für die meisten psychologischen Probleme noch keine brauchbare Theorie besitzen, was uns aber nicht hindert anzuerkennen, daß psychologische Phänomene vorhanden und wissenschaftlicher Erforschung wert sind.

## *4. Traumdeutung*

Die Menschheit hat sich immer schon für Träume interessiert, und man hat immer wieder versucht sie zu deuten. Die Gründe für dieses Interesse liegen auf der Hand. Der Traum ist eine auffallende, merkwürdige Erscheinung, in mancher Hinsicht dem Wachzustand ähnlich, in anderer dagegen völlig anders. Die in die Träume eindringenden Gegenstände sind im allgemeinen alltägliche Dinge, wie Pferde, Eisenbahnzüge und Personen. Auch der Schauplatz des Traumes ist meist ein vertrauter Ort, etwa das Haus des Träumenden oder ein Feld oder ein Nachtklub. Was sich jedoch im Traum ereignet, ist oft ganz anders als die Ereignisse des täglichen Lebens. Man kann sich in einen anderen Menschen oder auch in ein Tier verwandeln; der Träumer kann im Nu durch Jahrhunderte oder über Ozeane getragen werden, und die schrecklichsten und wunderbarsten Dinge können mit ihm geschehen – schrecklicher und wunderbarer, als sie in den Märchen aus »Tausend und einer Nacht« geschildert sind. Außerdem besitzen die Träume oft einen starken emotionalen Gehalt. Das gilt besonders für den Alptraum, doch auch in gewöhnlicheren Träumen können starke Emotionen, angenehme, aber auch noch häufiger unangenehme, auftreten. Durch diese Emotionen werden die Träume noch interessanter, weil sie uns das Gefühl geben, daß sich hier etwas Wichtiges abspielt.

Das uns zur Verfügung stehende Tatsachenmaterial ist dürftig und nicht sehr aufschlußreich. Wenn wir in unserem Kulturbereich eine große Anzahl von Träumen untersuchen, können wir die Umgebung, in der sie sich abspielen, die Personen, die darin auftreten, die Handlungen, die in ihnen vorgenommen werden, und die Emotionen, die sich darin äußern, annähernd statistisch erfassen und analysieren. Die meisten Träume spielen in einer einigermaßen deutlich definierten Umgebung. Nur in 5 Prozent der Träume ist sich der Träumende der Umgebung nicht bewußt. In weiteren 15 Prozent befindet er sich in einem Fahrzeug, etwa einem Auto, einem Eisenbahnzug, einem Flugzeug, einem Schiff, einer Untergrundbahn oder einer Straßenbahn. Ungefähr 10 Prozent der

Träume spielen an einem Erholungs- oder Vergnügungsort: auf einem Rummelplatz, auf einem Ball oder einer Party, am Strand, auf einem Sportplatz und so weiter. Am allerhäufigsten aber befinden wir uns im Haus oder in einem Zimmer; das gilt für 35 Prozent aller Träume. Anscheinend ist dabei das Wohnzimmer der beliebteste Raum; es folgen der Reihe nach Schlafzimmer, Küche, Treppenhaus, Keller, Bad, Eßzimmer und Diele. Weitere 10 Prozent der Träume spielen auf dem Land und in freier Natur. Die Träume von Männern spielen häufiger im Freien, die von Frauen häufiger im Haus. In weiteren 10 Prozent geht der Träumende eine Straße oder einen Weg entlang. Der Rest ist hinsichtlich der Umgebung nur schwer zu klassifizieren.

Die Psychoanalytiker versuchen oft gewisse Aspekte des Traums zu interpretieren, indem sie den Schauplatz mitberücksichtigen. Die Tatsache, daß ein Traum z. B. in einem Fahrzeug spielt, wird dahingehend interpretiert, daß der Träumende sich irgendwohin begibt, daß er in Bewegung ist. Die Bewegung bedeutet Ehrgeiz, Flucht vor etwas, Fortschritt und Leistung oder das Abbrechen von Familienbindungen und dergleichen. Züge, Autos und andere Fahrzeuge sind Kraftmaschinen und werden daher als Symbol der vitalen Energie instinkthafter Impulse, besonders auf sexuellem Gebiet, interpretiert. Vergnügungs- und Erholungsstätten haben meist sinnlichen Charakter, da sie es mit Vergnügen und Belustigung zu tun haben und eher eine Orientierung auf Vergnügen als auf Arbeit erkennen lassen. Eine symbolische Deutung dieser Art kann auch noch spezieller sein. So soll ein Keller ein Ort sein, wo *niedrige* Taten vollbracht werden, oder er kann auch *niedrige* unbewußte Impulse repräsentieren. Auf die Gültigkeit derartiger Deutungen wollen wir später eingehen. An dieser Stelle möge der Hinweis genügen, daß Träume von bestimmter Seite so gedeutet werden.

Außer einer bestimmten Umgebung gibt es im Traum auch eine Rollenverteilung. In etwa 15 Prozent aller Träume ist der Träumende mit sich allein. In den übrigen 85 Prozent treten im Durchschnitt zwei Personen auf. Die meisten dieser zusätzlichen Personen sind Familienangehörige, Freunde und Bekannte des Träumenden. Etwa 40 Prozent der Traumpersonen sind Fremde; man sagt, daß sie das Unbekannte, Zweideutige und Ungewisse repräsentieren; manchmal werden sie auch als uns fremde Seiten der eigenen Persönlichkeit gedeutet, von denen wir nicht zugeben möchten, daß auch sie zu uns gehören. Prominente Persönlichkeiten treten nur selten in unseren Träumen auf, was daher kommen mag, daß sich unsere Träume mit Dingen befassen, die für uns emotional wichtig sind.

Was tut der Träumende im Traum? In etwa 35 Prozent der Fälle befindet er sich irgendwie in Bewegung: Er läuft, rennt, fährt, fällt oder klettert. Meist spielen sich diese Ortsveränderungen in seiner häuslichen Umgebung ab. In weiteren 25 Prozent der Träume verhält sich der Träumende passiv: Er steht irgendwo, beobachtet etwas, schaut bei etwas zu oder unterhält sich. Anstrengende oder routinemäßige Tätigkeiten scheinen in den Träumen nicht vorzukommen – nur selten wird gearbeitet, eingekauft oder verkauft, Schreibmaschine geschrieben, genäht, Geschirr gespült oder dergleichen. Strengt man sich im Traum an, so geschieht es zum Vergnügen und nicht in Ausübung der täglichen Pflichten. Frauen haben im Durchschnitt weit weniger aktive Träume als Männer.

Die Handlungen und Personen im Traum und auch die Umgebung sind mit allen möglichen Emotionen behaftet. Ganz allgemein sind unangenehme Träume häufiger als angenehme, und der Anteil der unangenehmen Träume scheint mit zunehmendem Alter größer zu werden. Unangenehme Emotionen, wie Angst, Zorn und Traurigkeit, werden doppelt so häufig angegeben als angenehme Emotionen, wie Freude und Glück. Wie wir noch sehen werden, zieht man die in den Träumen erlebten Emotionen oft als wichtigen Hinweis zur Traumdeutung heran. Anders ist es mit den Farben. Zwar ist etwa jeder dritte Traum farbig, aber Versuche, den Unterschied zwischen farbigen und schwarz-weißen Träumen irgendwie zu deuten, verliefen sehr enttäuschend.

Das wäre demnach der Stoff, aus dem die Träume sind. Wie können wir sie deuten, angenommen sie haben eine Bedeutung, sei diese auch noch so verzerrt, und sind nicht nur zufällige Nachwirkungen sensorischer Reize vom vorhergehenden Tag oder unmittelbare Begleiterscheinung einer sensorischen Stimulation im Augenblick des Träumens? Beide Theorien haben ihre Vertreter, und sicher kann man wenigstens gewisse Träume darauf zurückführen. Wir haben tagsüber einen wunderschönen Wagen gesehen, und er taucht dann vielleicht nachts in unserem Traum auf. Der Wecker kann läuten, und anstatt aufzuwachen, können wir träumen, es läute eine Kirchenglocke und rufe die Frommen zum Gebet.

Eine etwas angemessenere und gewiß poetischere Theorie wird von manchen Eingeborenenstämmen vertreten, die glauben, wenn jemand schlafe, so fliege seine Seele fort und erlebe tatsächlich die Dinge, die dem Schläfer im Traum erscheinen. Eine solche Auffassung führt natürlich zu Komplikationen. So verlangte ein Häuptling, als er hörte, ein Stammesangehöriger habe geträumt, daß er mit einer seiner Töchter Verkehr gehabt habe, von diesem das volle Brautgeld, weil er der Ansicht war, die Seele des Schläfers habe tatsächlich die Befriedigung bekommen, die man sich nach dem Gesetz nur dadurch erwerben konnte, daß man dem Häuptling für seine Tochter den entsprechenden Preis bezahlte. Vielleicht verspürt der Leser Lust, über die ethischen Konsequenzen dieser Theorie nachzudenken und sich zu überlegen, wie man sie experimentell widerlegen könnte. Ebenso wie die zuvor erwähnte Theorie wollen wir aber auch diese hier lieber übergehen.

Den allermeisten Träumen ist auf diese Weise nicht beizukommen. Als nächstes wollen wir uns mit zwei großen Gruppen von Theorien beschäftigen, die ebenfalls die Träume zu deuten und zu erklären versuchen.

Nach den Theorien der ersten Gruppe haben Träume prophetischen Charakter. Sie warnen uns vor Gefahren, die uns in Zukunft drohen, sie sagen uns, was geschehen wird, wenn wir das oder jenes tun, und werden als Wegweiser angesehen, die wir ganz nach Belieben beachten oder mißachten können. Es ist das vermutlich die in der gesamten Menschheit am weitesten verbreitete Auffassung von den Träumen. Der Prototyp des prophetischen Traums ist natürlich der Traum des Pharao von den sieben fetten und den sieben mageren Kühen, den Joseph gedeutet hat. Hier haben wir alle Elemente des prophetischen Traums – die heftige Emotion als Hinweis auf die Wichtigkeit des Traums, die symbolische Verkleidung der Information und die besondere Fähigkeit des Deuters, der es versteht, das Geheimnis des Traums zu enthüllen und seine innere Bedeutung darzulegen.

Nehmen wir diese Hypothese ernst, dann wird eine Untersuchung der Kunst der Traumdeutung natürlich sehr wichtig. Man braucht sich nur vor Augen zu halten, welche Möglichkeiten sich eröffnen, wenn man im voraus träumen könnte, wer das nächste Derby gewinnt, und man wird verstehen, weshalb die Menschen von diesem Aspekt der Traumforschung schon immer fasziniert waren und weshalb Bücher über Traumdeutung so oft zu Bestsellern wurden. Das Vorbild war ein Gelehrter aus Ephesus namens ARTEMIDOROS, der im zweiten Jahrhundert nach Christus lebte. Er schrieb ein Buch mit dem Titel »Oneiro Kritika«, was soviel heißt wie ›Die Kunst der Traumdeutung‹, welches nicht nur in viele Sprachen übersetzt, sondern auch von vielen Autoren nachgeahmt und kopiert wurde. Im wesentlichen gründen sich solche Bücher auf die Meinung, der Traum sei eine Art Geheimsprache, zu der man nur eine Art Wörterbuch brauche, um sie zu verstehen. Dieses Wörterbuch liefert der Verfasser des Traumbuchs in Form einer alphabetischen Liste der Dinge, die in den Träumen vorkommen können, wobei jeweils eine Erklärung ihrer Bedeutung hinzugefügt wird. Wenn jemand also träumt, er habe eine Reise unternommen, dann schlägt er im Traumbuch unter »Reise« nach und findet, daß Reise Tod bedeutet. Das kann den Betreffenden natürlich recht beunruhigen, aber er kann sich damit trösten, daß es ja nicht unbedingt sein eigener Tod sein muß, der ihm auf diese Weise prophezeit wird.

Nicht viele dürften diese Art der Traumdeutung sehr ernst nehmen; ganz offensichtlich handelt es sich dabei, was die unbewiesenen Behauptungen und deren höchst unwahrscheinliche theoretische Grundlage betrifft, um etwas Ähnliches wie bei der Astrologie, dem Prophezeien aus dem Kaffeesatz und dem Handlesen. Trotzdem haben einige Forscher, wie wir im vorigen Kapitel sahen, die Möglichkeit der Präkognition ernst genommen, und ein oder zwei haben den präkognitiven Fähigkeiten in den Träumen besondere Aufmerksamkeit geschenkt. Einer der bekanntesten Forscher auf diesem Gebiet ist J. W. DUNNE, dessen Buch »An Experiment with Time« (Ein Experiment mit der Zeit) in den zwanziger und dreißiger Jahren unseres Jahrhunderts viel gelesen wurde.

Sehen wir uns die Träume näher an, die er als Beweis anführt. Er berichtet von einem ungewöhnlich lebhaften und recht unangenehmen Traum, bei dem es ihm so vorkam, als stehe er auf einer Anhöhe. Dieser Hügel oder Berg bestand aus einer seltsamen weißen Formation mit kleinen Spalten, aus denen hier und dort Dampf hervorschoß. DUNNE erkannte in dem Ort eine Insel wieder, von der er schon früher geträumt hatte; diese Insel war unmittelbar von einem Vulkanausbruch bedroht. Er erinnerte sich, über KRAKATAU gelesen zu haben, wo das Meer, das sich durch eine unterseeische Spalte einen Weg zum Inneren des Vulkans gebahnt hatte, den ganzen Berg in die Luft gesprengt hatte. »Großer Gott«, stöhnte er, »das ganze Ding wird in die Luft fliegen!« Er wurde von dem leidenschaftlichen Wunsch ergriffen, die 4000 ahnungslosen Bewohner zu retten, und bemühte sich eifrig, die Behörden dazu zu veranlassen, einige auf Schiffen unterzubringen. Während des Traums hatte er die ganze Zeit das Gefühl, daß die Zahl 4000 eine besondere Bedeutung hatte.

Soviel über DUNNES Traum. Ein paar Tage später bekam DUNNE ein Exemplar des Daily Telegraph in die Hände. (Er befand sich damals in einem Lager bei den Ruinen von Lindley, das zu jener Zeit zum Oranje-Freistaat gehörte und mit der Außenwelt kaum Kontakt hatte.) Er las in dieser Zeitung über die Explosion des Vulkans Mont Pelée, der die blühende Stadt Saint-Pierre, die Handelsmetropole der Insel Martinique in Westindien, zerstört hatte. Es hieß, vierzigtausend Menschen seien ums Leben gekommen und man habe geraume Zeit gebraucht, um die Überlebenden auf Schiffen wegzubringen.

Es fällt auf, daß die Zahl der Umgekommenen 40 000 war, während DUNNE von 4000 geträumt hatte. Er erklärte aber, beim Durchblättern der Zeitung habe er in der Eile gelesen, die Zahl der Toten sei 4000 gewesen; und so kam es, daß er auch später, wenn er die Geschichte erzählte, immer von 4000 Opfern sprach. Daß es in Wirklichkeit 40 000 gewesen waren, wurde ihm erst bewußt, als er 15 Jahre später den Artikel abschrieb. Er erklärte das Ganze damit, daß sein Traum durch ein präkognitives Lesen des Zeitungsberichts zustande gekommen sei und daß die falsche Zahl der Toten in seinem Traum darauf zurückzuführen sei, daß er sich anschließend bei dem Zeitungsartikel verlesen habe. DUNNE zog nicht die Möglichkeit in Betracht, daß er im Gegenteil sich verlesen hatte, weil er an die Zahl 4000 aus seinem Traum dachte; selbst in diesem Fall aber müßten wir zugeben, daß es ein etwas merkwürdiges Zusammentreffen war, daß er von einem Vulkanausbruch träumte, unmittelbar bevor dieser tatsächlich stattfand. Allerdings erscheint uns sein Bericht im ganzen wenig überzeugend.

Ein anderer Traum DUNNES ist vielleicht interessanter. Er träumte eines Nachts, er gehe eine Art Pfad zwischen zwei Feldern hinunter, der von diesen durch hohe Eisengitter getrennt war. Plötzlich tauchte auf dem linken Feld ein Pferd auf, das offenbar wild geworden war und wie toll umhersprang. Angstvoll suchte er das Gitter ab, ob es vielleicht ein Loch darin gab, durch welches das Tier herauskonnte. Da er keines fand, ging er weiter, merkte aber bald zu seinem Schrecken, daß das Tier doch irgendwie herausgelangt war und in vollem Galopp hinter ihm herkam und ihn verfolgte. Er lief, so schnell er konnte, auf eine Holztreppe zu, zu der der Pfad hinführte. Am nächsten Tag ging DUNNE mit seinem Bruder fischen, als dieser ihn auf die tollen Sprünge eines Pferdes aufmerksam machte. Es waren zwei umzäunte Felder vorhanden, zwischen denen ein Pfad hindurchführte. Auch das Pferd war da und benahm sich genau wie das im Traum. Sogar die Holztreppe am Ende des Pfades war vorhanden. Bis auf einige unwesentliche Unterschiede war es der gleiche Schauplatz. DUNNE erzählte seinem Bruder von dem Traum, unterbrach dann aber seinen Bericht, weil er sich besorgt fragte, ob das Pferd vielleicht wie in seinem Traum herausgelangen könnte. Da er keine Lücke im Zaun und nicht einmal ein Gatter entdecken konnte, sagte er: »Jedenfalls kann dieses Pferd nicht heraus« und fing wieder an zu fischen. Aber plötzlich rief sein Bruder laut, und er sah, daß das Tier genau wie in seinem Traum auf unerklärliche Weise aus der Umzäunung herausgefunden hatte und jetzt den Pfad herunterdonnerte, genau auf die Holztreppe zu. Es raste daran vorbei, sprang in den Fluß und kam direkt auf DUNNE und seinen Bruder zu. Die Geschichte endete allerdings ziemlich harmlos, denn als das Tier wieder aus dem Wasser auftauchte, warf es dem erschrockenen Brüderpaar nur einen Blick zu, schnaubte und galoppierte weiter die Straße hinunter. Auch hier handelt es sich um ein etwas merkwürdiges Zusammentreffen, doch ist es keineswegs unmöglich, daß Dunne schon früher das Pferd, die beiden Felder, den Pfad und die hölzernen Stufen gesehen hatte. Daher könnten die verschiedenen Elemente des Traums einfach Erinnerungen an Dinge sein, die er zwar gesehen hatte, die ihm aber keinen bewußten Eindruck hinterlassen hatten. Auch ist nicht zu übersehen, daß Traum und Wirklichkeit Unterschiede aufweisen, wie zum Beispiel, daß Dunne im einen Fall allein und im anderen in Begleitung seines Bruders war oder daß im Traum das Pferd Dunne den Weg hinunter nachlief, während es dann in Wirklichkeit allein davongaloppierte.

Es dürften dies die beiden eindrucksvollsten Träume von Dunne sein, und es ist überflüssig, noch weitere zu zitieren. Sie veranlaßten ihn zu einer Reihe von Experimenten, bei denen er ausführlich alle seine Träume niederschrieb, um an den folgenden Tagen nach Ereignissen Ausschau zu halten, die zu diesen Träumen passen könnten. Er veranlaßte auch andere, das gleiche zu tun, und behauptet, er habe auf diese Weise eine große Menge prophetischer Träume gefunden. Betrachtet man jedoch objektiv die vielen Tausende von Träumen, die er untersucht hat, und sagt man sich, daß er in seinem Buch vermutlich nur die überzeugendsten anführt, so wird man seine Skepsis kaum los.

Als Beweismethode versagt Dunnes Versuch, weil es hier keine Möglichkeit gibt, den Einfluß von Zufallsfaktoren, die Beimischung von Kenntnissen aus früherer Zeit und andere ähnliche erschwerende Momente richtig abzuschätzen. Er selbst räumt ein, daß das, was er zu bieten hat, kein Beweis im herkömmlichen Sinne ist, und er empfiehlt dem Leser, die Methode an sich selbst auszuprobieren. Das werde ihn bestimmt überzeugen, meint er. Selbst wenn er damit recht hätte – und ich selbst habe mehrere Monate lang meine Träume aufgeschrieben, ohne einen zu finden, der irgend etwas im geringsten vorausgesagt hätte –, so würde das natürlich noch gar nichts beweisen. Die emotionale Gewißheit, daß etwas, was man glaubt, wahr ist, ist noch kein Beweis, wenn auch noch so viele diesen Glauben teilen mögen. Dunne nimmt den Begriff Beweis im ganzen zu leicht, als daß seine Arbeit mehr Beachtung verdiente als die vieler seiner Vorgänger.

In der einschlägigen Literatur finden wir nur eine einzige ausreichend überprüfte Untersuchung. Diese wurde im März 1932 durchgeführt. Ein paar Tage nach der Entführung des Lindbergh-Babys, aber bevor man seine Leiche gefunden hatte, setzte die Untersuchungskommission eine Anzeige in sämtliche Zeitungen, in der die Leser aufgefordert wurden, ihre Träume, sofern sie sich auf das Kidnapping bezogen, mitzuteilen. Es gingen über 1300 Antworten ein. Die Träume wurden einige Wochen später mit den inzwischen ermittelten Tatsachen verglichen – der *nackte* und *verstümmelte* Körper des Kindes wurde in einer *flachen Grube* im *Wald* neben einer *Landstraße* gefunden, und der Tod war augenblicklich eingetreten. Nur in 5 Prozent der eingesandten Träume erschien das Baby als tot, und nur in sieben Träumen erschien der tatsächliche Fundort der Leiche, ihre Nacktheit oder die Art, wie sie verscharrt war, mit zureichender Genauigkeit. Nur vier der sieben Träume enthielten die drei Tatsachen: Tod, Verscharren in einer Grube und Ort unter Bäumen. Der folgende Traum wurde als der genaueste unter den sieben angesehen:

Ich hatte den Eindruck, daß ich an einem sehr schmutzigen Ort unter Bäumen stand oder umherging. Eine Stelle sah so aus, als ob es sich dabei um ein rundes flaches Grab handeln könnte. In diesem Augenblick hörte ich eine Stimme sagen: »Das Baby ist ermordet worden und ist dort vergraben.« Ich erschrak so sehr, daß ich sogleich erwachte.

Hält man sich vor Augen, daß dies der der Wirklichkeit am nächsten kommende Traum unter 1300 war und daß er nur wenige der später ermittelten Tatsachen enthielt, so ist man kaum von den präkognitiven Fähigkeiten der Leute beeindruckt, die ihre Träume mitteilten. Dem könnte man natürlich entgegenhalten, daß nur wenige Menschen diese Fähigkeit besitzen und daß diese keinen Traumbericht eingeschickt hätten, aber dann bliebe uns immer noch die Aufgabe, Leute ausfindig zu machen, die uns den Beweis erbringen könnten. Alles in allem ist die Vermutung, daß es Präkognition wirklich gibt, zwar faszinierend, doch wird sie offenbar durch die Traumforschung wenig bestätigt. Was wir am allerdringendsten brauchen, ist eine Methode der Art, wie sie Rhine, Soal und andere im Fall des Hellsehens und der Telepathie gefunden haben, eine Methode nämlich, die es ermöglicht, zuverlässig abzuschätzen, inwieweit Zufallsfaktoren an unserem Experiment beteiligt sind. Bevor wir das nicht abzuschätzen wissen, kann man uns immer entgegenhalten, daß unsere Beobachtungen im Grunde auf rein zufälligem Zusammentreffen beruhen und daß man ein solches nicht als Beweis sehen darf für etwas a priori so außerordentlich Unwahrscheinliches wie das Träumen eines zukünftigen Ereignisses, bevor es in Wirklichkeit geschieht. Es wäre unwissenschaftlich, prinzipiell die Möglichkeit zu bestreiten, daß eines Tages ein solcher Beweis gefunden werden kann, aber man muß zugeben, daß bis jetzt kaum etwas für diese Möglichkeit spricht.

Wir wollen uns jetzt der zweiten, völlig anderen Art der heute üblichen Traumdeutung zuwenden, um zu sehen, ob für diese zweite Art mehr spricht. Da sie großenteils mit der Theorie von FREUD verknüpft ist, müssen wir zunächst kurz auf diese eingehen, wenn auch die meisten Leser wenigstens mit einigen ihrer Aspekte bereits vertraut sein dürften. Aber – wie es so oft der Fall ist – ist auch bei FREUD das, was er gesagt haben soll, nicht immer das, was er tatsächlich gesagt hat, und es dürfte daher angebracht sein, seine Theorie kurz und bündig zu skizzieren.

Nach FREUDS Theorie und nach der Überzeugung vieler anderer, deren Schriften den seinen um Jahrhunderte oder sogar Jahrtausende vorangingen, enthüllen Träume nichts über die Zukunft. Statt dessen sagen sie uns etwas über unsere gegenwärtigen ungelösten und unbewußten Schwierigkeiten und können uns in unsere ersten Kindheitsjahre zurückführen, in denen nach der psychoanalytischen Theorie die Grundlage für diese späteren Störungen geschaffen wurde. Innerhalb dieser allgemeinen Theorie gibt es drei Haupthypothesen, auf die wir nun näher eingehen müssen. Die erste lautet, daß der Traum kein bedeutungsloses Durcheinander von Bildern und Ideen ist, die zufällig zusammengemischt werden, sondern daß der Traum als Ganzes sowie jedes seiner Elemente *eine Bedeutung besitzt*. Die zweite Behauptung FREUDS lautet, daß Träume immer *Wunscherfüllung* sind, daß sie – mit anderen Worten – einen Zweck haben, der in der Erfüllung eines meist unbewußten Wunsches oder Triebes besteht.

Drittens glaubt FREUD, daß diese Wünsche und Begierden vom Bewußtsein unterdrückt wurden, weil sie dem sozialisierten Denken des Träumers unannehmbar sind, und daß sie auch im Traum nur in Verkleidung auftreten dürfen. Ein *Zensor* oder *Über-Ich* wacht über sie und stellt sicher, daß sie im Traum nur in einer Verkleidung auftauchen können, die so gut ist, daß sie nicht zu erkennen sind.

Sehen wir uns diese drei Behauptungen nacheinander etwas näher an. Der Gedanke, daß der Traum irgendeine Bedeutung hat, ist – wie wir sahen – sehr alt. Für FREUD ergibt er sich unmittelbar aus seiner deterministischen Einstellung, d. h. aus der Auffassung, daß alle geistigen und physikalischen Ereignisse ihre Ursachen haben und vorausgesagt werden könnten, wenn uns diese Ursachen nur in ihrer Gesamtheit bekannt wären. Es ist dies eine philosophische Auffassung, die vielleicht nur wenige Wissenschaftler bestreiten würden. Allerdings ist dabei zu erwähnen, daß man die Ansicht vertreten könnte, daß alle natürlichen Ereignisse, einschließlich der Träume, von irgendeiner Instanz verursacht sein könnten, ohne daß man deshalb unbedingt glauben müßte, daß die Träume eine Bedeutung im FREUDschen Sinne haben. Der große Neurochirurg PENFIELD hat gezeigt, daß ganz bestimmte Erinnerungsfolgen dem Patienten durch den Kopf jagen, wenn man Nadeln in gewisse Gehirnpartien sticht und einen elektrischen Strom hindurchschickt. Die gleiche Erinnerungsfolge kann immer und immer wieder erzeugt werden, indem man lediglich aufs neue Strom durch die Nadeln leitet. Es wäre möglich, daß durch eine zufällige physikalische Stimulation verschiedener Teile des Kortex zufällige Kombinationen von vergangenen Erinnerungen zustande gekommen, die während des Wachzustandes von unseren sensorischen Eindrücken überdeckt werden, aber im Schlaf in Form von Träumen an die Oberfläche kommen. Ich bringe das nicht als ernsthafte Theorie vor; ich möchte damit nur veranschaulichen, daß man Träume auch deterministisch erklären könnte, ohne unbedingt annehmen zu müssen, daß sie irgendeine Bedeutung haben. Dieses Argument hat oft Verwirrung verursacht, weil Wissenschaftler, die im allgemeinen zu einer deterministischen Auffassung neigen, die FREUDsche Erklärung der Bedeutsamkeit von Träumen eben deshalb anerkannt haben, weil es eine deterministische Erklärung ist. Macht man sich aber klar, daß daneben auch viele andere deterministische Erklärungen möglich sind, so ist man vielleicht eher bereit, die Beweise für diese Art der Deutung genauer unter die Lupe zu nehmen, um zu sehen, ob sie wirklich stichhaltig sind.

FREUDS These von der Bedeutsamkeit der Träume hängt unmittelbar mit seiner allgemeinen Theorie zusammen, daß alle unsere Handlungen auf bedeutungsvolle Weise determiniert sind. Zu dieser Theorie gehören etwa die falsche Aussprache eines Wortes, unbewußte Gesten, das Sichversprechen, Emotionen und so weiter. Ein Beispiel dafür ist eine Geschichte, die JEAN JACQUES ROUSSEAU berichtet. Dieser hatte sich offenbar angewöhnt, einen Umweg zu machen, wenn er in die Nähe eines bestimmten Boulevards kam. Als er sich fragte, wie er zu dieser »mechanischen Gewohnheit« gekommen sei, fand er: »Durch Überlegung bin ich dahintergekommen, denn bis jetzt hatte ich es mir nicht klargemacht.« Er erkannte, daß er einem kleinen Bettler aus dem Weg ging, dessen Geschwätz ihm lästig war. »Es gibt keinen mechanischen Impuls«, fährt er fort, »dessen Ursache nicht in unserem Herzen zu finden wäre, wenn wir nur wüßten, wie wir ihn da suchen sollten.« Es ist dies in der Tat das Wesentliche an der FREUDschen Doktrin von der Bedeutung unbewußter Impulse, einer Doktrin, die bereits Hunderte von Jahren vor FREUDS Geburt weitgehend anerkannt und diskutiert wurde. Er selbst war nur ihr außerordentlich erfolgreicher Verbreiter.

Wenden wir uns jetzt dem zweiten Punkt seiner Doktrin zu, nämlich der Behauptung, daß der Traum stets eine Wunscherfüllung darstelle. Diese Ansicht hängt mit seiner allgemeinen Persönlichkeitstheorie zusammen. Grob gesagt, unterscheidet FREUD drei Hauptbestandteile der Persönlichkeit: einen, den er als das *Es* bezeichnet, eine Art Reservoir von unbewußten Trieben und Impulsen, meist sexueller Natur. Dieses Reservoir liefert sozusagen die dynamische Energie für die meisten unserer Tätigkeiten. Dem *Es* entgegengesetzt ist das sogenannte *Über-Ich,* das teils bewußt und teils unbewußt ist und unsere gesellschaftlichen und moralischen Grundsätze enthält. Zwischen beiden vermittelt das *Ich,* der bewußte Teil der Persönlichkeit, und sucht den Gegensatz der beiden anderen Teile aufzulösen. In der Sprache der Religion könnte man das *Es* mit der Erbsünde und das *Über-Ich* mit dem Gewissen gleichsetzen. Kenner der Antike braucht man kaum an die auffallende

Vorwegnahme der FREUDschen Doktrin in PLATONS »Phaidros« zu erinnern, wo SOKRATES sagt:

»Wie ich im Anfang dieses Mythos jede Seele in drei Teile zerlegt habe, nämlich zwei roßgestaltige Gebilde und zum dritten das eines Wagenlenkers, so soll das auch jetzt noch gelten. Von den Rossen, sagten wir, ist eines gut, das andere nicht. Doch worin die Trefflichkeit des guten und die Schlechtigkeit des schlechten bestehe, das haben wir nicht erklärt. Aber jetzt wollen wir es sagen. Nun, das eine, das die bessere Stelle einnimmt, ist von geradem Wuchse, fein gegliedert, hochnackig mit gebogener Nase, von weißer Farbe, schwarzäugig, ehrliebend mit Besonnenheit und Schamgefühl, richtiger Meinung vertraut, und ohne Schläge zu brauchen wird es allein durch Anruf und Zuspruch gelenkt; das andere dagegen ist krumm, massig, ein Blendling verschiedener Rassen, starknackig, von kurzem Hals und stumpfer Nase, von schwarzer Farbe, mit blaugrauen, rot unterlaufenen Augen, der Frechheit und Flunkerei vertraut, zottig um die Ohren, schwerhörig und nur der Peitsche und den Stacheln fügt es sich notdürftig. Wenn nun der Lenker, nachdem er das Liebesantlitz erblickt und durch seine Anschauung die ganze Seele sich durchwärmt hat, von den Stacheln kitzelnden Verlangens gesporn t wird, dann hält das dem Lenker gehorsame Roß, das wie immer auch jetzt durch Scham sich meistern läßt, selbst an sich, um nicht loszuspringen auf den Geliebten; das andere aber kehrt sich jetzt nicht länger an Lenkstacheln und an Peitsche, sondern in gewaltsamen Sprüngen stürzt es auf sein Ziel zu und zwingt den Spanngenossen und den Lenker, denen es alle mögliche Not bereitet, zu dem Geliebten hinzugehen und der Liebesgunst Erwähnung zu tun.«

Wie ein Kommentator bemerkt, könnte man kaum »eine schönere Beschreibung der drei Hauptkomponenten der menschlichen Persönlichkeit zu finden hoffen – ihrer primitiven vitalen Impulse, ihres bewußten oder idealisierten Selbst und ihrer Vernunft«. Demnach ist auch dieser Teil der FREUDschen Theorie keineswegs neu und originell, sondern gehört seit 2000 Jahren zum Bildungsgut.

Das Bindeglied zwischen FREUDS Persönlichkeitstheorie und seiner Theorie der Traumdeutung ist sehr einfach: Die Kräfte des *Es* versuchen ständig, die Kontrolle über das *Ich* zu erobern und sich ins Bewußtsein zu drängen. Während des Wachzustands des Menschen unterdrückt sie das *Über-Ich* und hält sie im Unbewußten; während des Schlafes jedoch ist das *Über-Ich* weniger wachsam, und daher erheben sich gewisse Begierden des *Es* und können ihm in Form von Träumen entrinnen. Das *Über-Ich* kann eingenickt sein, aber es schläft nicht fest, und daher muß sich dieses Wunschdenken in Verkleidungen hüllen. Diese Verkleidung wird bewerkstelligt durch die sogenannte Traumarbeit. Daher muß unterschieden werden zwischen dem manifesten Traum, d. h. dem Traum, wie er erlebt und niedergeschrieben wird, und dem latenten Traum, d. h. den Gedanken, Wünschen und Begierden, wie sie sich im Traum ausdrücken, nachdem ihre Verkleidung entfernt ist. Aufgabe des Analytikers und Interpreten ist es nach dieser Auffassung, den manifesten Trauminhalt in Hinblick auf den latenten Trauminhalt zu deuten.

Und wie geschieht das nun? FREUD wendet zwei Methoden an. Die erste ist uns schon bekannt. Es handelt sich einfach um die Methode der symbolischen Deutung, der wir bereits bei ARTEMIDOROS begegneten. Die andere Methode, die von weit größerem allgemeinem Interesse und weit wichtiger ist, ist die Assoziationsmethode.

Sehen wir uns zunächst an, wie FREUD die Theorie des Symbolismus anwendet. Ganz ähnlich wie die alten Traumbücher stellt er ganze Listen von Symbolen zusammen, die für bestimmte Dinge und Handlungen stehen. Während aber das Interesse der alten Traumbücher ziemlich umfassend war und sich auf weite Gebiete erstreckte, konzentriert sich FREUD fast ausschließlich auf die Sexualität und die sexuellen Beziehungen. Das männliche Geschlechtsorgan wird in den Träumen durch eine verwirrende Fülle von Symbolen repräsentiert. Alles, was lang und spitz ist – ein Stock, eine Zigarre, ein Kamin, ein Kirchturm, ein Blumenstengel –, wird aufgrund der offensichtlichen äußeren Ähnlichkeit so interpretiert. Eine Pistole, ein Messer, eine Zange, ein Gewehr stehen stellvertretend für den Penis, weil sie etwas herausschleudern und in etwas eindringen; ähnlich kann ein Pflug zum Sexualsymbol werden, weil er in die Erde eindringt. Ein Pferd reiten, eine Treppe hinaufsteigen und viele, viele andere alltägliche Tätigkeiten stehen für den Geschlechtsverkehr. Hohle Gegenstände und Gefäße sind Symbole des Weiblichen: Häuser, Kästen, Töpfe, Vasen – sie alle repräsentieren die Vagina.

Auch Familienmitglieder sollen häufig in Träumen symbolisiert sein. So können Vater und Mutter im Traum als König und Königin erscheinen. Es hätte wenig Sinn, hier lange Listen von Gegenständen und Handlungen samt ihrer symbolischen Interpretation nach FREUDscher Manier aufzuführen. Einigen werden wir noch später im Zusammenhang mit bestimmten Träumen begegnen. Auch eine kritische Diskussion der FREUDschen Theorie und die Ausarbeitung einer einleuchtenden alternativen Theorie wollen wir erst vornehmen, nachdem wir uns mit der Methode der freien Assoziation beschäftigt haben.

Die Technik der freien Assoziation gründet sich im wesentlichen auf die philosophischen Lehren der Assoziation aus dem neunzehnten Jahrhundert. Diese behaupteten, Ideen seien dadurch, daß sie einander ähnlich seien und aneinander grenzten, miteinander verknüpft, und das geistige Leben könne völlig mit Hilfe solcher Assoziationen verstanden werden. Wenn die Ideen, wie diese Theorie vermutet, kausal miteinander verknüpft sind, dann müßten wir die Verknüpfungen zwischen manifesten und latenten Phänomenen dadurch finden können, daß wir bei ersteren beginnen und über eine Kette von Assoziationen zu letzteren vordringen. Mit anderen Worten lautet die Behauptung: Bestimmte unannehmbare Ideen, die zum Ausdruck zu kommen suchen, tauchen schließlich im manifesten Traum als unverständliche Ideen auf. Da diese von den ursprünglichen latenten Ideen hervorgerufen werden, sind sie mit ihnen durch eine Kette von Assoziationen verbunden, und wir sind in der Lage, die ursprünglichen Ideen wiederzuentdecken, wenn wir nur diese Ideenkette zurückverfolgen. Zu diesem Zweck geht FREUD von der einzelnen Idee aus dem manifesten Trauminhalt aus und fordert seine Versuchsperson auf, sich in Gedanken darauf zu konzentrieren und laut auszusprechen, was ihr dabei in den Sinn kommt. Man erhofft dabei, daß eine Assoziationskette im Laufe der Zeit zur latenten kausalen Idee hinführen wird. Ein aus der Arbeit von M. F. FRINK entnommenes Beispiel für diesen Prozeß möge diese Methode veranschaulichen. Den Ausgangspunkt bildet in diesem Fall nicht ein Traum, sondern eine Gedächtnislücke; von FREUDS Standpunkt aus sind aber beide Erscheinungen ähnlich determiniert und daher gleichermaßen geeignet, die Methode zu erläutern.

Einer von FRINKS Freunden fragte ihn nach dem Namen eines Ladens, wo es einen bestimmten Artikel zu kaufen gab. FRINK konnte sich zwar an den Laden erinnern, hatte aber dessen Namen vergessen. Einige Tage später kam er an dem ihm wohlbekannten

Geschäft vorbei und stellte fest, daß der Name, an den er sich nicht hatte erinnern können, *Pond* (= Teich) war. Nach Freud mußte es sich bei diesem Vorgang um ein Ereignis handeln, das sowohl eine bestimmte Motivierung als auch eine bestimmte Bedeutung besaß, und Frink beschloß, mit Hilfe des freien Assoziierens dieser Bedeutung auf den Grund zu gehen. Er ging aus von dem Wort *Pond*, wobei ihm ein gewisser Doktor *Pond* einfiel, der Pitcher (= Werfer) in einer Baseballmannschaft war. Seine Gedanken schweiften von hier aus weiter zu dem *Indian Pond* (Indianerteich), wo er als Kind gefischt hatte, und er sah sich einen großen *Stein* ins Wasser werfen, der seinem Boot als Anker diente. Dann fiel ihm ein Mann ein, der *Fisher* hieß und auch als *Pitcher* in einer Baseballmannschaft gespielt hatte. Er assoziierte weiter und dachte an *Pond's Extract;* dieses Erzeugnis enthält Zaubernuß, und das erinnerte ihn daran, daß er sich immer den Arm mit Zaubernuß eingeschmiert hatte, wenn er als *Pitcher* in seiner Baseballmannschaft spielte. Das wiederum erinnerte ihn an einen ziemlich dicken Jungen, der gleichfalls zu dieser Baseballmannschaft gehört hatte und der einmal in einen morastigen Teich kopfüber hineingefallen war und so verdreckt wieder aufgetaucht war, daß er wie ein *Pig* (= Schwein) ausgesehen hatte. Das rief Frink einen anderen jungen Mann mit dem Spitznamen *Piggy* ins Gedächtnis, und es fiel ihm ein, daß er selbst damals den Spitznamen *Pig* gehabt hatte.

Er unterbrach seine Assoziationen einen Augenblick und fing noch einmal mit dem Wort *pond* von vorne an. Das brachte ihn auf das Wort *ponder* (= nachdenken); dann kam er auf *think* (= denken); dann fiel ihm das Zitat »von des Gedankens Blässe angekränkelt« ein. Das brachte ihn auf *Hamlet*; und weiter auf ein Dörfchen, das er als ein *hamlet* (= Weiler) in Erinnerung hatte, und es fiel ihm ein Bauer aus diesem Weiler ein, der ihm erzählt hatte, einer seiner Nachbarn habe aus reiner Bosheit zwei Schweine getötet und in seinen Brunnen geworfen. An diesem Punkt kam Frink plötzlich ein Erlebnis aus seinem siebten Lebensjahr in Erinnerung, das ihm die Gedächtnislücke erklärte. Er spielte damals oft mit seinem Bruder am Ufer eines Teichs (= *pond*), und ein Hund, den er sehr liebte, pflegte in dem Teich herumzuschwimmen. Die Buben warfen ihm Steine zu, die er zu fangen versuchte. Einmal wollte der kleine

Frink das Tier erschrecken und warf ihm einen großen Stein zu, zielte aber so schlecht, daß er den Hund an der Schnauze traf, so daß dieser ertrank. Das war für den kleinen Jungen ein schrecklicher Kummer, und er war monatelang völlig untröstlich. Die Erinnerung an das Unglück brachte ihn oft nachts zum Weinen. Die psychoanalytische Erklärung lautet demnach, daß Frink das Wort *Pond* nicht zufällig vergessen hatte, sondern daß er es wegen seiner schmerzlichen Verknüpfung mit dem Ertrinken des Hundes aus seinem Gedächtnis verdrängt hatte.

Unser Interesse konzentriert sich hier auf die von Frink produzierten Assoziationen. Sie sind offenbar von Anfang an um einen Brennpunkt gruppiert, der zunächst nicht erkannt wird, aber dann plötzlich zum Vorschein kommt. Nehmen wir die erste Assoziation, die sich auf *Doktor Pond* bezieht. Frink ist selbst Doktor, das Unglück ereignet sich am Ufer eines Teichs (= *pond*), und der *Pitcher* beim Baseball ist ein Mann, der einen Ball wirft. Die nächste Assoziation ist die des *Indian Pond* (= Indianerteich). Dieser Teich liegt in derselben Stadt, in der auch der andere Teich liegt, in welchem der Hund ertrunken ist, und Frink kommt darin vor als jemand, der einen dicken Stein wirft. Diese dritte Assoziation führt einen gewissen *Fisher* ein, und wiederum ist damit die Idee des Werfens verbunden. Die von der Assoziation des *Hamlet*-Zitats ausgehende Assoziation enthält ebenfalls die Idee des Inswasserfallens, doch ist das noch nicht alles. Der junge Mann mit dem Spitznamen *Piggy* taucht auf und die Tötung der zwei Schweine (= *pigs*). Das mag unverständlich erscheinen, bis man sich klarmacht, daß der Hund *Gip* heißt, was *pig* von hinten gelesen ist.

Es ist dies ein typisches Beispiel für die Traumdeutung mit Hilfe der freien Assoziation, und der Leser wird vermutlich bestätigen, daß sie nicht uninteressant ist. Die Geschichte versucht zu beweisen, daß eine kausale Beziehung besteht zwischen dem Vergessen des Wortes *Pond* und Frinks Kindheitserlebnis, doch gelingt ihr das natürlich nicht. Das einzige, was die Geschichte beweist, daß nämlich Worte ähnlicher Bedeutung die Tendenz zeigen, in unserem Denken assoziiert zu werden, hätte kaum eines so verwickelten und umständlichen Beweises bedurft. Trotzdem ist der Gedanke, die Assoziationsmethode zur Erforschung unserer Denkinhalte zu benutzen, höchst einleuchtend, und wir sind dem Mann, der sie zuerst in die Psychologie eingeführt hat, zu großem Dank verpflichtet. Entgegen der allgemeinen Meinung war das aber nicht FREUD, sondern SIR FRANCIS GALTON. GALTON wurde wohl vor allem durch seine Gründung der Eugenik-Bewegung bekannt; er hat sich aber auch noch auf vielen anderen Gebieten Verdienste erworben. Er war einer der vielseitigsten und glänzendsten Wissenschaftler des neunzehnten Jahrhunderts, und seine Entdeckungen auf vielen Gebieten haben unser Leben beträchtlich beeinflußt. Er hat einen erheblichen Anspruch darauf, als Begründer der modernen Psychologie bezeichnet zu werden, ein Titel, den man meist dem schwerfälligen, methodischen deutschen Gelehrten WUNDT zuerkennt, dessen Verdienste mehr auf administrativem als auf kreativem Gebiet lagen.

GALTON gehörte zu den letzten Universalgenies, er hat auf sehr unterschiedlichen Gebieten geforscht und wichtige Beiträge geleistet. Einer seiner Biographen gibt folgende Liste seiner Betätigungen: »Reisen, Wetter, stereoskopische Landkarten, Pfeifen mit hohen Tönen, Bluttransfusion, Kompositfotografie (Fotomontage), Fingerabdrücke, Zahlentheorie und Wortassoziationen, Korrelationen, Zwillinge, die Sterilität von reichen Erbinnen und die verschiedensten Beiträge und Erfindungen«. Welche Bedeutung seine Forschungsarbeit hat, geht daraus hervor, was der große Statistiker PEARSON über GALTONS Beitrag auf einem dieser Forschungsgebiete, nämlich der Korrelation, zu sagen weiß. PEARSON meint im Zusammenhang mit gewissen empirischen Untersuchungen GALTONS:

Das Bedürfnis nach neuen statistischen Methoden, die seine Probleme erforderten, führte ihn zur Korrelationsrechnung, der *fons et origo* der weitverzweigten modernen mathematischen Statistik ... Aus dieser Auffassung erwuchs eine neue Ansicht vom organischen und anorganischen Universum, die der gesamten Wissenschaft ein *novum organum* beschert hat, welches viel weitreichendere Wirkungen hat als das von Bacon und das für das letzte Viertel des neunzehnten Jahrhunderts ebenso charakteristisch ist, wie es die Erfindung der Differentialrechnung für das siebzehnte Jahrhundert war.

GALTON hat an sich selbst ein wohldurchdachtes System von Wortassoziationstests ausprobiert und ist zu ganz ähnlichen Schlußfolgerungen gekommen wie später FREUD und JUNG. Seine Resultate gaben ihm, wie er sagte, einen interessanten und unerwarteten Einblick in die Unzahl von geistigen Operationen und in die dunklen Tiefen, in denen sie sich abspielen, deren ich mir vorher kaum bewußt gewesen war. Der allgemeine Eindruck, den sie auf mich machten, ähnelte dem, den viele von uns schon erlebt haben, wenn die Installationen im Keller unseres Hauses gründlich repariert wurden und wir zum erstenmal das komplizierte System von Kanalisationsrohren, Gas- und Wasserleitungen, Heizungskanälen, Klingelleitungen usw. vor Augen hatten, von denen unsere Bequemlichkeit abhängt, aber die unseren Augen für gewöhnlich verborgen sind und um deren Existenz wir uns nie gekümmert haben, solange alles funktionierte.

Unter Benutzung dieser Methoden der symbolischen Deutung und Assoziation, die lange vor seiner Zeit entdeckt wurden, ist FREUD daran gegangen, das Wesen des Traumes zu analysieren. Er spricht von seinen Entdeckungen als von Mechanismen, die im Traum wirksam werden. Den ersten dieser Mechanismen bezeichnet er als *Dramatisierung*. Das bezeichnet einfach die den meisten bereits bekannte Tatsache, daß der größte Teil unserer Träume aus visuellen Bildern besteht und daß unser begriffliches Denken in einer Art plastischer Darstellung zu erfolgen scheint. FREUD vergleicht das mit der Art, wie auf Karikaturen begriffliche Probleme dargestellt werden. Der Karikaturist sieht sich derselben Schwierigkeit gegenüber wie der Träumer. Er kann Begriffe nicht in Worten ausdrükken, sondern muß sie irgendwie dramatisieren und bildlich darstellen. Er kann nicht mit Worten sagen, daß Kaiser Wilhelm der Zweite unklug daran tat, den erfahrenen Kanzler Bismarck zu entlassen und die Staatsgeschäfte selbst in die Hand zu nehmen, aber er kann das bildlich dramatisieren, wie das auf der berühmten Karikatur im *Punch* »Der Lotse geht von Bord« geschah, wo der aufgebrachte Kaiser von der Kommandobrücke des Schiffes aus zusieht, wie der Lotse (Bismarck) mit besorgter Miene das Fallreep hinuntersteigt.

Außer visuellen Bildern können auch verbale auftreten, wobei die Wörter oft eine recht ungewöhnliche Bedeutung annehmen. Lange vor FREUD hatte der MARQUIS HERVEY DE SAINT-DENIS, einer der scharfsinnigsten Traumforscher, bemerkt, daß verbale Traumbilder im Traumdenken manchmal die Form eines Wortspiels annehmen. Als Beispiel führt er einen Traum an, in welchem das Wort »Rosalie« beim Träumer eine Bettdecke bedeutete, auf die

Rosen gestickt waren. Die Verknüpfung des Wortes »Rosalie« mit *Rose-à-lit* (Bettrose) ist nicht gerade ein gutes Wortspiel, aber es ist recht typisch für die Art, wie der Dramatisierungsprozeß sich verbaler Bilder bedient.

Eng verwandt mit dem Mechanismus der Dramatisierung ist der des Symbolismus, dem wir bereits früher begegnet sind. Das folgende Beispiel veranschaulicht sowohl den allgemeinen Prozeß der Dramatisierung als auch den in Träumen vorkommenden Symbolismus. In diesem Fall träumte eine junge Frau, ein Mann versuche ein sehr lebhaftes kleines braunes Pferd zu besteigen. Er unternahm drei vergebliche Versuche. Beim vierten endlich gelangte er in den Sattel und ritt davon. Das Reiten auf Pferden symbolisiert, wie bereits erwähnt, in FREUDS allgemeiner Theorie des Symbolismus oft den Geschlechtsakt. Um welche Assoziationen handelte es sich nun aber hier? Das Pferd erinnerte die junge Dame daran, daß man ihr als Kind den Kosenamen *»cheval«* (= Pferd) gegeben hatte; hinzuzufügen ist, daß sie eine zierliche, lebhafte Brünette war – genau wie das Pferd in ihrem Traum. Der Mann, der das Pferd zu besteigen versuchte, war einer ihrer intimsten Freunde. Sie hatte den Flirt mit ihm so weit getrieben, daß er bereits dreimal mit ihr Verkehr begehrte, doch hatten ihre moralischen Bedenken jedesmal im letzten Augenblick die Oberhand gewonnen. Hemmungen sind im Traum weniger stark, und so endete der vierte Versuch mit der Erfüllung des Wunsches.

Als weiterer in der Traumarbeit wirksamer Mechanismus gilt die Verdichtung. Der manifeste Trauminhalt ist nur eine *Abkürzung* des latenten Inhalts. FREUD sagt: »Der Traum ist knapp, armselig, lakonisch im Vergleich zum Umfang und zur Reichhaltigkeit der Traumgedanken.« FREUD bezeichnet die Bilder des manifesten Trauminhalts als überdeterminiert, d. h. jedes manifeste Element stammt von mehreren latenten Ursachen her und drückt daher mehrere verborgene Gedanken aus. Als Beispiel möchte ich den Traum einer jungen Frau zitieren. Sie ging mit einer Freundin die Fifth Avenue hinunter und blieb vor dem Schaufenster eines Hutladens stehen, um sich die ausgestellten Hüte anzusehen; schließlich ging sie hinein und kaufte sich einen Hut. FRINK, der diesen Traum analysiert hat, erhielt folgende Assoziationsreihe: Die Frau war tatsächlich mit ihrer Freundin die Fifth Avenue hinuntergegangen, hatte sich aber keinen Hut gekauft. Ihr Mann lag an jenem Tag im Bett, und wenn er auch nicht schwer krank war, war sie doch sehr darüber beunruhigt und konnte den Gedanken nicht loswerden, daß er sterben könnte. Während des Spazierganges hatte sie von einem Mann gesprochen, den sie vor ihrer Heirat gekannt hatte und in den sie verliebt gewesen war. Auf die Frage, weshalb sie ihn nicht geheiratet habe, hatte sie erklärt, seine finanzielle und gesellschaftliche Stellung sei im Vergleich zu ihrer eigenen zu hoch gewesen. Als sie nach Assoziationen zu dem Hutkauf gefragt wurde, erwähnte sie, die Hüte im Schaufenster hätten ihr sehr gut gefallen und sie hätte sich sehr gern einen gekauft, wegen der Armut ihres Mannes sei ihr das aber nicht möglich gewesen.

Frink sagt, der Traum habe ihr ganz offensichtlich einen Wunsch erfüllt, indem er ihr gestattet habe, sich einen Hut zu kaufen. Das ist jedoch nicht alles; sie erinnerte sich plötzlich, daß der Hut, den sie im Traum gekauft hatte, schwarz gewesen war: ein *Trauerhut.* Frink deutet das folgendermaßen: Am Tag vor dem Traum hatte die Frau befürchtet, ihr Mann könne sterben; indem sie träumte, sie kaufe einen Trauerhut, frönte sie einer Todesphantasie. Im wirklichen Leben konnte sie sich wegen der Armut ihres Mannes keinen Hut kaufen; im Traum konnte sie es. Dabei wird vorausgesetzt, daß sie jetzt einen reichen Gatten hat, und wir erkennen aus ihren Assoziationen, daß in der Tat ein reicher Mann im Spiel ist. Frink schließt daraus, daß die junge Frau ihren Mann leid ist, daß ihre Angst, ihr Mann könne sterben, eine Verteidigungsreaktion gegen ihren tatsächlichen Wunsch, er möge sterben, darstellt und daß sie gern den Mann heiraten möchte, den sie vor ihrer Heirat geliebt hatte und der genug Geld besaß, ihr alle Wünsche zu erfüllen. Als Frink seiner Patientin diese Deutung ihres Traumes darlegte, gab sie zu, daß er recht hatte, und berichtete ihm mehrere Tatsachen, die dies bestätigten. Die wichtigste war, daß sie nach ihrer Heirat erfahren hatte, der Mann, in den sie sich verliebt hatte, habe sie ebenfalls geliebt. Das hatte ihre Gefühle für ihn neu belebt, und sie hatte ihre überstürzte Heirat bereut. Wenn wir die Deutung für richtig halten, sehen wir daraus, wie der Kauf eines Hutes durch einen dreifachen Wunsch überdeterminiert ist:

daß ihr Mann sterben soll, daß sie den Mann, den sie liebt, heiratet und daß sie Geld hat.

Der letzte Traummechanismus, den wir noch diskutieren wollen, ist die Verschiebung. Es ist dies ein Prozeß, bei dem der emotionale Gehalt* von seinem eigentlichen Gegenstand losgelöst und statt dessen auf einen unwichtigen oder nebensächlichen verschoben wird. Das Wesentliche am latenten Trauminhalt kann daher manchmal im manifesten Traum kaum in Erscheinung treten, wenigstens nicht auf den ersten Blick. Es ist auf ein scheinbar harmloses Objekt verschoben worden. Ein Beispiel hierfür ist der Traum eines jungen Mädchens, das an einer Zwangsneurose litt. Sie träumte, sie sei mit jemand zusammen, dessen Identität sie nicht recht feststellen konnte, aber dem sie irgendwie verpflichtet war. Als Zeichen ihrer Dankbarkeit schenkte sie ihm ihren Kamm. Die relevanten Einzelheiten aus ihrer Lebensgeschichte sind folgende: Sie war Jüdin, und ein Jahr zuvor hatte ein Protestant, dessen Gefühle sie voll erwiderte, ihr einen Heiratsantrag gemacht. Ihre unterschiedliche Religion hatte jedoch eine Verlobung verhindert, da das Mädchen auf dem Standpunkt stand, wenn Kinder geboren würden, so würde das bei einer Mischehe nur zu schmerzlichen Auseinandersetzungen darüber führen, in welcher Religion sie erzogen werden sollten. Aus diesem Grund hatte sie die Werbung abgewiesen. Am Abend vor ihrem Traum hatte sie mit ihrer Mutter eine heftige Auseinandersetzung, die sie zur Überzeugung brachte, es sei für alle Teile das Beste, wenn sie das Elternhaus verließ. Beim Einschlafen hatte sie sich überlegt, wie sie sich in diesem Fall durchbringen könnte, da sie bisher von ihrer Familie abhängig war. Als sie nach Assoziationen zu dem Wort »Kamm« gefragt wurde, antwortete sie, manchmal, wenn jemand eine fremde Bürste oder einen fremden Kamm benutzen wollte, habe sie sagen hören: »Tu das nicht, sonst gerät die Läusebrut durcheinander!« Diese Assoziation legt die Deutung des Traumes nahe: Die nicht identifizierte Person ist der verflossene Bewerber. Dadurch, daß das junge Mädchen ihm seinen Kamm anbietet, bringt es seinen Wunsch zum Ausdruck, »die Brut zu vermischen«, d. h. ihn zu heiraten und ihm Kinder

* Bei Freud: die psychische Intensität. (Anmerkung des Übersetzers)

zu schenken. So drückt sich in diesem Traum eine äußerst wichtige Absicht aus. Der Verschiebungsmechanismus hat jedoch eingegriffen, so daß ihre Absicht, den jungen Protestanten zu heiraten, im manifesten Inhalt nicht mehr zu erkennen und durch etwas scheinbar völlig Irrelevantes, nämlich das Geschenk des Kammes, ersetzt ist.

Wir haben jetzt einige Träume als Beispiele für die FREUDsche Methode untersucht und müssen uns nun über die Zulänglichkeit der FREUDschen Hypothese klarwerden. Vielleicht sollten wir dabei darauf hinweisen, daß die von uns ausgewählten Träume viel klarer und bestimmter sind und der FREUDschen Theorie besser entsprechen als die meisten Träume, die man in den Werken FREUDS und seiner Nachfolger findet. Sie sind alle bereits mehrfach von den Psychoanalytikern als Bestätigung ihrer Theorie zitiert worden. Um FREUDS Hypothese einer fairen Prüfung zu unterziehen, haben wir Beispiele gewählt, die besonders nachdrücklich für sie sprechen. Falls sie seine Theorie nicht bekräftigen, muß unser Urteil in der Tat negativ ausfallen.

Der Leser wird sich erinnern, daß der zentrale Bestandteil von FREUDS gesamter Theorie, das einzige, was daran originell und nicht von früher übernommen ist, in der Auffassung besteht, daß die Symbole und die anderen Traummechanismen dazu dienen, etwas zu verbergen, was so anstößig ist und den moralischen Anschauungen des Patienten so zuwiderläuft, daß er es nicht einmal im Traum ertragen kann, es unverhüllt zu betrachten. Diese Auffassung steht in einem solchen Gegensatz zu den offenkundigsten Tatsachen, daß man nur schwer einsehen kann, wie es möglich war, sie jemals ernsthaft zu vertreten. Führen wir einige der Einwände an. Erstens kann eine Vorstellung, die im Traum symbolisch ausgedrückt ist, in einem anderen Traum völlig unverhüllt und direkt zum Ausdruck kommen. Wir haben einen stark symbolischen und verhüllten Traum, der dahingehend gedeutet wird, daß wir einen Angehörigen umbringen oder daß wir mit jemand Geschlechtsverkehr haben wollen, aber es stellt sich heraus, daß diese Gedanken in einem anderen Traum völlig klar zum Ausdruck kommen, wir bringen nämlich unseren Angehörigen darin tatsächlich um oder haben Verkehr mit dem jungen Mädchen. Was soll dann die Maskerade im einen Fall, wenn wir sie im anderen Fall aufgeben? Wie sagt doch Jokaste zu Ödipus? »Viele junge Männer träumen davon, daß sie mit ihrer Mutter schlafen; wenn das so ist, warum sollten sie sich dann manchmal die Mühe machen zu träumen, daß sie mit einem Revolver auf eine Kuh schießen?«

Ein zweiter Einwand lautet, daß Symbole, von denen man annimmt, sie versteckten die Traumgedanken, dies häufig keineswegs tun. Viele, die von Psychoanalyse nichts verstehen, können sexuelle Symbole, die in ihren Träumen vorkommen, ohne die geringsten Schwierigkeiten deuten. Schließlich gibt es ja viele Slangausdrücke, die sich auf den Geschlechtsverkehr und die Geschlechtsorgane beziehen, und diese Ausdrücke sind nur allzuhäufig identisch mit den FREUDschen Symbolen. Wenn jemand von einem Hahn träumt, der den Penis symbolisiert, kann kaum von einer Verkleidung die Rede sein, wenn der Betreffende das Fremdwort Penis nicht einmal kennt und sein Geschlechtsteil als »Cock« (= Hahn) zu bezeichnen pflegt. FREUD scheint dem Alltagsleben merkwürdig ferngestanden zu haben.

Ein letztes kritisches Argument hat CALVIN S. HALL vorgebracht, auf dessen Theorie wir anschließend näher eingehen wollen. Er fragt, weshalb es denn für ein und dasselbe Bezugsobjekt so viele Symbole gebe. Als er die einschlägige Literatur daraufhin durchsuchte, fand er 102 verschiedene Traumsymbole für den Penis, 95 für die Vagina und 55 für den Geschlechtsverkehr. Weshalb, so fragt er, ist es notwendig, diese anrüchigen Bezugsobjekte hinter einem solchen Aufgebot an Maskierungen zu verbergen?

Untersuchen wir zunächst, bis zu welchem Grad FREUDS Theorie durch die drei von uns zitierten Träume bekräftigt wird. Nehmen wir zunächst die junge Dame mit dem Spitznamen »Cheval«, die die entschlossenen Bemühungen ihres Freundes, sie zu verführen, dreimal im letzten Augenblick vereitelt hat, nur um dann den Vollzug des Unternehmens in symbolischer Form im Traum zu erleben. Nach FREUDS Theorie wäre anzunehmen, daß die Vorstellung, tatsächlich mit ihrem Freund Verkehr zu haben, für die junge Dame so schockierend war und ihren moralischen Instinkten und ihrer Erziehung so zuwiderlief, daß sie nicht einmal im Schlaf diesen Gedanken in Erwägung ziehen konnte und ihn daher in Symbole verkleiden mußte. Das ist aber doch wahrlich ein wenig überzeugendes Argument, daß ein junges Mädchen, das sich wiederholt so leidenschaftlich den Hof machen ließ, daß es beinahe seine Jungfernschaft verlor, es nicht ertragen konnte, der Möglichkeit des Geschlechtsverkehrs ins Auge zu sehen, und sie ins Unbewußte verdrängen mußte. Diese Idee könnte wohl selbst ein Psychoanalytiker, der gehorsam in die Fußstapfen des Meisters tritt, kaum ernsthaft aufrechterhalten!

Weitgehend das gleiche gilt für die junge Frau, die träumte, sie hätte sich einen Trauerhut gekauft. Auch hier ist es äußerst unwahrscheinlich, daß die symbolisch im Traum ausgedrückten Gedanken – »ich hätte gern Geld, um mir Kleider zu kaufen« – »ich wünschte, ich hätte den Mann geheiratet, in den ich mich verliebt hatte« – »ich wünschte, ich wäre meinen Mann los« – der Träumerin so abstoßend waren, daß sie sich diese nicht bewußt eingestand oder im Schlaf zum Ausdruck brachte. Der Bericht des Analytikers zeigt ja deutlich, daß sie sich bewußt mit diesen Gedanken beschäftigte; wozu dann die symbolische Verkleidung?

Auch der »Kamm«-Traum des jungen Mädchens, das »die Brut nicht vermischen« wollte, steht in offensichtlichem Widerspruch zu Freuds Hypothese. Der Gedanke, der verkleidet im Traum zum Ausdruck kommt – »ich würde gern meinen Verlobten heiraten und meine Familie verlassen« –, war für die Träumerin durchaus annehmbar, ja sie beschäftigte sich bewußt damit. Man kann hier nicht argumentieren, daß die latenten Traumgedanken, die vom *Es* ausgingen, in diesem Fall so gemein, schmutzig und unannehmbar waren, daß sie eine Verkleidung anlegen mußten, bevor sie im Traum auftauchen durften.

Wir können demnach feststellen, daß die drei Träume, die von Psychoanalytikern aus vielen Tausenden ausgewählt wurden, weil sie angeblich die psychoanalytische Auffassung am deutlichsten bestätigen, in Wirklichkeit den Hauptpunkt der Freudschen Theorie klar widerlegen. Wir können daher mit einiger Überzeugung Freuds Hypothese über den Ursprung der Verkleidung in den Träumen verwerfen. Sie ist a priori unwahrscheinlich genug, sie ist ein Widerspruch in sich selbst und wird noch einmal durch die Psychoanalyse speziell ausgewählter Träume bestätigt.

Besteht die Möglichkeit, diese von uns angelehnte Theorie durch eine einleuchtendere zu ersetzen? Einen interessanten Versuch in dieser Richtung hat neuerdings der bekannte amerikanische Psychologe C. S. HALL unternommen. Sein Argument lautet: Die gleiche objektive Tatsache – wie zum Beispiel der Geschlechtsverkehr – kann für verschiedene Personen eine stark unterschiedliche Bedeutung haben. Der eine kann darin einen Zeugungs- oder Fortpflanzungsakt sehen, ein anderer dagegen einen aggressiven körperlichen Angriff. Es sind diese unterschiedlichen Auffassungen von ein und derselben objektiven Tatsache, die in der jeweiligen Auswahl des Symbols im Traum zum Ausdruck kommen. Wenn man davon träumt, einen Acker umzupflügen oder einzusäen, so ist das eine symbolische Darstellung des Geschlechtsverkehrs als Zeugungs- oder Fortpflanzungsakt. Träumt man dagegen, man habe jemand mit einem Gewehr erschossen oder mit einem Dolch erstochen oder mit einem Auto überfahren, so symbolisiert das den Geschlechtsakt als einen aggressiven Angriff. Nach dieser Theorie dienen die Traumsymbole nicht dazu, die Bedeutung des Traumes zu verbergen, sondern sie werden ganz im Gegenteil dazu benutzt, sowohl das Tun der Person, mit der sich der Träumer beschäftigt, als auch die eigene Auffassung von diesen Tätigkeiten oder Personen zu enthüllen.

Träumt jemand von seiner Mutter, und diese wird im Traum durch eine Kuh oder eine Königin symbolisiert, so würde FREUD das dahingehend deuten, daß der Träumer seine Mutter so verkleidet, weil er es nicht erträgt, die im Traum ausgedrückten Wünsche und Gedanken, die mit der Mutterfigur in Beziehung stehen, auch nur vor sich selbst zu enthüllen. Nach HALLS Theorie würde die Deutung lauten, daß der Träumer nicht nur seine Mutter darzustellen wünscht, sondern daß er andeuten möchte, daß er sie als Nährerin (Kuh) oder als königliche, unnahbare Persönlichkeit (Königin) betrachtet. Die Benutzung von Symbolen ist demnach eine Ausdrucksmöglichkeit und kein Mittel zur Verkleidung, und es ist bemerkenswert, daß im wachen Leben die Symbole zu eben diesem Zweck benutzt werden: ein Löwe bedeutet Mut, eine Schlange das Böse und eine Eule Weisheit. Symbole dieser Art vermitteln dunkle und komplizierte Begriffe in einer knappen, prägnanten Sprache. Nach dieser Theorie werden gewisse Symbole häufiger als andere benutzt, weil sie in einem einzigen Objekt eine Vielfalt von Begriffen repräsentieren. Der Mond zum Beispiel ist ein solches dichtes, überdeterminiertes Symbol für die Frau: die Mondphasen ähneln dem Menstruationszyklus; das Zunehmen des Mondes vom Neumond bis zum Vollmond symbolisiert das Anschwellen des Leibes während der Schwangerschaft; der Mond ist der Sonne unterstellt; der Mond ist unbeständig wie eine wankelmütige Frau, während die Sonne beständig ist. Der Mond beherrscht Ebbe und Flut, was ihn dem Rhythmus des Familienlebens vergleichbar macht. Der Mond mit seinem schwachen Licht verkörpert die weibliche Schwachheit. HALL zieht den Schluß: »Rhythmus, Veränderlichkeit, Fruchtbarkeit, Schwäche, Unterwürfigkeit, alle herkömmlichen Auffassungen von der Frau werden in ein einziges sichtbares Objekt hineingepreßt.« Um die Art und Weise zu veranschaulichen, wie HALL diese Theorie zur Traumdeutung benutzt, sei ein Beispiel aus seinem Buch zitiert:

Ich war in einer Tankstelle, wo ich arbeitete, und mein Freund Bob arbeitete ebenfalls dort. Ich hatte den Eindruck, daß er neu war und noch keine Erfahrung hatte, weil ich sah, wie er an einem Auto den Ölstand kontrollierte. Er zog den eingetauchten Stab heraus und sah ihn sogleich an. Da ging ich zu ihm hin und sagte ziemlich aufgebracht: »Bob, wenn du Öl kontrollierst, mußt du erst das Öl vom Stab abwischen, und dann kannst du ihn erst eintauchen, ihn wieder herausziehen und ablesen.« Er dankte mir für meine Hilfe, und damit war der Traum zu Ende.

Als der Träumer gefragt wurde, was ihm im Zusammenhang mit diesem Traum einfalle, sagte er, er erinnere ihn an den Geschlechtsverkehr und daß Bob sich dabei nicht richtig verhalte. Offenbar trieb Bob sich mit Dirnen herum, und der Träumer hatte das Gefühl, daß das nicht richtig war, und er hätte seinen Freund gern davon abgehalten. Das Eintauchen des Stabs in den Ölbehälter war eine direkte Darstellung des Geschlechtsverkehrs und enthüllte eine recht mechanische Auffassung von der sexuellen Befriedigung. Es liegt auf der Hand, daß die FREUDsche Theorie kaum auf diesen Traum anzuwenden wäre.

HALLS Auffassung vom Traumsymbolismus läßt sich recht gut auf viele der von ihm zitierten Träume anwenden. Auf viele andere

Träume dagegen scheint sie mir nicht besonders gut anwendbar zu sein; der Leser möge selbst beurteilen, ob sie auf die drei zuvor zitierten Träume anwendbar ist. Tatsächlich dürfte es sich so verhalten, daß jeder Autor, der über die Traumdeutung schreibt, in der Lage ist, einige Träume zu zitieren, die seine Auffassung bestätigen, daß aber diese Theorien in der Regel nicht auf Träume anwendbar sind, die von Leuten mit einer abweichenden theoretischen Auffassung zitiert werden. Das legt den Gedanken nahe, daß alle Theorien über die Traumdeutung zwar eine begrenzte Richtigkeit, aber keine allgemeine Gültigkeit besitzen dürften und daß sie sich nur in einem relativ kleinen Bereich anwenden lassen. Diese Auffassung leuchtet um so mehr ein, wenn man sich vor Augen hält, daß jemand, dessen Träume analysiert werden, allmählich die hypothetische symbolische Sprache seines Analytikers kennenlernt und sie dann gehorsam in seinen Träumen verwendet. Das mag auch der Grund dafür sein, daß Analytiker im Gefolge FREUDS stets berichten, daß ihre Patienten in FREUDschen Symbolen träumen, während die Analytiker, die der Lehre JUNGS folgen, von ihren Patienten vermelden, daß diese in JUNGschen Symbolen träumen, die völlig anders sind als die FREUDschen!

Noch aus einem anderen Grund scheinen mir die symbolischen Deutungen so vieler Trauminterpreten kaum tragbar. Man fragt sich, woher wissen wir denn, daß ein Auto den Sexualtrieb symbolisiert – könnte es nicht einfach nur ein Auto darstellen? Mit anderen Worten, wie kann der arme Träumer jemals überhaupt von irgend etwas träumen, wie zum Beispiel von einem Haus, einer Schraube, einer Spritze, einer Lokomotive, einem Revolver, dem Mond, einem Pferd, vom Laufen, Reiten, Treppensteigen oder irgend etwas anderem unter der Sonne, wenn diese Dinge angeblich sofort etwas anderes symbolisieren? Was geschieht, wenn man ein alltägliches Erlebnis wie eine Eisenbahnfahrt als Traumerlebnis betrachtet? Der Leser wird im folgenden Absatz sehen, wie eine so einfache und unkomplizierte Beschreibung durch die FREUDschen Symbole völlig undurchsichtig wird. Die entscheidenden Wörter und Sätze sind kursiv gesetzt, damit man sie leichter findet.

Zunächst *packen wir unsere Koffer, tragen sie die Treppe hinunter* und bestellen ein Taxi. *Wir laden unsere Koffer ein,* dann *steigen wir selber ein. Das Taxi fährt los,* aber der Verkehr bringt es bald zum Stehen, der Taxifahrer *bewegt seine Hand rhythmisch auf und ab,* um anzuzeigen, daß er hält. Endlich *fahren wir in den Bahnhof ein.* Wir haben noch etwas Zeit und beschließen, eine Postkarte zu schreiben. *Wir spitzen einen Bleistift,* aber *die Spitze bricht ab,* und wir probieren unseren Füllfederhalter aus, indem *wir ein paar Tropfen Tinte auf ein Löschpapier spritzen.* Wir werfen die Postkarte *durch den Schlitz des Briefkastens, gehen durch die Sperre* und *steigen in den Zug.* Die *mächtige Lokomotive* stößt Dampf aus und *fährt an.* Sehr bald jedoch *fährt der Zug in einen dunklen Tunnel.* Das *rhythmische* Geräusch der über die Schwellen fahrenden Räder schläfert uns ein, aber wir reißen uns zusammen und *gehen in den Speisewagen,* wo uns der Ober *aus einer Kaffeekanne mit einer langen Schnauze Kaffee eingießt.* Der Zug fährt jetzt sehr schnell, und *wir wippen in unseren Sitzen auf und ab. Die Arme des Signalmastes gehen hoch,* als wir einfahren, und *senken sich wieder,* als wir durchfahren. Wir blicken aus dem Fenster und sehen *Kühe* auf der Weide, *Pferde, die sich jagen,* und Bauern, *die den Acker pflügen und den Samen ausstreuen.* Die *Sonne* geht jetzt unter, und der *Mond* geht auf. Schließlich *fährt der Zug in den Bahnhof ein,* und wir sind am Ziel.

Der Leser wird bemerken, daß wir auf unserer Reise praktisch nichts tun oder sagen können, was nicht ein offenkundiges Sexualsymbol wäre. Wenn wir daher von einer Eisenbahnfahrt als solcher träumen wollten, so wäre das völlig unmöglich. Nach der FREUDschen Theorie können wir von nichts anderem träumen als von Sex, Sex und nochmals Sex. Der Leser möge einmal versuchen, ein Fußballspiel, einen Spaziergang auf dem Lande oder einen Tag im Büro in Sätzen zu beschreiben, die nach FREUD keinen sexuellen Nebensinn haben. Er wird bald merken, daß es praktisch keinen Gebrauchsgegenstand im täglichen Leben und keine häufig ausgeübte Tätigkeit gibt, die man nicht als Symbol für einen Aspekt des Geschlechtsverkehrs ansehen kann.

Der kritische Leser könnte an dieser Stelle das Gefühl haben, daß diese Diskussion zwar gelegentlich recht interessant war, daß dabei aber keine einzige Tatsache herausgekommen ist, die wissenschaftliche Gültigkeit besitzt. Alles ist nur Vermutung, Mutmaßung und

Deutung. Urteile werden im Hinblick darauf gefällt, was vernünftig und passend erscheint. Das ist aber keine wissenschaftliche Methode. Über das OHMsche Gesetz, das Gravitationsgesetz oder den Blutkreislauf argumentiert man nicht. Man stellt eine definitive Hypothese auf, zieht gewisse Schlußfolgerungen daraus und führt dann Experimente durch, um die Theorie zu beweisen oder zu widerlegen. Das ist die wissenschaftliche Methode, und genau die vermissen wir in all den bis jetzt skizzierten Arbeiten.

Schuld daran ist, daß die Analytiker sich stets mehr darum bemüht haben, andere zu überzeugen und Propaganda für sich zu machen, als eine unparteiische Forschung zu betreiben und nach Beweisen zu suchen. Wir erinnern hier noch einmal an die Notwendigkeit, bei psychologischen Untersuchungen Kontrollgruppen einzusetzen. Bei experimentellen Untersuchungen zur Traumdeutung haben die Psychoanalytiker aber noch nie solche Kontrollgruppen benutzt, obwohl die Notwendigkeit derartiger Kontrollen auf der Hand liegt. Nach der FREUDschen Theorie kann man aufgrund der Symbole und mit Hilfe der freien Assoziation vom manifesten auf den latenten Trauminhalt schließen. Das dient als Argument dafür, daß der angeblich latente Traum den manifesten Traum erzeugt hat, aber hier fehlt das Kontrollexperiment. Was würde geschehen, wenn wir den von A berichteten Traum hernähmen und B aufforderten, zu den verschiedenen Elementen dieses Traumes zu assoziieren? Nachdem ich dieses Experiment ein paarmal durchgeführt habe, bin ich zu dem Schluß gekommen, daß die Assoziationen uns sehr bald zu genau den gleichen Komplexen zurückführen, auf die wir gekommen wären, wenn wir von einem von Bs eigenen Träumen ausgegangen wären. Mit anderen Worten ist der Ausgangspunkt völlig unwichtig; da alle Wege nach Rom führen, zeigt sich die Tendenz, daß die Gedanken und Assoziationen einer bestimmten Person zu ihren persönlichen augenblicklichen Nöten und Wünschen hinführen. Ich möchte nicht behaupten, daß das ein feststehender Sachverhalt ist. Ich schlage es nur als alternative Theorie vor, welche die beobachteten Tatsachen ebenso leicht erklären würde, aber von den Psychoanalytikern noch nie überprüft worden ist. Man könnte noch viele andere alternative Theorien formulieren, und man müßte sie alle testen, bevor man über den Wert der FREUDschen Hypothese etwas Definitives sagen kann. Solange keine solche Tests vorliegen, kann unser Urteil nur lauten, daß – so interessant einige dieser Spekulationen auch sein mögen – wir aufgrund des vorhandenen Materials all jenen Kritikern recht geben müssen, die sagen, was neu an FREUDS Theorie sei, sei nicht wahr, und was wahr sei, sei nicht neu. Möglicherweise können zukünftige Experimente die psychoanalytischen Postulate auf diesem Gebiet glaubwürdiger machen, aber im Augenblick können wir nur nach dem vorhandenen Beweismaterial urteilen.

Tatsächlich ist es nicht ganz korrekt zu behaupten, es liege überhaupt kein experimentelles Forschungsmaterial über Träume vor. Es gibt eine Reihe vielversprechender Arbeiten, aber wie zu erwarten, stammen sie aus den Reihen der akademischen Psychologen und nicht von Psychoanalytikern. Von besonderem Interesse ist die Arbeit des russischen Psychologen LURIA, der das Problem der Traumdeutung als Teil eines umfassenderen Problembereichs in Angriff nahm, nämlich der experimentellen Erforschung von Komplexen. Seine Technik bestand darin, daß er der Versuchsperson in der Hypnose Komplexe suggerierte und ihre verschiedenen Reaktionen, einschließlich der Träume, beobachtete, nachdem sie wieder aus der Trance erwacht war. Die suggerierten Komplexe waren natürlich in dem Sinn unbewußt, daß die betreffende Versuchsperson bei diesbezüglichen Fragen nichts davon wußte und keine Ahnung hatte, was während der hypnotischen Trance mit ihr vorgegangen war. Ein Beispiel möge dieses Verfahren näher erläutern. Es handelt sich um eines meiner eigenen Experimente, die ich durchführte, um LURIAS Ergebnisse zu überprüfen. Die Versuchsperson, eine zweiunddreißigjährige Frau, wird hypnotisiert, und es wird ihr nachdrücklich suggeriert, daß sie folgendes erlebt habe: Sie geht spät abends durch Hampstead Heath, als sie plötzlich Schritte hinter sich hört. Sie dreht sich um und sieht, daß ihr ein Mann nachläuft. Sie versucht zu fliehen, aber er erwischt sie, wirft sie zu Boden und vergewaltigt sie. Beim Erwachen aus der Hypnose ist sie ziemlich verstört, zittert ein wenig, kann sich aber ihre Unruhe nicht erklären; das ihr in der Hypnose suggerierte Erlebnis hat sie völlig vergessen. Ich forderte sie dann auf, sich hinzulegen und auszuruhen; nach wenigen Minuten versank sie in einen natürlichen Schlaf, sie wurde aber sofort wieder geweckt und aufgefordert, sich alles ins Gedächtnis zurückzurufen, wovon sie geträumt habe. Sie berichtete, sie habe sich in ihrem Traum an einem einsamen Ort befunden, den sie nicht unterbringen könne, und plötzlich sei ein großer Neger, der mit einem Messer herumfuchtelte, auf sie losgegangen und habe ihr damit in den Oberschenkel gestochen. Ganz offensichtlich hat sie sich in ihrem Traum an das im hypnotischen Trancezustand Erlebte erinnert und es symbolisch gedeutet, was die Auffassung erhärtet, daß Träume in einer dramatisierten und symbolischen Form gewisse Gedanken zum Ausdruck bringen, die vermutlich im Wachzustand in einer direkteren Form zur Sprache kämen. Diese Forschungsmethode ist recht vielversprechend, doch wird sie leider bisher kaum angewandt. Ein gut geplantes Experiment wäre hier mehr wert als all die Tausende von anekdotischen Beiträgen, die in den psychoanalytischen Fachzeitschriften veröffentlicht werden. Leider aber geht der Trend immer mehr auf unkontrollierte, nicht überzeugende und nicht reproduzierbare Fallstudien hin, statt auf einwandfrei kontrollierte wissenschaftliche und experimentelle Untersuchungen.

Wenn wir schon einsehen müssen, daß wir nichts Bestimmtes wissen, können wir dann wenigstens eine allgemeine Theorie vorschlagen, die das Gesagte zusammenfaßt und die zu den uns bekannten Tatsachen nicht im Widerspruch steht? Eine solche Theorie könnte etwa so lauten: Unser Geist hat die Tendenz, ständig aktiv zu sein. Im Wachzustand liefern unsere Wahrnehmungen der Ereignisse in der Außenwelt größtenteils das Material für seine Aktivität; nur gelegentlich, wie zum Beispiel beim Problemlösen und Tagträumen, gibt es lange Strecken einer von der äußeren Stimulation abgekehrten inneren Aktivität. Während des Schlafs fehlt eine derartige äußere Stimulation mehr oder weniger völlig, und daher wird auch die geistige Aktivität nicht mehr von außen stimuliert und wird rein innerlich. Im allgemeinen befaßt sich diese geistige Aktivität mit den gleichen Problemen, die auch unser waches Denken beschäftigen. Unsere Wünsche, Hoffnungen, Befürchtungen, unsere Probleme und ihre Lösung, unsere Beziehungen zu anderen Menschen – das sind die Dinge, über die wir im Wachen nachdenken, und das sind die Dinge, von denen wir träumen, wenn wir schlafen. Der Hauptunterschied ist der, daß die geistige Aktivität sich im Schlaf auf einer niedrigeren, weniger komplizierten Ebene abzuspielen und auf archaischere Weise Ausdruck zu finden scheint. Die der Verallgemeinerung und dem begrifflichen Denken dienenden Teile unseres Geistes scheinen zu schlafen, und ihre Funktion wird von einer primitiveren Art bildlicher Darstellung übernommen. Es ist diese *Primitivisierung* des Denkprozesses, die das Auftauchen von Symbolen hervorruft und die demnach weitgehend die Funktion erfüllt, die ihr HALL in seiner Theorie zuweist. Die Art des Symbolisierens hängt natürlich weitgehend von dem zuvor Gelernten ab. Ein Eskimo könnte beispielsweise unmöglich vom Pflügen als einem Symbol für den Geschlechtsverkehr träumen, weil die Eskimos den Pflug nicht kennen. Einem Patienten, der von einem Anhänger FREUDs analysiert wird, würde es nicht einfallen, in JUNGschen Symbolen zu träumen, weil er sie nicht kennt. Im allgemeinen hängen die Symbole mit der Bildung und den Erfahrungen des Träumers zusammen, wenn auch bestimmte Symbole, wie z. B. der Mond, weit verbreitet sind, da fast alle Menschen damit vertraut sind.

Kann man demnach tatsächlich Träume zur Behandlung seelischer Störungen heranziehen? Wenn wir zu Recht annehmen, daß Träume nur eine »Fortsetzung des Denkens mit anderen Mitteln« sind – um einen bekannten Ausspruch dahingehend abzuwandeln –, dann sollten sie uns auch etwas über die Probleme, Wünsche und Ängste des Träumers sagen können. Wahrscheinlich würden wir aber ebenso viele Informationen auf einfachere Weise erhalten, wenn wir ihn direkt fragen. Es bleibt die Möglichkeit, daß in einer kleinen Zahl von Fällen dieser direkte Weg dadurch versperrt ist, daß der Patient sich seiner Komplexe und Gedanken tatsächlich nicht bewußt ist. Könnten wir nachweisen, daß unter solchen Umständen Träume in der Tat unbewußtes Material enthüllen, so könnten wir unsere Frage mit Ja beantworten. Bis aber genaueres Beweismaterial für diese Hypothese erarbeitet ist, können wir nur sagen, daß eine zuverlässige Antwort nicht möglich ist. Erst wenn geeignete Experimente vorliegen und Vorkehrungen für die Arbei mit Kontrollgruppen sowie andere Sicherheitsmaßnahmen getroffen worden sind, können wir dieses Kapitel in einem positiveren Sinn abschließen. Im Augenblick können wir nur das Urteil abgeben: »nicht bewiesen«.

# Register

## P



## R

*Wichtige Bände aus dem Bereich der Psychologie und Pädagogik*

**Grundlagen zur Didaktik der Physik.** 176 Seiten, 29 Abbildungen. Von Dipl.-Phys. Dr. Hans-Jürgen Lerch. (PP-1) DM 14,–

**Hypnose und Gedächtnis.** Untersuchungen zur hypnotischen Hypermnesie und Amnesie. 144 Seiten. Von Dr. Vladimir Aristo Gheorghiu (PP-2) DM 6,–

**Das gefährdete Kind.** Sein Lebensraum in der Massengesellschaft. 144 Seiten. Von Prof. Dr. Carl-Gottlieb Bennholdt-Thomsen. (PP-3) DM 6,–

**Pädagogik oder Erziehungswissenschaft?** Die wissenschaftstheoretische Problematik der gegenwärtigen Pädagogik. 96 Seiten. Von Dr. Panos Xochellis. (PP-4) DM 6,–

**Die Schulreform in der UdSSR.** Wissenschaftlich-technische Revolution. Curriculumreform, polytechnische Bildung. 224 Seiten. Von Dr. Gerda Achinger. (PP-5) DM 10,–

**Auf dem Weg zu einer neuen Schule.** Die falsche Emanzipation. 120 Seiten. Von Dr. Henning Günther. (PP-6) DM 9,–

**Sexualität zwischen Kindern und Erwachsenen.** 120 Seiten. Von Dagmar Potrykus und Dipl.-Psych., Dipl.-Päd. Manfred Wöbcke. (PP-7) DM 15,–

**Schulpädagogik.** Eine Einführung in ihre Kategorien und Grundfragen. 152 Seiten. Von Dr. Helmut Debl. (PP-8) DM 16,–

**Gruppenpädagogik im Schulunterricht.** 168 Seiten. Von Prof. Karl Seidelmann. (PP-10) DM 18,–

**Emotionspsychologie.** Ein Beitrag zur empirischen Dimensionierung emotionaler Vorgänge. 320 Seiten, 12 Abbildungen und 7 Tabellen. Von Dr. Ernst Heinrich Bottenberg. (Ge-4) DM 18,–

**Kreativität.** Untersuchungen zu einem problematischen Konzept. 168 Seiten, 5 Abbildungen und 24 Tabellen. Von Dr. Rainer Krause. (Ge-6) DM 12,–

WILHELM GOLDMANN VERLAG MÜNCHEN